改訂版

ヨーロッパ経済

過去からの照射

朝倉 弘教 Asakura Hironori
内田日出海 Uchida Hidemi

keiso shobo

はしがき

ヨーロッパ、それは一つの希望であり、一つの回顧である。はじめてのヨーロッパ単一通貨ユーロ、それは世界史上の壮大な実験であり、ヨーロッパ経済再浮上の鍵である。ユーロはまずはEU加盟一五か国中一一か国が参加して二〇〇二年から流通を開始し、二〇二〇年一月現在では加盟二七か国中一九か国がこれを使用している。われわれ日本人にも馴染みの深かったマルク、フラン、リラ……これらは歴史的存在となっている。イギリスの離脱（ブレグジット）後のEU加盟二七か国の人口は約四億五〇〇〇万人でアメリカ合衆国をはるかに上回る。名目GDP（国内総生産）は約一六兆ユーロ（二〇一八年実績、ジェトロ）であり、後者に次いで世界第二位（わが国のおよそ四倍）となる。経済のみならず政治面での統合も、曲折はあるものの、一歩ずつ進んでいる。

世界史の得意な人はかえって不思議に思うだろう。ヨーロッパ史は百年戦争から第二次大戦にいたるまで内部相克、経済的・政治的確執の連続である。今日なぜかくも急速にヨーロッパの統合は進捗しているのだろうかと。しかし統一ヨーロッパは必ずしも、何らかの発明のように、最近になって忽然とそのアイデアが生まれ、即座に議事日程にのぼらされたというものではない。ヨーロッパ、あるいはヨーロッパ経済はその前史をもっているのである。われわれはヨーロッパ経済の現状と行く末を正しく見定めるにあたって、遠い過去から少しずつこれを照らし出していくのがよいと考える。

＊＊＊

「統一ヨーロッパ」というアイデアは二十世紀の、しかも戦後の産物というわけではない。古くはフランスのP・デュボワ（十四世紀）、近世・近代では同じくフランスの公爵M・シュリー、男爵Ch・モンテスキュー、イギリスのW・ペン、そしてドイツのG・W・ライプニッツやI・カントなどは多かれ少なかれヨーロッパ的な地平で思惟を深めた人びとである。特にペンは一六九三年に『ヨーロッパの現在ならびに将来の平和のための試論』という書物を著し、紛争解決のための機関として一種のヨーロッパ議会またはヨーロッパ国家のようなものの設立を示唆している。また、独裁者としての風貌と実績のイメージが先に立つとはいえ、フランス革命の輸出人ナポレオン一世さえも、これら先駆者の系譜に名を連ねてもよいかもしれない。ここまではしかし純粋なヨーロッパ主義と覇権主義とがないまぜになっている。そしていずれの場合にも度重なる戦闘と角逐がこれらの声をかき消していく。

多少とも体系的な形で統一ヨーロッパ論をうち出した最初の人は、おそらくフランスの哲学者にして経済学者のC・H・ドゥ・サン＝シモン伯（一七六〇―一八二五年）であろう。ときあたかも産業革命の頃である。サン＝シモンは、現実のものとなりつつあった産業主義（industrialisme）は普遍的・中立的な性格をもつものであり、それまでのヨーロッパ内部での骨肉相食むような国家間の相克の歴史を止揚しうるものと信じたのである。そのためにかれもヨーロッパ議会のようなものまで創案している。その慧眼ぶりには驚かされるが、皮肉にも経済的現実はかれの見通しを裏切ってしまう。少なくとも一八六〇年頃までは各国経済は先進のイギリスに対抗しつつ、関税障壁を築いてそれぞれの国民経済の保護育成に邁進したからである。特にその後のいわゆる帝国主義時代を含む十九世紀後半～二十世紀前半こそは、周知のようにヨーロッパの政治的・経済的な分裂と対立が最も深まった時代なのである。ヨーロッパのナショナリズムは二重の意味で勝利した。第一にそれが王権に国民の主権を対置するという歴史的・普遍的価値を体現した点において、第二は、後者の本来的メカニズムの貫徹を通じて、封建的割拠に替えていわば国民的《ネイション》割拠が当然の事実となった点においてである。明らかにサン＝シモンもなお早く生まれすぎた。F・エンゲルスやK・マルクスのひそみに倣って空想的なヨーロッパ主義者というべきか。

しかしサン＝シモンのほかにもいる。イタリア統一運動の祖の一人として描かれる同じG・マッツィーニが実は「青年ヨーロッパ」組織を主宰しているし、フランスの作家V・ユゴーも「ヨーロッパ合州国のために」という演説を行っている。もう一人のフランス人で社会主義者のP・J・プルードンは集権的国民国家に対抗すべき理念としての地域主義・連邦主義を、ヨーロッパ次元でのそれに敷衍しようとした。こうした動きは、理論上の粗放さはともかくとして、前述のように十九世紀後期の帝国主義時代、特に第四・四半期の大不況を契機にヨーロッパ各国が国家エゴを全面にうち出していくなか、再びいったん葬り去られた。しかしその流れは決して命脈失せることなく、汎ヨーロッパ主義のR・クーデンホーフ＝カレルギーやA・ブリアン、アメリカ合衆国に対抗してヨーロッパの和合を説いたL・ルシュールなどのほか、S・ツヴァイク、J・バンダ、A・アロンなど様ざまな立場からのヨーロッパ論につながっていく。そうして今日の統合ヨーロッパの出発点となった一連の動き——戦後のデン・ハーグ会議（一九四八年）、ローマ条約（一九五七年）など——に連なる本流をつくるための核になっていくのである。

＊　＊　＊

「一つの回顧である」としたのは、分裂の時代にさえヨーロッパ統一論者がいたからというだけではない。観念としてのヨーロッパではなく、実体としてのヨーロッパについては、そして特に経済の領域においては、もっと前の時代からその統一性を跡づけることができる。要するに「ヨーロッパ経済」の前史を、資本主義の勃興期と通常いわれている十六世紀よりさらに前の中世にまで遡らせることも可能だと考えるからである。さらに、「回顧」というとき、われわれは世界の歴史学界に知的影響力をもち続けるフランスの「アナール派」の創始者たち――M・ブロックとL・フェーヴル――の歴史の作法にいささか倣っているつもりでもある。すなわち、再び凝集しようとするヨーロッパの現在にわれわれは居合わせ、これに強い関心をもっている。そこから、ヨーロッパの凝集と分裂のダイナミズムを探るべく、過去に向かって問いかけていく。そしてそれぞれの距離でとらえられるヨーロッパ的過去はヨーロッパ的現在を相対化し、後者の理解をより系統だったものにしてくれると信じるのである。

本書はおよそ一千年（西暦一〇〇〇年頃～現在）にわたるヨーロッパ経済の概説である。ただし、ヨーロッパの特定の国というより、どちらかといえばヨーロッパそれ自体のありように視線を向けたい。従って、ヨーロッパ経済史の一試論として、ここでは各国経済史の足し算をするのは避け、できるだけまとまった一つの地域としてのヨーロッパの経済的変遷を書こうと努めた。また本書のもう一つの特色は、工業化以前のヨーロッパ経済と戦後ヨーロッパ経済、特にヨーロッパ統合関係の叙述を重視している点である。読者としては経済学科や史学科に学ぶ学生はもとより、一般の歴史愛好家、そして広くヨーロッパに強い関心をもつ人を想定している。従って、類書にあるような基本的な経済史概念についても説明が洩れないように配慮しつつも、学界のできるだけ新しい研究成果を紹介しようと努めたつもりである。本書により読者諸氏のヨーロッパ経済、ヨーロッパ史に関する知識と理解が少しでも深まれば幸甚である。

執筆については、序章～第五章を内田が、第六章～第九章を朝倉が担当した。地名や人名などについては、極端に混乱を招くようなものを除き、できるだけヨーロッパのそれぞれの地域や国の、しかも当該時代の（と思われる）発音・表記を採用している。章ごとに基本的な参考文献を刊行年順に載せ（一般経済史関連文献については序章の末尾においた）、巻末に人名・事項・略字索引をおいた。参考文献については邦語文献を中心とし、しかも紙面の制約上その数を大幅に限らざるをえなかった。

ヨーロッパ経済

過去からの照射

目次

目　次

カット：小笠原勝

序　章　ヨーロッパの空間的枠組み

本論に入る前に予備的な考察を行っておきたい。経済史の記述においては構造と変動の二つを座標軸にとる。そしてあらゆる経済事象はその任意の座標として把握することができる。ただし本書ではそれらの経済諸事象を必ずしも時間的にも空間的にも均等に配分するということはしなかった。単純に時系列的に経済事象を追うという方法をとっていないし、国別の公平な叙述配分ということにも忠実ではないかもしれない。ヨーロッパという生き物を活写するために、むしろ固有の強弱、軽重、メリハリを意識した。そこでわれわれ自身の「ヨーロッパ経済」の記述の前提ないし出発点となる基本的な考えを明らかにしておく必要があろう。

ヨーロッパとは何か、という問いは無数に発せられてきた。その答えも同様である。思想史上のみならず、政治史上もあまたの野心家や独裁者たちがヨーロッパにまつわるドグマとイデオロギーを呈示してきた。いまや極端に排他的な形でそれらが発露する可能性は排除されているといってよい。だが、答えは不易のものでは決してない。今日たしかに、ヨーロッパとは何か、という新たな問いがある。そしてそれに対する複数の答えがあるだろう。われわれはヨーロッパをどうとらえたらよいであろうか。いずれにせよ答えは空間と時間の枠組みで定められ、表現されるはずである。ここでは空間的枠組みに関する答えを考えてみよう。

ヨーロッパの地理的空間

ヨーロッパの本質のとらえ方が空間としてのヨーロッパのとらえ方の前提となることはいうまでもない。そこでこの本質に関してわれわれは、目に見えない精神的・心理的なヨーロッパ・アイデンティティの共有性によって描きうる客観的な枠組みとしてこれを考えたい。このアイデンティティの形成因子としてはたとえばインド＝ヨーロッパ祖語、古代ギリシア・ローマとゲルマーニアの文化的・制度的遺産、キリスト教的精神文化というものを想定することができよう。あるいは増田四郎氏がかつて述べたように、ヨーロッパとは「ギリシア・ローマの古典文化の伝統と、キリスト教と、ゲルマン民族の精神と、この三つが歴史の流れのどこを切ってみてもからみあっているもの」だというふうに表現してもよい。ヨーロッパの定義についてはヨーロッパ人自身が曖昧なことさえもありうる。さしあたってわれわれはこの空間を、このような精神的遺伝子を併せもつ人びとの集住する地域といった定義で括っておくしかない。

さてこのような条件を同時に満たす特定文明空間が成立したのはいつだろうか。その画期としてはフランク王国時代をもってくることもできよう。内外の異端・異教徒とたたかうなかで、ヨーロッパのアイデンティティやエネルギーが無意識のうちに増幅されていったことは間違いないだろう。カール大帝（シャルルマーニュ）の皇帝位就任といわゆるカロリング・ルネサンスによってローマ時代の帝国の理念と文化を継承しつつも、新たな政治的・経済的体制たる封建制のいしずえを築き始めるのもこの時代である。しかし、後段にその理由は述べるが、われわれはヨーロッパ経済のふるさととしての空間の成立について考えるときはこの画期をもっと後の十一世紀におこうと思う。

ヨーロッパ人のアイデンティティの共有性をこのように理解するとすれば、空間的な一体性をもつヨーロッパとはどこを指すだろうか。その境界線の設定はさほど難しいものではない。不明瞭で恣意的な部分があるとすれば、ユーラシア大陸においてヨーロッパをアジアから分かつ境界線のみだろう。ソ連解体後事情はさらに複雑になった。が、ひとまず「ウラル山脈以西」というのが一般にヨーロッパの直感的な空間イメージであろう。ロシア人もその認識である。いわゆるヨーロッパ・ロシアという表現はここに由来する。黒海からカスピ海にいたるカフカス地方は通常アジアとされている。黒海と地中海に挟まれたトルコ共和国の場合は微妙である。EU加盟をほのめかしているが、文化的共有性について多数派ヨーロッパ人の同意を得られるかどうかは難しい。たしかにストラスブールにあるヨーロッパ評議会（Conseil de l'Europe）には四七か国が加盟しているが、これにはトルコも加盟している。また地理的のみならず歴史的にも現イスタンブールは、東ローマ帝国がオスマン・トルコによって滅亡させられる一四五三年までは、コンスタンティノポリスとしてヨーロッパ文明の一大拠点であったことに間違いはない。むしろヨーロッパそのものであった。しかもその後長い間イスタンブール以西の南東ヨーロッパはトルコ領であり続けた。バルカン半島諸地域が民族主義的自己主張を開始し、少しずつ失地回復に成功するのは十九世紀のことなのである。イスラームの刻印は無視できない。トルコがヨーロッパとの絆を強調し、EUに秋波をおくるのもゆえなしとしない。アイデンティティの共有性という点では定義上ヨーロッパ空間から外れるだろう。だが右のような事情により、過去においても将来においてもこれをヨーロッパ経済圏には当然含めざるをえない。現実に一九九五年、EUはトルコと関税同盟を結ぶにいたった。

とにかくも本書で念頭においているヨーロッパ空間とは、トートロジーになってしまうが、EUの現加盟国ならびに目下EU自体が基本的に構成国として想定しているところ、あるいは今後の加盟を検討するところ、ということになる。特殊な関係をもち続けているスイスももちろん含められる。このような認識に基づいたヨーロッパはごく常識的なヨーロッパの枠組みといってよい。だが実情はもっと込みいっている。この枠組みを歴史概念としてのヨーロッパに重ね合わせてみる必要があるのである。ヨーロッパ史がヨーロッパ人の事蹟の歴史であるように、ヨーロッパというアイデアやイメージそれ自体も歴史性を帯びるからである。

地域としてのヨーロッパ

今日しばしば「地域としてのヨーロッパ」ということが口にされる。なぜか。それはもちろん、第一に、ヨーロッパの経済的・政治的プレゼンスの相対的な低下が世界の覇者としてのそのイメージを塗り替えたことに起因する。これまで世界で使われる世界史の教科書そのものがしばしばヨーロッパ中心に書かれていた。つねにヨーロッパのライヴァルであった——現在でさえそうである——イスラーム世界や、植民地化の対象となったアジア、アメリカ、アフリカ世界のことは客体として位置づけられ、これらの諸地域自体もそうした扱いに甘んじてきたいきさつがある。戦後われわれが使ってきた世界史の教科書も多少ともそうした傾向を帯びていたと思われる。だが今日、歴史叙述にそうした地政学的な与件はもはや存在しない。

経済成長率とかＧＤＰではかられる国力比較の次元で、ヨーロッパ諸国がかつての圧倒的な優位性を誇示しえなくなってから久しい。わが国における現実の経済政策や経済史研究においても戦前来西洋の経験にもっぱら模範や原理を求めてきた時代が終わり、いきおい、ときには驕りに近い形で、ヨーロッパ的価値、「ヨーロッパ近代」というものが相対化されつつある。また経済システムのグローバル化に伴い、企業の多国籍化の勢いにますます拍車がかかるとともに、経済単位の世界的・地域的再編（glocalization）が進んでいる。ＥＣ統合は特に一九八〇年代に驚くべき急展開を見せた。統合の出発点となった市場統合白書と単一ヨーロッパ議定書の作成もこの時期である。同時期の環太平洋の成長ゾーン（日・米・東アジア）がヨーロッパ各国に危機意識をあおったことは否定できない。ヨーロッパ共同体（ＥＣ）からヨーロッパ連合（ＥＵ）への急展開はこうした動きに対するレスポンスである。先に触れたように、これまでヨーロッパを一つにまとめようとする動きはなかったわけではない。しかし歴史的事実としては、しばしば個人的な政治的・軍事的野望の下に多かれ少なかれ一種の悲劇として繰り広げられてきた。暴力ではなく合議によって一つずつ国家的主権を譲り渡しながら政治的統合体を構築していくプロセスは、ヨーロッパ史上はじめての経験であると同時に、成功すれば一つの快挙である。また近親憎悪に明け暮れる世界他地域や規模の経済の利益をうかがう自由貿易地帯の協調的和合への指針ともなろう。

しかし逆に統合のこの時点から、ヨーロッパは一つの地域となった。この集合枠そのものがまたぞろ要塞化するのではないか、つまり十九、二十世紀的な意味での国家に転化するのではないかとの論議も早くから行われている。ともかくも現代ヨーロッパはいまや、経済単位としてもあるいは精神的集合体としてもたしかに世界の諸地域のなかの一つとして改めて認識され始めているのである。ヨーロッパ中心史観はさすがにヨーロッパにおいてさえ反省されつつある。飛ぶ鳥を落とす勢いの十九世紀的な絶対的進歩史観は影をひそめた。むしろ歴史人類学的にヨーロッパはその内外で固有の歴史と文化的個性をもつ一つの地域として見られるようになった。ヨーロッパという歴史上の怪物は物理的にも心理的にも自らの巨体を十六世紀以前のもとのねぐらにおさめようとしている――そこに一抹のノスタルジーや惜念を含むかどうかは別として――わけである。

「地域」概念の台頭の第二の背景は、社会科学の対象としてヨーロッパを考える場合の、ヨーロッパと国家の枠組みをめぐる問題に関連している。歴史学や経済史学は、その成立のいきさつからしてやむをえないとはいえ、国家中心的なことが多かった。近代歴史学は国家の時代に生まれたからである。時間軸を遡るという行為は、個人が自らの来し方を回想する場合であれ、集団としてのものであれ、それ自体、現在のアイデンティティを求める作業にほかならない。われわれは日本人であり、日本という国にいる。先学諸氏は自問したはずだ。日本という国がもつ経済や政治体制は客観的にみてどういうものなのか。ほかの国はどうか。ほかの国の経験はどうなっているのか、と。もちろんドイツ人もフランス人もかつて多かれ少なかれ同様の問いを発しただろう。こうしてわれわれはイギリス資本主義発達史、フランス政治史、ロシア革命史、などの表現と問題設定形式に無意識のうちに慣れ親しんできた。日本が経済的に後れていた時代は一層その傾向が強かったはずである。

たとえば十九世紀から二十世紀半ばまで、日本を相対化して他国と横並びのまなざしで有機的に位置づけた東洋史がどれだけあっただろうか。同じくヨーロッパにおいても、ヨーロッパ各地についての叙述を客観的かつ公平に配分したヨーロッパ史は少ない。例外もずっと後になってから登場するにすぎない。もちろん国民国家ないし国民経済の枠組みで経済史を語ること自体に社会科学上特に問題があるとは思われない。しかし、その枠組みに過度にとらわれすぎた結果見えなかった事柄、歪めてしまった事柄も少なくない。国家、特に十九世紀以降の国家は意図的に練り上げられ、つくり上げられてきた面も大きい。国家は歴史学を生み、歴史学が国家を称揚したのだ。観念としての現代国家はしばしば実体を超えて多分に肥大化してきているのである。

他方、逆に、経済事象に心性や文化、地域的習俗の領分が大きく入り込む工業化以前の世界においては、国家の枠組みは想像される以上に危うい。まして中世となると、王国の曖昧な境界線が認識されてはいるものの、後述するように、精神生活、経済活動の両面においてヨーロッパ普遍的な色調の方がずっと支配的となる。こうなると単純な国別の縦割り的なアプローチでは実態はつかみにくい。

国家の枠をはみ出る「地域」

こうして近年のヨーロッパ経済史研究の一つの流れは国家という枠を少しずつはみ出し始めている。地域史的研究がこれである。地域というのはきわめて曖昧な概念である。もちろん国家そのものも一つの地域と見なすことができよう。たとえば樺山紘一氏によれば、ヨーロッパ中央のローヌ川、オワーズ川、ムーズ川、スヘルデ川を結ぶ南北線の西側に位置するフランス、スペイン、イギリスでは十五世紀頃にすでに「地域としての国家」ができあがった。これらは通信、徴税、行政といった技術的な制約の限界上に定まったサイズをもった。ほぼ日本の領土面積に相当する。この枠は人為的・合理的な建設計画によってできあがったのではなく、自然に、偶発的に選びとられたというわけである。他方この南北線の東側では、国家形成は理念、政治的思惑、経済的利害が絡み合った種々のヴェクトルの衝突を経て、きわめて複雑な進路をたどることになった。こうして、上述のように、やがてヨーロッパ全体としては自然体としての国家というより、国家のイデオロギー性の方がむしろ常態となっていくのである。ここではそのような国家の枠とは異なる二つの地域の次元を考えよう。一つは国家のなかの固有の地域、もう一つは国境を超える地域である。

前者については、たとえばイギリスのなかのウェイルズやスコットランド（あるいはイングランドのなかのヨークシャーやノーフォーク）、フランスのなかのブルターニュやラングドック、ドイツのなかのザールラントやバイエルン、スペインのなかのカタルーニャやアンダルシーア、イタリアのなかのトスカーナやシチーリア、等々を想い浮かべれば十分である。これらは国家の成立以前からあるいは成立後においてさえこの枠組みにおいて、経済的・文化的な歴史的個性の光彩を放っていないだろうか。また特に、国家的対立の帰結として多かれ少なかれ従来のアイデンティティの枠組みを削り取られた北アイルランド、フランドル、アルザス、サヴォワ、バスクなど——歴史的犠牲者としての自覚症状の度合いは様ざまであろうが——は、国民経済史とは別のもう一つの固有の経済史をもち、あるいはその叙述を待っているはずだ。ヨーロッパの工業化過程に関して地域の枠組みを強調するものとして、F・F・メンデルスらの「プロト工業化」論がある。後述のようにそのヴェクトルはときに国家の思惑と対峙する可能性をはらんでさえいる。経済史上の国家と地域の関係、国家のなかの地域といった問題設定は、わが国ではたとえば遠藤輝明編『地域と国家』におけるように部分的に始まっている。

さて他方、国家をはみ出すもう一つの地域概念は国境を超えるそれである。その第一のモデルはI・M・ウォーラーステインの世界システム論である。これについても後段で詳述するが、そこでは西ヨーロッパ経済はそれ自体として自己完結した各国資本主義の単なる和ないし併存ではなく、非ヨーロッパ圏とともに有機的に編成された「近代世界システム」の「中核」としてのみ把握される。そしてそこでは国家の次元は極端なほどまでに矮小化されているのである。だが国境を超える視座は世界だけではない。国と国をつなぐ地域のとらえ方がある。戦後アナール派の泰斗F・ブローデルの『地中海』（後述）は、イスラーム世界にまで踏み込んだ一種の全体史の試みであるとはいえ、その嚆矢となっている。環太平洋経済圏、歴史的な環日本海交易圏などが取り沙汰されるように、ヨーロッパでも環バルト海、環北海が同様のまなざしで見られてもよい。海域だけではない。河川（たとえばライン川、ドーナウ川などの国際河川）、湖（たとえば黒海、ボーデン湖）、さらに半島や砂漠さえも経済史として叙述されてもおかしくないはずだ。すでにそうした試みは始まっている。ヨーロッパはユーラシア大陸の一半島と見ることもできよう。ヨーロッパが偉大でありすぎて、長らくこの単純な事実を人は見失っていたのかもしれない。あるいは「陸の歴史」や「海から見た歴史」というもっと壮大なスタンスも提起されている。国家中心史観からいったん離れた「地域」経済史という問題関心領域はそこまでの射程をもつものなのである。

L・フェーヴルはつとに地域史のなかに全体史があると述べていた。生活する人間は経済的、政治的、社会的な動物であるだけではない。知的、宗教的、心理的、文化的な部面においても存在を訴えかけている。その全存在がより完全な形でとらえられる場は必ずしも国家ではなくて、特に十九〜二十世紀以外では、大いに地域でもありうるだろう。フェーヴルの言はそのように理解すべきである。ただし一つだけ注意する点がある。国家という枠に替えて、地域だったら何でもよいということにはならないということである。逆に国家の枠はすべて退けられるべきだとするのもいただけない。F・ブローデルが述べたように、あくまでも問題関心が先にあるべきである。それに相応しい枠組みとして地域が選びとられる形が望ましい。地域の枠組みはその限りにおいて豊かな研究成果を約束するのである。国家の方も、今後は一方向として、世界史上の集団形成の類型ないし理念型の一つとして、あるいは大地域を構成する小地域の一つとして把握する試みがなされるだろう。

『新ヨーロッパ大全』における地域

同じようにヨーロッパ史を国家単位でのみ把握することに異を唱えるフランスの論客にE・トッドがいる。差異を押し潰すような中央集権的統一ヨーロッパの建設に警鐘を鳴らし、多様なヨーロッパをうたい上げるというのがその基本的な立場だ。かれは近著『新ヨーロッパ大全』において、国家の枠をミクロ方向とマクロ方向に同時にはみ出しながら、上に見た大小二つの地域観をいわば綜合することに成功している。ヨーロッパ史の把握に関して時間の座標軸よりも人類学的空間を重要視する観点から、当該国民の個性ではなく国境を超える集団のもつ制度的共有性——しかも通時的なそれ——を強調するのである。一種の構造主義的な立場といってよい。すなわちかれは、西ヨーロッパ全土を四八三の県に相当する下位の行政単位に分けて家族制度と農地制度の統計をとり、国別ではなく国と国にまたがる地域別の類型分布図を得た。一つの国のなかの多元性とヨーロッパ内の多元性の同時析出といってよい。たとえばフランスにおいて家族制度は一枚岩ではなく、西部のブルターニュ地方はその「絶対核家族」（世帯構成と相続慣習の点で親子間は自由主義的、兄弟間は非平等主義的な関係を有する）の伝統をむしろ上記の環北海諸地域、すなわちグレイト・ブリテン島東部、オランダ西部・北部、デンマーク、ノルウェー南東部と共有している。そして北西ゲルマーニア諸族による占領時代にその淵源は求められている。一方北フランスは、ラテン語圏域たるイタリア北西部・南部、スペイン中部・南東部、ポルトガル中部とともに

「平等主義核家族」型を共有する、等々。しかも西ヨーロッパにおいて、このような「国家の枠を越えた上位の地方単位」は時代を越えてそれぞれの家族制度および相続制度を多かれ少なかれ安定的に保持したという。

この点はしかしトッドの推論の出発点にすぎない。かれはむしろ、この人類学的構造が近代化過程の精神的・政治的変動局面を規定していくことを立証しようとしたのである。ヨーロッパの細分化や分裂の原因となった近代の一連の産物——宗教改革、識字力、工業化、脱キリスト教化、受胎調節、イデオロギー（民主主義、民族主義、社会主義）など——の色素は、国よりも「国家の枠を越えた上位の地方単位」のうえにしっかりと定着するはずのものであった。ヨーロッパの四つの型の社会主義、四つの型の民族主義も固有の家族型と対応しているとかれは断じる。結果として国別のその濃淡は国内の多元的要素の衝突によってもたらされた。そして全体としてのヨーロッパ文明の諸価値は、国家を超えた多元的な地域の価値の衝突により醸成されたというわけである。

構造としての人類学的基底は、近代性の属性たる分裂をはらんだ諸事象の洗礼の後にも生き残った。その二十一世紀以降の残存の可能性をトッドが示唆するとき、またかれがフランス革命のスローガンである「自由」と「平等」は北フランスの家族型にもとから織り込まれていた（その流儀でいえば、逆に反革命で有名なヴァンデ県は別の類型に属していたことになる）などと断言するとき、一種の人類学的決定論の香りがする。だがそれには答えが用意されている。個人の無意識の決定要因、家族制度からイデオロギーにいたる人類学的メカニズムを知ることは、人間の自由や意志の可能性を否定するものではなく、フロイト流に、かえってより高次の自由へと導くというのである。

統一ヨーロッパの性格

このようにトッドの所説はきわめて斬新で論争挑発的である。その意図するところは、繰り返しになるが、多様性を無視した画一的なヨーロッパのイメージ、あるいはそれに基づいた統一ヨーロッパの建設に対する批判である。ヨーロッパ人は、一国内にもヨーロッパ全体においても多くの差異を内包し、ときにそれを力で押えつけたりしてきたわけである。ところで、マーストリヒト条約締結の年の一九九二年、はじめて国籍の異なる一二名のヨーロッパ人によってヨーロッパ史の共通教科書が書かれた（『ヨーロッパの歴史』という題で邦訳も出ている）。国家的偏見を超えてできるかぎり客観的かつ公平に「共通の家」の来し方を見つめ直そうとした共同作業である。地域としてのヨーロッパに対する期待や精神的連帯はヨーロッパ内部における国家間の歴史的階層序列化にも反省を促しているのである。文化の多様性はここでも大いに強調されており、話題の取捨選択、叙述の軽重などを考慮した共同作業そのものがヨーロッパの本質を探る行程となったに相異ない。著者たちは、将来を担うべき若者に対するこのヨーロッパ教育は「ヨーロッパのプロパガンダ」ではないとする。歴史的アイデンティティの強調がヨーロッパ・ナショナリズムにつながらないように冷静な配慮がなされているともいえる。

統一ヨーロッパのイメージは固定化しうるものではない。模索の連続というほかない。経済的危機意識がヨーロッパ再生のきっかけになったとはいえ、一法則、一定のルートに従ったヨーロッパの統一などありえない。多かれ少なかれ主意主義的な要素が入ることは否定できない。青写真は複数あるはずだ。しかも実際の構築物もそれぞれの青写真のとおりに仕上がるかどうかはわからない。いずれにせよ、多様性を内包しつつも何らかの統一体へ向かうヴェクトルをしっかりと見据えておかねばならないだろう。その意味でトッドの地域概念にわれわれが学ぶところは大である。

本書が念頭におく「地域としてのヨーロッパ」は、ことほどさように抽象的な論議のなかから引っ張り出してきた代物である。先に述べた「国家の枠をはみ出す」二つの地域観でいえば、われわれのイメージするヨーロッパとは、二番目の「国境を超える地域」である。そしてそれは同時に、上述のように、ユーラシア大陸の北西の一半島、固有の歴史的アイデンティティをもつ一地域でもある。最後の歴史的アイデンティティは当該時代精神の主観の表明として時間軸上に現れ、かつ進化する。それは時代区分に影響してくるだろう。
〈参考文献〉

増田四郎『ヨーロッパとは何か』岩波新書、一九六七年
宮島喬・梶田孝道編『現代ヨーロッパの地域と国家』有信堂、一九八八年
二宮宏之編『深層のヨーロッパ』民族の世界史9、山川出版社、一九九〇年
宮島喬・梶田孝道編『統合と分化のなかのヨーロッパ』有信堂、一九九一年
遠藤輝明編『地域と国家――フランス・レジョナリスムの研究』日本経済評論社、一九九二年
E・トッド『新ヨーロッパ大全』（全二巻、石崎晴己訳）藤原書店、一九九二年
樺山紘一・長尾龍一編『ヨーロッパのアイデンティティ』新世社、一九九三年
F・ドルーシュ総合編集『ヨーロッパの歴史』（木村尚三郎監修、花上克己訳）東京書籍、一九九四年
川勝平太編『海から見た歴史――ブローデル『地中海』を読む』藤原書店、一九九六年
西川長夫『国民国家論の射程』柏書房、一九九八年
鈴木健夫編『「ヨーロッパ」の歴史的再検討』早稲田大学出版部、二〇〇〇年
若森章孝・八木紀一郎・清水耕一・長尾伸一編『EU経済統合の地域的次元――クロスボーダー・コーペレーションの最前線』ミネルヴァ書房、二〇〇七年

〈ヨーロッパ一般経済史関連文献〉

増田四郎・小松芳喬・高村象平・矢口孝次郎編『社会経済史大系』（全十巻）弘文堂、一九五九―一九六〇年
大塚久雄・高橋幸八郎・松田智雄編『西洋経済史講座――封建制から資本主義への移行』（全五巻）岩波書店、一九六〇―一九六二年

S・ファン・バート『ヨーロッパ農業発達史』（速水融訳）日本評論社、一九六三年
J・R・ヒックス『経済史の理論』（新保博訳）日本経済新聞社、一九七〇年
小松芳喬『西洋経済史講義』稲門堂、一九七一年
伊藤栄『西洋商業史』東洋経済新報社、一九七一年
増田四郎『西洋経済史概論』春秋社、一九七一年（新版）
M・M・ポスタン『史実と問題意識――歴史的方法に関する論文集』（小松芳喬訳）岩波書店、一九七四年
角山栄総編集『講座　西洋経済史』（全五巻）同文館、一九七九－一九八〇年
荒井政治・竹岡敬温編『概説西洋経済史』有斐閣選書、一九八〇年
石坂昭雄・寿永欣三郎・諸田実・山下幸夫『商業史』有斐閣双書、一九八〇年
石坂昭雄・船山榮一・宮野啓二・諸田実『新版　西洋経済史』有斐閣双書、一九八五年
P・フローラ『ヨーロッパ歴史統計　国家・経済・社会 1815－1975』（竹岡敬温ほか訳）原書房、一九八五－一九八七年
神武庸四郎・萩原伸次郎『西洋経済史』有斐閣Sシリーズ、一九八九年
中村勝己『世界経済史』講談社学術文庫、一九九四年
楠井敏朗・馬場哲・諸田實・山本通『エレメンタル　西洋経済史』英創社、一九九五年
老川慶喜・小笠原茂・中島俊克編『経済史』東京堂出版、一九九八年
馬場哲・小野塚知二『西洋経済史学』東京大学出版会、二〇〇一年
奥西孝至・鳩澤歩・堀田隆司・山本千映『西洋経済史』有斐閣、二〇一〇年

第一章　長期の時間軸で見るヨーロッパ経済

ヨーロッパとは何か、という問いに対する答えは空間と時間の枠組みで定められ、表現されるはずだと先に述べた。ここでは時間的枠組みに関するその問いと答えを見ておこう。すなわち本章では長期の時間軸にそって約一千年のヨーロッパ経済の俯瞰図を得たいと思う。まずは、従来の世界史と経済史の時代区分について一般的に考察し、続いてわれわれ自身の主題となるヨーロッパ経済の推移を現代的観点から最もとらえやすい枠で区分する。さらに、経済史の流れをこの区分よりもう少し短い変動の相（変動局面）で切り取って、それぞれの局面をヨーロッパ史上の事象と関連づけてみる。そして最後に、本章に関連して重要な視点を提供する史家F・ブローデルの時間概念、資本主義概念について紹介しておきたい。

1　ヨーロッパ経済の時代区分

集団の共有する過ぎ去った時間をどのように切り分けるのか、という問題はその集団理解の根本に関わっている。従って時間的な枠組みの設定もきわめて論争的な問題を含んでいる。欧米では時代区分としては一般に「古代・中世・近代」が用いられる。この十九世紀的かつヨーロッパ的な三分法そのものも、便宜上当面これを用いざるをえないとしても、再検討を迫られている。経済史についても時代とともに一定の支持者を得て発展段階諸説がそれぞれ一世を風靡してきた。しかし地域としてのヨーロッパの経済を扱う場合、旧説は有効性を失ってしまっている。われわれは、試論として、今日統合しつつあるEUから遡及していって、その統合ヨーロッパの過去を探るというスタイルをとる。すなわち、本書の出発点、「ヨーロッパ経済」の過去を中世におこう。それはそのまま現代ヨーロッパの原型はいつ誕生したのかという問いに対する一つの答えである。

現代ヨーロッパの起点

最近は欧米でもわが国でも一種の中世ブームであるが、「暗黒の中世」というイメージに修正が加えられたのはそれほど昔のことではない。わが国では一九七五年に木村尚三郎氏が、『近代の神話――新ヨーロッパ像』（中公新書）において、伝統的な「古代・中世・近代」の区分をはじめて体系的に批判しつつ、新たな時代区分の構築を提言した。十九世紀にヨーロッパ人によってつくられた「近代」概念は、いうまでもなく十九世紀に達成された市民社会の高みから、その発展プロセスをふりかえることによって得られたものである。近代は近接の過去（「第一過去」）の価値体系を否定し去ることから出発した。そしてそれは、もっと遠くの過去（「第二過去」）たるギリシア・ローマ時代に文化的・精神的土台をもつものだとされた。こうして「第二過去」たる古典古代が積極的に評価される一方、十九世紀的現在とこの「第二過去」に挟まれた「第一過去」は消極的ないし否定的に評価され、単に中間の時代を意味する中世と呼ばれるにいたったのである。そしてルネサンスと宗教改革こそは近代へのプレリュードとして位置づけられている。

時代区分は当該人間集団の当該時代における価値観の表出であるから、どのような時間配分や彩飾がなされようとそれはそれでよい。問題はこのヨーロッパ的時代区分が非ヨーロッパ圏にまで無条件に適用されようとしたこと、他方、この三つの区分のうち近代が長期化して、いわば間延びしてしまったことである。第一の点は、日本史の区分に関する限り一定度有効であったことは認めなければならない。だが他国ではどうだろうか。たとえば中国史、イスラーム世界の歴史については。他方、やっかいなのはむしろ二番目の問題である。いまや近代は近世（初期近代）と近代（後期近代）とに分けられ、さらに二十世紀ないし第二次世界大戦以降については現代と呼び慣わされている。「ポスト・モダン」がつとに取り沙汰されているわりには、近代はなかなか「過ぎ去ろうとしない」でいる。

木村氏は旧来の時代区分が形骸化しつつあるいま、知的態度も曖昧なままであってはならないと戒めた。こうして現代ヨーロッパの始点は十二ないし十三世紀を中心とする二百年の間におかれるべきであり、旧時代区分における中世はむしろ「新古代」として、第二次大戦以降の現代すなわち「新近代」の拠って立つべき第二過去とされた。その間に挟まれたいわゆる「ヨーロッパ近代」が「新中世」であり、政治・経済・文化史上あれほど輝かしい発明・発見、実験、獲得物、構築物をもち、あれほどヨーロッパ人自身が誇りとし、非ヨーロッパ人が憧れてきた時代であるにもかかわらず、ヨーロッパ「新近代」が否定すべき第一過去とされた。ヨーロッパ普遍的な要素が「新古代」（＝中世）と「新近代」（＝現代）に通底しているわけである。

阿部謹也氏も、異なった観点からであるが、現代ヨーロッパまたは「ヨーロッパ近代」の起源をルネサンスよりもむしろ中世盛期に求める。その著『ヨーロッパを見る視角』（岩波書店、一九九六年）においてもその視点が強調されている。高校世界史やヨーロッパ通史の従来の記述から学んだ人は、近代科学とその精神的基盤たるルネサンスや宗教改革こそがヨーロッパ人を伝統的な宇宙観の呪縛から解放して、近代合理主義への道を開いたのだと常識的に考えるだろう。ところで阿部氏によればその画期はむしろ十一世紀である。ヨーロッパ的な個人とか市民意識とかは日本には真に定着してはいないとしばしばいわれる。しかしヨーロッパもかつては日本と類似した、個人が埋没する世間と贈与互酬の社会であった。歴史をずっと遡っていくと、「十一世紀でカツンと突き当たったところは日本とヨーロッパの共通の地盤であり、共通の地下水が流れているところ」である。しかしそこからヨーロッパが変わる。ヨーロッパをヨーロッパたらしめることになる画期は、カトリック教会が贖罪規定書の援用によって当時のヨーロッパ人を呪術的なアニミズムの世界から引き上げた十一世紀だというのである。中世キリスト教は人間と自然の関係についての観念の刷新を媒介した。その革新性は、その後のルネサンスや宗教改革、その所産としての十七世紀の科学革命、あるいは十八世紀以降の物質文明が、中世の相対的に硬直的な世界観や宗教的な宇宙秩序に対してもちえた革新性を凌いでいる。後者は、近代の産業主義とともに、いわば外延的発展ということになろう。

ヨーロッパではキリスト教の確立の方が、その後の変容・改革とそれに伴うパラダイム転換よりも重大であったことになる。われわれとしては中世末期から近代にいたる社会的・経済的・精神的変化の大きさを矮小化するものではない。だが、十九世紀のネガティヴな中世観からのこうした脱却はいまやヨーロッパ一般史の通念に近いものとして定着しつつある。ルネサンスですら中世精神の否定ではなくむしろその延長だと考えられるようになっている。中世にヨーロッパの属性がすべてセットされているというわけである。とはいえヨーロッパ経済史を語る場面では、まだこうした基本的な立場にたって体系的な書き直しの作業が行われているとはいえない。世界を席巻した「ヨーロッパ近代」はまだ生々しい現実として議論のさなかにさえある。しかし歴史一般ではなく、地域としてのヨーロッパの経済史に限定する限り、多かれ少なかれ木村氏の上記テーゼに呼応する形で、新しい時代区分による試論が可能ではないだろうか。

時代区分の流れ

その前に先学の行った経済史の時代区分をおさらいしておこう。ドイツ歴史学派、マルクス主義歴史学者、近代化論者たちの発展段階説が、時代とともに一定の支持者を得て、それぞれ一世を風靡してきた。

歴史学派とは、先進資本主義国の古典派経済学に対抗してヘーゲル流の進歩史観の系譜から生まれたドイツの国民経済学の体系の流れをくむ人びとである。代表例を挙げれば、まず段階説の創始者F・リストは経済発展の流れを狩猟→牧畜→農耕→農工→農工商の五段階、その批判者B・ヒルデブラントは自然経済→貨幣経済→信用経済の三段階に区分した。十九世紀後期以降では、G・シュモラーが村落経済→都市経済→領邦経済→国民経済の四段階、またK・ビュッヒャーが封鎖的家内経済→都市経済→国民経済の三段階に区分した。これらはいずれもドイツの十九世紀的理想である国民経済の実現過程を叙述の基調としている。あるいはそこが限界だともいえる。増田四郎氏は、歴史的実体としてはこれらの諸段階は樹木の年輪や「バウムクーヘン」のようにむしろ同時併存するのであり、輪の濃淡や形状のみが変化していくものであるとして、この段階移行説を批判している。いずれにせよ発展段階説の流れは、一方で、より普遍的な段階説としてK・マルクスの社会経済構成体説に継承されていく。

マルクス主義の奴隷制→封建制→資本制→共産制という時代区分はあまりにも有名である。人間の動物的存在としての再生産は物的生産力に依存する。思想、哲学、芸術、イデオロギーなどの「上部構造」は、「下部構造」（社会発展の基礎たる物的生産力として表現される）によって規定される。そして生産力の発展が古い生産関係を突き破ってそれぞれより高次の社会構成体を準備するというのである。史的唯物論に基づくこの発展段階説はまさしくヨーロッパ史を念頭において構築されたものであった。しかもソ連・東欧における共産主義体制の崩壊という現実を目の当たりにするまで、百年有余にわたって世界の少なからぬ人びとの心をとらえてきたことも事実である。マルクスは科学的社会主義を標榜したが、その所説はイデオロギーそのものであった。功罪はともかく学説と政治参加《アンガージュマン》の相互作用がこれほど深く、長期的であった例は稀である。いずれにせよこの区分法は、最後の共産制という部分はさて措き、便宜上あたかも上述の古代・中世・近代の区分と対応した形で依然として頻繁に使用されるだろう。

次にいわゆる近代化論または成長史学について述べておこう。新経済史、数量経済史とも呼ばれた。そこでは計量経済学的手法の援用、数量化可能な生産、所得、投資、人口などの長期統計データの処理によって成長の過程が客観的に跡づけられる。これはどちらかといえば、東西冷戦のさなか、アメリカを中心に発展してきた学派である。わが国の学界にも少なからぬ影響を及ぼした。W・W・ロストウの『経済成長の諸段階』はすでに古典的著作の地位を占めている。その諸段階とは伝統社会→離陸のための先行条件期→離陸→成熟への前進期→高度大衆消費時代である。世界中のすべての社会はアメリカ合衆国が経験したこの五段階のいずれかに位置づけられる。この説に対しては反ソ・反共イデオロギー（成長段階の比較に基づくソ連の劣位の強調）そのものであるとか、非経済的要因を軽視または捨象しているといった批判があった。後者については、経済の型を規定する国家や地域の個性（国民性、伝統的文化、宗教、心性など）から切り離されたものとして、都市化、工業化、官僚制、軍隊、消費水準といった中立的な指標が絶対視される傾向にあったからである。それは、客観的な諸制度の具備いかんが経済発展の条件だとする制度史学派が受けている批判と同様である。だが離陸（take-off）という概念はすでにしっかりと経済史の言葉としてあるいは他分野においてはアナロジーとして定着している。また数量経済史の方法と成果は歴史人口学やフランス・アナール派の時系列史との実りの多い出会いを果たしている。

わが国の戦前戦後を通じた経済史研究の大きな流れの一つがマルクス主義経済史学だとすれば、もう一つの大きな流れとして、旗幟のはっきりしない部分も含めて、実証主義的立場に立った一種の近代化論があった。だが両者の間には共通の論点がある。議論が噛み合わなかったわけではまったくない。日本の経済的な前近代性をいかに克服するかという当為の問題関心があったのである。ほぼ共通して、ヨーロッパにおける農村の近代化過程、絶対王政の経済構造、市民革命における「基礎範疇」の対立の構図、産業革命の類型といったテーマが相次いで研究対象と議論の中心に据えられていったのもそのためである。非マルクス主義的な経済史家たちの基本視座である前近代→近代、前工業化→工業化といった二分法も経済史の十分自覚的な時代区分であるといえよう。

ヨーロッパ経済の時代区分

もとより経済が発展するというとき、そこには暗黙のうちに経済の規模の拡大ないし質的高度化が含意されている。人間の福祉の増大が生産量や経済規模の絶対的増大だとナイーヴに考えられていた時代、あるいはそれよりも分配の公正の方が重視された時代があった。そして地球資源の有限性や地球環境の制約性をにらんだ「持続可能な成長」を前提とする来るべき時代もあろう。それぞれの時代に固有の価値から出発した時代区分が生まれてくるのは当然である。

さて問題はヨーロッパ経済の通史についてこれをどうするかということである。マルクス主義的な発展段階説や伝統的経済から資本主義的経済への移行のみに焦点を合わせた二元論的な近代化論を、依然として無自覚的に採用している向きもある。しかし上に述べた地域としてのヨーロッパ、今日再び凝集化しようとするヨーロッパの経済的過去を問題にする場合、もはや単純に旧説のどれか一つに安住するというのでは不十分にすぎるのではないか。上に挙げた諸説が啓示する部分は相変わらず大きい。われわれはこれらにあまたの問題関心と方法を負っている。ただ盲目的な進歩史観には多少倦み疲れたところがある。

木村尚三郎説に戻ろう。すなわち、まず中世にヨーロッパ経済の出発点を求めたい。そして近代における国民経済の形成・確立・対抗の過程をその分裂の時代、そして二つの大戦を経た二十世紀後半以降を再びヨーロッパ経済が凝集化する時代と考える。ヨーロッパに馴染みの深い一種の弁証法的な三分法的展開を別の形で想い浮かべるわけである。すなわちそれは、上述の地域概念を念頭において、地域→国民国家→（再び）地域、あるいはヨーロッパ経済→国民経済→（再び）ヨーロッパ経済という発展形式として表現することができよう。ただし、発展の法則性とか論理などに過度に支配されるのは避けたいところだ。あくまでも、旧来のヨーロッパ経済史の叙述スタイルから一歩踏み出そうというだけである。

中世経済の復権

本書では従って中世ヨーロッパ経済の評価は従来より積極的なものになろう。ヨーロッパでは、幾多の批判を浴びながらも中世経済の近代性、あるいは資本主義経済の中世的起源を強調した経済史家は少なくない。なかには「中世資本主義」なる言辞をあえて使用した人もある。いくつか例を挙げておこう。R・S・ロウペスの『中世ヨーロッパの商業革命』、J・ギャンペルの『中世の産業革命』（邦訳あり）、G・エピナスの『資本主義の起源――J・ボワヌブロク』（ボワヌブロクは後述のように十三世紀を生きたフランスの毛織物商）といった刺激的なタイトルをもつ研究は、文脈こそ違え、中世ヨーロッパ経済の停滞性ないし退嬰性を部分的ないし全面的に否定するものである。近年ではJ・ファヴィエの『金と香辛料――中世における実業家の誕生』（邦訳あり）がある。

十世紀と十四世紀の間に商業革命の存在を疑わないロウペスはいう。中世の経済成長は近代の産業革命期のそれに比べて、ましてや戦後のそれに比べればなお一層のこと、微々たるものかもしれない。だが「中世の離陸」は不可逆的であり、その後のほぼ連続的と見なしうるおよそ一千年の成長に不可欠の物的・精神的な諸条件を創出したのである、と。近代の資本主義に比べるとたしかに規模の点でも普及度の点でも劣るけれども、利潤追求、資本の蓄積、所有と経営の分離、信用の手段と額の増大、複雑な商業技術、等々の資本主義の指標をはっきりと確認できる。特に生産的投資こそなお限られていたが、その対象が土地であれ、公債であれ、金融であれ、投資の精神が生まれたことはたしかに注目に値する。そして何よりも大市のネットワークを通じてヨーロッパ的規模の物流が展開していたこと、そしてそれを支える広大な地平を有する企業家があちこちに誕生したことが重要なのである。具体的な事実は本論で明らかにされるはずである。

われわれは中世資本主義という語は使用しない。また過度に中世経済の近代性を強調することも控えよう。ただ十一〜十四世紀の経済と十六世紀以降の経済との間に断絶ではなく連続性を見たい。近代資本主義は必ずしも完全な姿で中世に出現しはしないけれども、その種子をヨーロッパ各地に散りばめていたことはたしかであろうと思うからである。

近・現代ヨーロッパ経済の位置づけ

およそ十六世紀から二十世紀半ばにいたる、いわゆる「ヨーロッパ近代」の経済面の叙述は、だからといってもちろん、ないがしろにされてよいわけではない。この時代はわれわれに馴染みの深い資本主義または産業主義の生成、発展、成熟の時代である。ところでサン＝シモンが、この産業主義が開花しようとしたその矢先にヨーロッパ統合論を唱えた希有な思想家であったことはすでに述べた。しかし事態はかれが述べたような統一の方向には進まず、むしろ皮肉にもヨーロッパ内部の国と国との対抗関係は強化された。一種のパラドクスである。諸国家をヨーロッパ経済を構成する細胞に見たてると、各細胞に同じ成分が並んだ。各細胞のなかに毛織物工業があり、綿工業があり、製鉄業があり、やがて化学、電気、自動車、航空、原子力、等々がやってくる。各細胞のなかに必ず借地農がおり、小農がおり、土地なし農民がおり、都市労働者がいた。あたかも一般史において、トッド流にいえば、各細胞のなかに宗教改革、識字化、工業化、脱キリスト教化、受胎調節、イデオロギーなど近代性の全要素が詰まっており、あるのはその成分の濃淡、構成比率の違いだけであったように。ヨーロッパ人の連帯と文化的普遍性の高揚の媒介となるべき産業主義は分割されてしまったのだ。

サン゠シモンの時代のこの逆説的展開はヨーロッパ内在的な説明では不十分であろう。国際的契機の考慮、世界システム論的な理解が必要である。ヨーロッパ内部の垂直的な分業は、近代の進むうちにいったんは強化されるように見えた。近代初期における北西部の工業化と、それと対照的に、不自由な労働への逆行を内包する北東部（いわゆる「オスト・エルベ」）の市場性の高い農業への特化（グーツヘルシャフトの成立）などがその一例である。もしヨーロッパが永久に閉ざされた空間としてとどまったと仮定すれば、当然この域内分業形式はより自己完結的な経済空間に向かって強化・固定化されていったはずだろう。しかし現実にはやがて垂直的分業の枠は世界に向かって張り出していく。植民地主義、次いで帝国主義の時代である。そしてヨーロッパ地域全体は世界のなかでは工業の核として立ち現れるようになる。平和裡の水平的な分業の可能性はなかったのか。しかし内部ではさらにこの集団核のなかでの好位置を目指すべく激しい競争が行われた。より多き富の獲得を求める資本主義的競争の枠組みは国家だったのである。怠惰な国家はこの核の外（「半辺境」のゾーン）の位置に甘んじるか、あるいはそこに追い落とされるかもしれなかった。近代ヨーロッパ経済は、より思弁的・抽象的な言い方になるが、複数のヴェクトルをもっている。ヨーロッパの内部において国家単位で反発し合う内向きのヴェクトル、反対に各国内からそれぞれ外部に向かって非ヨーロッパ圏に飛び出していくヴェクトルである。ヨーロッパ人の物的な福祉達成水準のありようはこれらヴェクトルの総和として理解しておきたい。その合力は消去し合ってときに極小化され、ゼロやマイナスになるようにさえはたらいた。軍事的衝突がこれである。

そして反対にこの合力の極大化の試みこそ、ヨーロッパ次元での反省の結果であり、まさに戦後の現代ヨーロッパ、今日の統一ヨーロッパの建設の基本理念であろう。近代資本主義なるものを生み出して資本家＝企業家の無限の力を開放したのはヨーロッパであった。でありながら資本主義によってもたらされる否定的、害悪的、疎外的な部分を減じ、その放埒な運動を抑えるために、処方箋としての社会主義、拮抗力としての労働組合主義を用意したのもヨーロッパである。同じく「ヨーロッパ近代」という、対立を内包する論理を世界に向けて発射したのはヨーロッパであった。域内の空間的多様性の総合、歴史の弁証法的な進展に対する主体的関与といった課題に答えを出すのもヨーロッパであるのだろう。

2 長期的経済変動

さて、ヨーロッパ経済を見る眼としては、以上のような三分法的な時間の枠組みでひとまず固定されたかと思う。次に、もう一つの予備的知識として、こうした枠組みと関連しはするけれども、それとは別次元において把握されるべき、自律的な経済変動の軌道を大筋において見定めておきたい。狩猟生活の時代であれ、情報化社会の今日であれ、人間が地球上のあらゆる資源にはたらきかけて、自らの生命を集団的に維持・再生産するための衣食住の養分を引き出す所為は変わらない。方法がより迂回的、かつより効率的になっていくだけである。人間が社会的存在としてある以上、古今東西、生産・流通・分配・消費という基本的な営みは一つとして欠かせない。それが経済というものである。喩えが適切かどうかわからないが、金太郎飴のどこを切っても目、鼻、口などの存在が不変であるのと同様である。ただ、切る場所によっては微妙に顔の表情は違ってくるかもしれない。ここでは中世から現代にいたるヨーロッパ経済の曲折、文字通りその表情の変化をたどりたいと思う。揚子江やナイル川のような大河の滔々たる――しかし様ざまな人為的・自然的原因によってときに激しい瀬となり淀みともなる――流れ、たくましい蛇行を空の上からはるけく眺望するように。

長期経済変動局面――「A局面」、「B局面」

当たり前のことだが、ヨーロッパ人たちは、今日同様、いつの世にも景況感を有していた。そしてかれらは経済行為の日々の成果にただ一喜一憂していただけでもないだろう。一年ないし数年のうちに訪れる変化、ほぼ一〇年ごとの変動、あるいは数十年に及ぶ単位で現れる変化の相をも多かれ少なかれ自覚してきたはずである。この短・中・長期の経済変動についてはそれぞれ規則性、循環性があることが客観的に確認され、その要因とメカニズムが追究された。いわゆる経済変動論、景気循環論によって導かれる領域である。短期のものは一年という期間内の季節変動や数年周期の変動（＝在庫循環、キチンの波）、中期のものは一〇年前後の周期の変動（＝設備投資循環、ジュグラーの波）である。これは上昇・下降局面をもち、しばしば恐慌によって画される。そして三番目は五〇年前後の周期をとる長期の景気循環（＝コンドラチエフの波）である。このうち、最後の長期変動の観察によってわれわれはヨーロッパ経済のおおまかな流れをつかもうとするのである。

経済史で観察対象とする経済変動ないし景気循環は、史料のうえでは、所得や生産の変動と価格の変動でつかまえる。いずれの場合にも、国民経済の自覚に伴い各国が自己の力と富を数量化するようになる「統計の時代」以降（およそ十九世紀以降）は基本的にまとまったデータを手にしうる。しかしそれ以前の「前統計時代」においてはこの限りでない。所得と生産に関しては特に量的把握が難しい。いきおい国別というより地域別の集計、定量的というより定性的な分析に訴えざるをえなくなる。一方、商品流通量の増減によって間接的・部分的に経済規模を推し量ることは可能である。これについては局地的に税関や特許会社の帳簿などが多くのことを語ってくれる。価格変動の場合も「前統計時代」には局地的な研究に拠らざるをえないが、データとしては保存数が比較的多い。場合によっては地方行政管区ごとに作成された報告書（公設市場価格表）の集計などにより、「統計の時代」と同様の一国レヴェルの価格の動きをつかまえうることもある。

こうした史料を用いたヨーロッパの本格的な長期経済変動分析は今世紀初期の戦間期に遡る。先鞭をつけたのはフランスのF・シミアンとC・-E・ラブルース、ソ連のN・コンドラチエフらであった。所得（賃金、地代）、価格（石炭、農産物）の時系列的処理に始まったこの種の研究は、やがて生産、投資、利潤、利子率、人口、あるいはストライキなどへと対象を拡大させていった。その重要な貢献は、一八世紀から二十世紀初頭にいたる工業化の形成・確立・成熟過程における長期変動局面の観察と循環の相の析出であった。この三人の先駆者の研究成果を総合して引き出しうる結論は簡潔には次のとおりである。ヨーロッパのこの時期における経済変動は数十年の長さをもつ長期的局面に分けられる。シミアンの用語に従えば、ポジティヴな「A局面」（Phase A）とネガティヴな「B局面」（Phase B）がこれであり、これらがほぼ交互に繰り返された。すなわち、

一七八〇年〜一八一五年……「A局面」
一八一五年〜一八四九年……「B局面」
一八四九年〜一八七三年……「A局面」
一八七三年〜一八九六年……「B局面」
一八九六年〜一九二〇年代……「A局面」

という継起であり、「A局面」とは生産・所得・価格・人口の増大基調をもった好景気の局面であり、「B局面」

とは反対にそれらの縮小（ないし停滞）が基調となる局面である。ただし後述のように人口は二十世紀以降には別の動態を示す。この「局面」を「変動局面」（conjoncture）——「コンジョンクチュール」とフランス語のまで使われることもあり、「景況」と訳されることもある——と呼び換えてもよい。コンドラチエフの波というのはこのA、B二局面を一セットにした五〇年前後の長さの周期をもつ循環を指している。

さてわれわれは、本書の扱う期間の全体にわたって変化を追うために、この局面交替のパースペクティヴを外挿法によって十八世紀より前と大恐慌以後（＝一九二九年以後）の双方向に延長して考えようと思う。特に「前統計時代」である前者の方向に向かっては、局面の長さが不規則（しかも時代を遡るに連れて両局面ともかなり長大となっている）であり、科学的根拠の厳密性を欠くおそれなしとしない。一方、後者の大恐慌以後の長期波動については、いわゆるケインズ的な総需要管理政策のもとで景気循環のうちの長期変動の影響（特に「B局面」に相当する景気後退）がおさえこまれてきた経緯がある。その意味でいまさらコンドラチエフの波を現代経済の変動分析や予測にストレートに援用する人は稀有である。従ってこの外挿法は強引との誹りを免れないが、あくまでも以上の点を考慮に入れたうえで、ヨーロッパ経済の陰陽のイメージをつかむためにこの議論と用語をあえて拡大的に応用しようと思う。すなわち「A局面」、「B局面」はここではそれぞれ相対的な好況局面、不況ないし停滞局面として用いる。

こうして得られたのが表1である。これに見えるとおり、長期的には「A局面」と「B局面」が交互に繰り返して現れる。局面の長さはまちまちであるが、両方とも、特に時代を上るにつれて、その期間が極端に長くなっている。もはやシミアン-ラブルースの定義を逸脱した乱用になってしまうが、とにかくこれによって各時代の各局面ごとに正と負のイメージがおさえられるはずである。表には個別研究成果によって判断できるより正確な年代が書き込んである。たとえば「B局面」たる経済史上の「十七世紀」は実際にはおおよそ一六五〇年頃—一

表１　ヨーロッパ史の陰陽のイメージ

時　　　代		経済変動局面	気　候	諸　　事　　象
11〜13世紀	(中世)	A	＋(3)	第一次農業革命、中世都市成立、カテドラル建築、東方植民、十字軍運動、封建王政の確立
14〜15世紀 1315／17〜1450頃	(中世)	B	−	封建制の危機、百年戦争、ペスト、民衆一揆、ルネサンス、イタリア都市の時代
「16世紀」(1) 1450頃〜1650頃	(近世)	A	＋	大航海、宗教改革、魔女狩り、ドイツ農民戦争、絶対王政の形成、スペインの時代
「17世紀」(1) 1650頃〜1730頃	(近世)	B	−	戦争、植民地化、イギリス革命、科学革命、オランダの時代
「18世紀」(1) 1730頃〜1815	(近世)	A	−	啓蒙思想、第二次農業革命、産業革命、フランス革命、アメリカ独立、イギリスの時代
19世紀前半 1815〜1849	(近代)	B	−	「世界の工場」イギリス、各国の産業革命、ドイツ関税同盟、1848年の諸革命、ナショナリズム、市民文化醸成、イギリスの時代
19世紀第３四半期 1849〜1873	(近代)	A	＋	鉄道建設急増、ナショナリズム、クリミア戦争、普仏戦争、独伊成立、イギリスの時代
19世紀第４四半期 1873〜1896	(近代)	B	＋	大不況、帝国主義、植民地の拡大、ドイツとアメリカの台頭
20世紀第１四半期 1896〜1929	(近代)	A	＋	ベル・エポック、第一次世界大戦、ロシア革命、国際連盟
1929〜1945	(近代)	B	＋	大恐慌、スペイン内戦、第二次世界大戦
1945〜1973	(現代)	A	−	パリ平和会議、マーシャル・プラン、ベルリン封鎖、NATO、ローマ条約
1973年〜	(現代)	B	(＋？)	オイル・ショック、ユーロ・ペシミズム
1980年代 (2)	(現代)	(B？)	(＋？)	EC 12、単一欧州議定書、東西ドイツ統一
1990年代 (2)〜	(現代)	(B？)	＋	EU15 (→EU27)、マーストリヒト条約、単一通貨ユーロ、リスボン条約、Brexit

(1)「16世紀」「17世紀」「18世紀」はそれぞれいわば経済史上の世紀であり、現実の世紀の長さと一致しない。
(2)1980年代、1990年代はいずれも1973年以降の「B局面」が継続しているものと考える。
(3)ただし12世紀半ばから13世紀半ばまでは乾燥した寒冷期。

七三〇年頃の期間を指す。もとより域内で一様な動きがあったわけではないので、年号は必ずしも正確なものとはいえない。またA、B各局面には短・中期の循環が含まれていることはもちろんのことである。さらに、それぞれの局面に気候史上の趨勢——相対的に温暖（＋）であったか寒冷（－）であったかを示す——ならびに世界史上の諸事象を並べて、経済の動きとの対応関係を見る材料とした。変動局面を経るごとに次第にヨーロッパ諸地域のの経済的ヘゲモニー、繁栄の中心（シャンパーニュ、ブリュッへ、ヴェネーツィア‐ジェーノヴァ、アントウェルペン、アムステルダム、ロンドン、そしてヨーロッパの延長としてのニューヨーク）も移動する。後述のように、繁栄中心の移動に伴って経済発展の磁場も変動するだろう。全体としては十八世紀半ば～十九世紀半ばあたりを境に変動のパターンそのものも変化することがわかる。それはおおまかには工業化以前の変動と工業化以後のそれに分けることができよう。

陰陽のイメージ——十八世紀まで

工業化以前の経済変動についてまず見ていこう。中世～近世の変動局面である。中世は前期、中期、後期の三つの時期に普通分けられる。中世前期は一般的叙述を許さないほどに混乱した経済史をもつが、ひとまず風土病的とさえなった飢餓と人口減少の時代としておこう。本書で問題にするのは後の二つの時期である。すなわち中世盛期といわれる「A局面」（十一～十三世紀）と封建制の危機の時期としてとらえられる「B局面」（十四～十五世紀）である。比較的温暖で、生産・所得・価格・人口が増大する「A局面」においては、三圃制導入を中心とする第一次農業革命、ヨーロッパに固有の歴史的存在としての「中世都市」が誕生するなど、中世の積極的評価につながる一連のプラスの指標が確認できる。西ヨーロッパ（イギリス、フランス、ドイツ、ベネルックス、スイス、オーストリアなど）諸地域ではおよそ三倍もの人口増加があったと見積もられている。これに対して

「B局面」は気候の寒冷化、穀物の凶作、飢饉、ペスト流行、戦争、一揆など災厄の一セットが並んでいる。ヨーロッパ中世のかつての暗鬱なイメージの定着にはこの「B局面」の諸相の影響もあるかもしれない。他方イタリア諸都市では、それにもかかわらず（あるいはかかる状況に乗じつつ）新たな息吹をもった商人企業家群が誕生し、ルネサンスの財政的基盤を築く。封建制危機の時代は同時にイタリア都市の繁栄の時代としておさえておきたい。

「十六世紀」に訪れる次の「A局面」は、非ヨーロッパ世界との交渉をほぼ独占するにいたるスペインの黄金時代に当たる。ヨーロッパの航海者が世界に繰り出し、銀の大量流入により価格革命が起こった時代である。いわゆる封建王政が絶対王政の政治体制に移行していく時代で、ヨーロッパの分裂が個人と集団のレヴェルで同時に起こってくる。宗教改革はその表徴である。「十七世紀」は「B局面」としてとらえられる。分裂はヨーロッパ内外での戦争によって一層深まり、「十七世紀の危機」という言葉で論議を呼んだネガティヴな局面である。経済的なヘゲモニーはプロテスタントのオランダ、イギリスによってスペインの手からもぎとられていく。この局面は象徴的にオランダの時代と呼んでおこう。「鎖国」期の日本との関係もこの局面において定まったのである。

次は経済史のみならず政治史上、思想史、精神史上、文化史上の大きな転換期を含む「十八世紀」である。この時期は「A局面」である。経済諸指標が不可逆的に上昇する局面である。本論で詳述されるように、このときからヨーロッパ経済ははっきりと別の性格のものに変わっていくのである。海外における市場規模の一層の増大とイギリスに起こった産業革命に伴ってヨーロッパの経済秩序が攪乱される。一種の創造的破壊または破壊的創造の局面であり、大陸ヨーロッパでは革命や改革によって古い体制を刷新する動きがみられる。域内の分裂は海外における分割競争と相俟って激化する。繁栄の中心はイギリスに移っていく。

ところで中世以降十八世紀の少なくとも半ばまでは、多かれ少なかれ農業生産の好凶が全体の景気を左右していく。好凶を左右するのは天候、気候である。そこでヨーロッパにおける気候の長期変動を知ることが必要であろう。古気象学、氷河学、地質学、年輪年代学、花粉学などの豊かな研究成果を援用した近年の気候史研究は経済史研究に多くの示唆や傍証を与えている。ここではその概略をたどっておきたい。古代ローマ時代は基本的に温暖な時代であった。それはやがて家持ち奴隷の自立、従って奴隷労働に基づくラティフンディウム（大土地所有制）の危機を招き、帝国解体の内因の一つとなったといわれている。反対に、西ローマ帝国滅亡のもう一つのきっかけとされているゲルマーニア諸民族の大移動からフランク王国・カロリング王朝成立にかけての時代まで（五世紀～八世紀半ば）は小氷期、それ以降中世盛期にかけては再び温暖化傾向となる。寒冷期は十二世紀半ば～十三世紀半ばの小氷期、十四～十五世紀の大氷期に再来する。その後「十六世紀」の「小春日和的」な温暖期を経て、十六世紀の半ばから十九世紀半ばまで小氷期（十七世紀は特に最も厳しい寒冷化の時期であった）として寒冷期が戻ってくる。それ以降は一九五〇年頃までの約百年間、温暖期が続く。だがその後は再び冷却期に突入しているともいわれている（人為性が著しく大きいと思われる近年の温暖化現象はこうした気候の長期変動局面とどのように連接しうるだろうか？）。

農業的な経済社会においては政治的変動を気候変動と結びつけて考えたい誘惑――フランスの史家E・ル＝ロワ＝ラデュリは安易な因果設定を戒めているが――に駆られるところである。つまり、気候変動→経済変動→政治・社会変動の図式を導き出すことができないだろうか。具体的には、気候不順→収穫不足→人口と食糧の慢性的不均衡→栄養不足、死亡率上昇、疫病発生、一揆、戦争という図式となる。一方、もっと短期的なプロセスとしては、気候不順→凶作（過少生産）→農民所得の減退→非農業部門商品需要の減少（過少消費）→全般的不況という形をとって経済恐慌が起こる。大規模な民衆一揆として知られるフランスのジャックリー（一三五八年）

もイングランドのワット・タイラーの乱（一三八一年）も寒冷の「B局面」に起こっている。気候史上の「A局面」＝温暖、「B局面」＝寒冷という対応関係は前工業化社会に固有のものであるといえよう。

さて再度「十八世紀」に戻ると、「A局面」かつ寒冷（一）となっており、温暖であれば好況であるという中世来の対応関係がこわれている。工業化が進行する十九世紀以降の条件が生まれつつあることを物語っていないだろうか。

陰陽のイメージ――十九世紀以降

十九世紀以降については工業の導入によって気候変動と経済変動の連関性が弱まって、上記のコンドラチエフの長期波動の条件が整う。コンドラチエフの循環を戦後にまで適用すれば、表1に見えるとおり、第一の循環は「十八世紀」（一七三〇年－一八一五年）の「A局面」と「十九世紀前半」（一八一五年－一八四九年）の「B局面」、第二の循環は「十九世紀第三・四半期」（一八四九年－一八七三年）の「A局面」と「十九世紀第四・四半期」（一八七三年－一八九六年）の「B局面」、第三の循環は「二十世紀第一・四半期」（一八九六年－一九二九年）の「A局面」と「大恐慌・第二次大戦期」（一九三〇年代－一九四五年）の「B局面」、そして第四の循環は「栄光の三〇年間」（一九四五年－一九七三年）の「A局面」と一九七三年以降の「B局面」である。経済的ヘゲモニーの面では十九世紀は引き続きイギリスの時代である。パークス・ブリタニカと呼ばれる、ヴィクトリア朝の大英帝国が最も栄華をきわめた時期に当たる。第二循環の「B局面」からはドイツとアメリカ合衆国の勢いが突出して、「世界の工場」たるイギリスの絶対的優位が崩れ始める。第四循環の戦後はいうまでもなくパークス・アメリカーナ、すなわちアメリカ合衆国のヘゲモニーが決定的となる時期である。

長期波動の規定要因としては技術変化と投資、新しいフロンティアの拡大、戦争と革命、金生産量、一次産品供給の過不足などが考えられたが、このうち、オーストリアの経済学者J・A・シュンペーター（一八八三―一九五〇年）はつとに技術革新とそれに伴うフロンティア拡大を長期変動の上昇局面（「A局面」）に据えた。そして具体的には第一循環においては初期産業革命、第二では鉄道建設、そして第三では電力・化学・自動車部門の登場が資本主義経済の拡大に寄与したとするのである。下降局面（「B局面」）はそれぞれの技術的浸透の飽和、影響力の終息、あるいは反動の局面である。一般的には多かれ少なかれ過剰生産の局面として現れる。

十九世紀から第一次世界大戦前夜まではジュグラーの循環（各コンドラチエフの循環のなかに見られる設備投資循環）に伴ういくつかの恐慌が確認されている。一八二五年、一八三六年、一八四七年、一八五七年、一八六六年、一八七三年、一八八二年、一八九〇―一八九二年、一九〇七年、一九一三年の恐慌がこれである。このうち一八四七年の恐慌は農業恐慌であると同時に、はじめてはっきりとした工業恐慌の特徴（繊維、鉄道部門の不況）を含むものであった。一八五七年の恐慌は初めての世界恐慌であり、アメリカ合衆国における鉄道を中心とする投資の過熱の後に発生し、ヨーロッパに波及した。表1の長期の大不況の局面（「B局面）は一八七三年の恐慌がジュグラー循環における反動以上の力をもって長期化したものである。また十九世紀には一般に農業恐慌も、前工業化社会におけるような過少生産（供給不足）ではなく、もっぱら過剰生産（需要不足）が原因となる。

シュンペーター以後となる第四の循環は第二次大戦後に始まる。高度成長の「A局面」については、篠原三代平氏が「ケインズ・シュンペーター的局面」と名づけたように、需要サイドと供給サイドの双方の加速度的増大によって特徴づけられる。つまり、管理通貨制度とケインズ主義的総需要拡大政策、そして全産業部門における技術革新の百花繚乱が上昇の背景をなしている。「B局面」は一九七〇年代に訪れる。「B局面」は中世来ことごとく価格下落ないし停滞局面として現れたが、この最後のものはインフレから始まった。スタグフレーション

（不況と物価高の併存状況）なる語がつくられたのもこの頃である。この七〇年代以降の不況局面のとらえ方についてはまだ論争上の決着はついていない。いずれにせよ二回にわたるオイル・ショック（第一次は一九七三年、第二次は一九七八年）がヨーロッパ経済にも深刻な影響を及ぼし、成長の減速が一般的となる。また第五の循環の開始としてエレクトロニクス、情報、バイオテクノロジー部門による「A局面」の再興を語ることができないわけではない。たしかに一九八〇年代に独・英はその方向でのいくぶん好調な展開を見せた。だがヨーロッパ全体としては一九七〇年代の「B局面」から完全に抜け切れておらず、またドイツ統一、ロシア・東欧の政治的急変といった外生変数も加わり、「A局面」を指摘することは難しい。むしろこの二〇年の慢性的不況から抜け出せない閉塞感こそが統一ヨーロッパ論を噴出させる燃料となったと見るべきだろう。

3　経済史と人口変動

以上、多少強引ではあるが十一～二十世紀間についてのおおまかな陰陽のイメージが明らかになったかと思う。さて先に定義上、限定的ながら、「A局面」、「B局面」はそれぞれ人口の増大、減少の局面にほぼ一致するとしておいた。長期的繁栄は基本的に長期的価格上昇と同様、人口も近代のある時点までほぼ増加局面にあることが確認されているのである。すなわち人口増加は十一～十三世紀、十六世紀に確認され、十八世紀半ば以降は不可逆的な増加局面となる。ただし二十世紀（特に後半）になると伸び率は多かれ少なかれ鈍化する。ここでは人口変動と経済変動の連関をもう少し詳しく見ておきたい。人口はある意味では経済史の従属変数であるが、場合によっては経済問題そのものともなりうる。そこでまずは人口変動の要因、次に経済史のなかの人口、つまり人口問題の歴史を概観しよう。

人口変動

さて人口の変動を見る場合、長期においても短期においても消費者の購買力、あるいは実質賃金というものを考慮する必要がある。まず長期において人口増大はなぜ価格上昇と連動するのだろうか。それは価格上昇→所得上昇→人口増加というプロセスをとる。所得（実質賃金）の増加が人口を押し上げるのである。実質賃金は価格と賃金の関係によって決まるが、社会全体の価格と賃金は十八世紀までは農業生産によって規定されていた。W・アーベルによれば、人口は価格と同じ向きに変動したのに対して、賃金は価格・人口と逆向きに変動した。すなわち価格・人口の上昇局面では賃金は下落局面にあった。後者は前者に後れて上昇し、逆に後れて下落するからである。しかし十九世紀（特に半ば）からは、農業ではなくて工業が価格と賃金の規定者となり、実質賃金が、いわゆる土地収穫逓減の法則から解放されて、ほかのすべての価格に先んじて上昇する。人口を「押し上げる」力は一層強くなる。そして賃金と人口の変化の向きは一致していく。

次に短期において、凶作＝穀物価格上昇は農民にとって逆になぜ所得上昇、人口増加につながらないのか。それは、ラブルースのいわゆる「旧型恐慌」モデルによれば、価格上昇の単位あたりの利益（所得）増加が、全体的な販売量の不足を償うことができないからである。穀物価格の急騰は結局、家計のなかの食費の比重の増大→手工業品需要、労働力需要の低下→手工業品価格、賃金の低下→過少消費、全般的恐慌となる。ただし人口減少のプロセスは、いくぶん外生的に、より具体的には上述のように収穫不足、穀物価格急騰→人口と食糧の不均衡→栄養不足、死亡率上昇、疫病発生という形で進み、これがさらに過少消費に拍車をかける。工業中心の社会になると、恐慌は反対に過剰生産に起因するものとなり、人口動態は機械化や技術革新に伴って動く新たな経済循環に規定され、別の次元を帯びるようになる。

マルサス的くびき

次にこの十九世紀半ばの「趨勢の断絶」に注意しながら、経済史における一般的な人口問題のありようを示しておきたい。もとより経済とは最も基本的には人口と食糧の均衡、すなわち食糧をいかに安定的に供給するかという課題に関わるものである。アーベルのいう「人口扶養経済」である。実はその問題は現代においてさえ地球的規模では構造的に解決していないのである。だがヨーロッパに限定してもう少し具体的に見ると、人口問題は第一に食・住環境（生身の人間の生命ないし生活に関わる領域）との関係で、第二に工業化との関係で、つまり生産要素としての労働力、あるいは雇用（または失業）の部面で現れる。

第一の人口問題は前工業化社会では、もっぱら人口と食糧（従って土地所有・経営）、人口と医療・衛生条件（出生率・死亡率の規定要因）、工業化社会では人口と住環境（公害、生態系撹乱）といった連関で顕現する。さて人口問題についてはイギリスの経済学者T・R・マルサスの所説が有名である。かれはその著『人口の原理に関する試論』（一七九八年）において、人口増加による不可避的な貧困化を説いた。これは、イギリスの産業革命のさなかに出された説ながら、実際のところ中世的な人口動態の方をよりよく表現するものであった。中世的な人口動態は多産多死、そして停滞的な趨勢によって特徴づけられる。人口は幾何級数的に増加する傾きをもつが食糧生産は算術級数的にしか増加しない。その結果食糧不足が生じ、自然の人口抑制機能（戦争、貧困、飢饉、疫病）が発進する。短・中期的な人口増加は、最終的には人口危機（死亡が出生を上回る貧血現象）によって相殺される。三角関数のグラフに似たサイクルの繰り返しである。マルサス主義というのは苦痛を伴うこの自然の抑制プロセスを道徳的節制（禁欲、晩婚）によって緩和すべきだという考え方、新マルサス主義とは積極的な産児制限（避妊など）によって阻止しようとする立場を指す。

表2　19世紀におけるヨーロッパ主要諸国の人口の推移（百万人）

	1800年	1850年	1900年	伸び率（1800｜1900年）
イギリス	16	27.5	41.5	＋160%
ロシア	40	57	100	＋150%
ドイツ	23	35.1	56.4	＋145%
イタリア	18	25	32.5	＋80%
オーストリア＝ハンガリー	28	36	50	＋77%
フランス	28.2	35.8	40.7	＋44%
計	153.3	216.4	321.1	＋109%

Jacques Wolff, *Histoire économique de l'Europe, 1000-2000*, ECONOMICA, Paris, 1995, p. 339.

十一〜十三世紀と十六世紀の「A局面」に現れた長期的な人口増加も結局はこの悪循環を解消できなかった。だがこの自動調節メカニズムによる停滞的なサイクル――ブローデルが生物学的「旧制度」と形容したような構造的メカニズム――は、マルサスの生きた時代に前後して、工業化によって断ち切られる。出生数の増加は、もはや食糧ないし所得の相対的減少に直結しなくなり、むしろ経済成長の属性となる。医学の発達、衛生の改善は死亡数（特に乳幼児死亡）を減じる。一方、増加した人口を支えるべき食糧供給力は近代のいわゆる第二次農業革命によって、さらには海外からの農産物輸入拡大によって高められた。こうして人口はマルサス的くびきから解放されて、不可逆的に増加することとなった。その傾向は表2において明らかである。例外的にフランスでは増加の速度が著しく緩やかである。そこでは避妊（消極的、次いで積極的避妊）による新マルサス主義的産児制限の慣行が十八世紀末より確認されており、ヨーロッパ他地域にいずれ訪れる少産少死の人口動態を大きく先取りするものであった。トッドにいわせれば、この早期の受胎調節は脱キリスト教化と高い文化水準（識字率）の二つの要素を併せもったフランス、なかんずくパリ盆地に固有の現象であった。

近代の人口問題

さて第二の、生産要素としての人口問題は、近代においていくつかの段階を経て継起する。まずは農工間の労働力再配分に関わる問題で、十八世紀以降の相対的過剰人口はどのように吸収されるのか、工場労働者はどのように形成されていくのか、といった問題領域である。そこに後述のプロト工業化論の存在意義が見出されるはずである。溢れ出した浮動人口の貧困救済とワーク・ハウスでの強制労働の形での生産機構への編入のための救貧法の策定と、そのための救貧税の徴収もまさにこの時期の問題であった。人口構成においては十九世紀に入ると、先進国から順に都市人口が農村人口を上回っていく。十九世紀半ばにイギリスの第二次産業部門人口は労働人口の四六％を占めるにいたる。次に資本主義が確立してからは、マルクスが資本の有機的構成の高度化（機械などの不変資本の比率の増大）に伴う労働力の相対的過剰（大量失業）の問題として人口問題を提起するにいたる。資本主義の発展によってマルサスの問題提起は杞憂に終わったかに見えたが、マルクスはむしろ資本主義の原理に根差したところに真の人口問題があると説いてマルサス的な絶対的過剰人口という問題の立て方を批判していたのである。一九二九年の大恐慌に始まる「B局面」は、その意味で人口史上においても最大の挑戦であった。だが雇用は創出され、資本主義は生き延びた。人口増加はケインズ派経済学者たちによって、有効需要、成長率をむしろ高める要因と見なされた。戦後の推移はある程度これを裏づけるものである。

しかし人口問題は結局いまだ消失していない。マルサス的な問いは地球的規模で提起され続けている。相対的・絶対的な過剰人口、生態環境に関わる問題状況は深刻化するばかりである。一方、ヨーロッパに固有の問題は反対に人口不足、老齢化、移民増加に由来する人口構成の不均衡ならびに活力の相対的な低下である。一九六三年頃から危機は始まっている。と同時に、ここ二〇年来相変わらず失業問題が根深く存在する。いずれにせよここでは農業社会から工業社会への移行期に、人口の変動形式と経済史のなかの人口問題がどのように変容するかについて概要がつかめれば十分であろう。すなわち十八世紀半ばにヨーロッパの人口カーヴは急に右上がりに転じ、十九世紀半ばには工業型の人口動態が定着していくのである。

4　経済変動、社会構造、事件

一九七四年にラブルースに捧げられた寄稿論文集には『経済変動局面、社会構造』という標題がかかげられている。一マルクス主義者としてラブルースは経済変動局面の分析結果をそのまま放置せず、構造理解の指針を与えることを意図していた。そこから、安定的社会構造→経済変動→社会的緊張→政治的変動（改革・革命）→再び安定的社会構造、という経済・社会・政治の変動の連鎖が導かれる。標題はこうした意味でラブルースとかれをとりまく研究者たちの多少とも唯物論的な問題関心の形を的確に表しているわけである。革命や戦争などの諸事象（表1参照）はしばしばこの変動のコンテクストにおいてとらえることができるはずである。一七八九年に起こるフランス革命の場合は、経済変動においては三つの時間概念（短期・中期・長期）の援用によって、次のような少し複雑な背景をもつものとして理解される。この革命はまず長期の「A局面」（上述のように一七三〇年頃―一八一五年）に起きており、「繁栄の革命」の側面をもつ。だが他方で革命前、物価下落の中期的な不況局面（一七七〇―一七八七年）に陥り、そこへ今度は凶作・物価騰貴による経済恐慌（一七八九―一七九〇年）という短期の変動が追い討ちをかけている。こうして「一七八九年」は「貧困の革命」の様相を帯びた。不況、食糧危機だけでは革命は起きない。世紀初頭から続いてきたポジティヴな変動局面が崩れた後にこれらの苦痛が来たからこそ、不満感は増幅され、人々の革命的心性が高まったというわけである。革命を客観的に論じるためには社会構造、政治体制の分析が不可欠である。またもちろん、思想、イデオロギー、文化、心性の果たす主意主義的な側面も重要である。だがこれらの変容を突き動かすのは、個々の経済主体（政府を含む）の意志を超えて、意識の彼方で織りなされる経済システムの律動、すなわち経済変動である。その変動を構成する三つの時間の邂逅として一つの革命要因をとり出すという、ラブルースのこのような革命へのアプローチはまことに斬新であった。

F・ブローデルの三つの時間

三つの時間といえば、忘れてはならないのが先述のF・ブローデルの所説である。独自の内包をもった変動・構造概念、独自の歴史的時間によって、かれは経済変動、社会構造、政治的事件の関係についてラブルースのそれとも異なった歴史的視座を呈示した。その著作は前工業化時代を中心にしているとはいえ、ヨーロッパの長期の経済変動を観望するうえできわめて有意義な論点を含んでいる。三つの時間は大著『地中海』――原題は『フェリーペ二世時代の地中海と地中海世界』(初版は一九四九年)――において「長期持続」、「中期持続」、「短期持続」の波動現象として表現され、著書の構成もそれに合わせて第一部「環境の役割」、第二部「集団の運命と全体の動き」、第三部「事件、政治、人間」に分けられている。これらは、より簡潔には、「構造」(structure)、「変動局面」(conjoncture)、「事件」(événement) という三つのキー概念でおさえられ、それぞれ、地理的な層をなすほとんど動かない歴史、経済的・社会的な層をなす人間集団の歴史、そして政治的な層をなす事件史として描かれる。地中海世界はこの三重の歴史的時間の緊張した相互作用のなかで息づいていたというわけである。

逆の順序で少し説明を加えれば、まず海のメタファーにより「水面のざわめき」「あぶくの波がしら」とされる「短期持続」は、日々の生活のなかで身近に意識されている事どもの歴史である。その儚さは点滅する蛍の光にも喩えられる。それまでの伝統的な歴史家が追い求めてきた事象である。歴史学の革新者としてのブローデルはこの事件史の領分を冷淡に、ときに敵意さえもって扱う。次の、もっと深いところを流れる水として表される

「中期持続」がかれにとってはずっと重要であった。地中海人を数世代、数世紀の期間にわたって運んでいく波である。一生に数回来るか来ないかであり、従って人の意識に上らない可能性もある。同著では物価・人口・賃金・利子率などの経済現象の「変動局面」が叙述されている。先に見たシミアン‐ラブルース・モデルでは長期変動局面に分類されている「A局面」、「B局面」にほぼ等しい。この時間概念は経済のみならず社会、政治、文化、観念、空間などほかの様ざまな活動場面にも適用される可能性を内包する。しかしブローデルにとって最も大事であったのは、政治・経済・社会動向のもっと深層において地中海人の存在を規定していた、いわば潮流ないし底流をなす「長期持続」（ロング・デュレ）である。数百年のターム、知覚できないゆっくりとした波、「変動局面」ではなく「構造」に属する時間である。山、川、海、島、気候、道といった地理的・風土的な環境がこれである。ブローデルは、地理的決定論者として批判されるほどに、この「構造」が人間の活動の土台となり、あるいはその束縛となっている点を強調した。物理的なものだけでなく、知的、精神的、心理的なものも「長期持続」としてとらえられる。近代的な経済の前提となり、それを支える心性を、たとえば貯蓄（資本蓄積）性向、利潤追求、企業的・冒険的精神、技術革新、そのための投資、富と快楽、さらには避妊、脱キリスト教化、等々であるとしよう。これらに通底するのは近代に固有の一つの精神状態、知的パラダイムの一つの「長期持続」である。また、これらの近代的な心性の発露を執拗に妨げていたのももう一つの「構造」であり、「長期持続」であったのである。

『地中海』の拠って立つこうした時間概念や概念構成に対しては批判も少なくなかった。事件史の過度の軽視、環境の過度の重視（過度の地理的決定主義）、各「持続」間の断続性、等々。この点についてはこれ以上論じる余裕がないが、竹岡敬温氏が適切に論点を整理している（『「アナール」学派と社会史』）ように、「構造」と「事件」、「構造」と「変動局面」、さらには「構造」と「永続性」といった対立的な連関を、相互作用の側面からもとらえ返す必要があろう。「構造」はほとんど動かないが、それでも変動の相であることに変わりはない。では「構造」はどのようなダイナミズムで動くのか。「事件」と「変動局面」による状況の積み重なりこそが「構造」の継続性を打ち破るのである。

三階建ての経済構造

シミアン‐ラブルースの歴史が「局面」「変動局面」の歴史だとすれば、ブローデルのそれは「長期持続」の歴史である。その点は、ブローデルが視線を地中海からもっと一般的な経済史に転じて一九七九年に著した『物質文明・経済・資本主義――15－18世紀』(第一巻「日常性の構造」、第二巻「交換のはたらき」、第三巻「世界時間」)においても見事に貫かれている。最後にその所説に簡単に触れておきたい。著者はここでも三分法を使い、十五～十八世紀の経済史を三階建ての家になぞらえる。一階は「物質文明」、二階は「市場経済」そして三階は「資本主義」の階である。近代成立期を扱いながら単純に編年史的でも発達史的でもない叙述スタイルは『地中海』と同様のものである。

資	本	主	義
市	場	経	済
物	質	文	明

地面すれすれの水準にあって厚い層をなす「物質文明」の一階は、ほとんど動きのない、繰り返される過去の遺産からできあがった日常的な物質生活の層である。マルクスのものとは違う意味での下部構造、不透明な下部経済をなす。前工業化社会においては自給自足の活動、物々交換などの形をとる。工業化社会においては市場関係に入ってこない無定形の経済がこれである。次の「市場経済」の二階は透明な「経済生活」の層である。一階の「物質文明」に対して「経済文明」という表現が与えられている。一階や次の三階とは違って経済学で人と物の動きをとらえやすい、リズムをもった自由競争の世界である。近代を輪切りにして共時的に眺めたとき最も「恵まれた一つの光

景」として存在する。そして最上階（または天井）の「資本主義」は、特権的な地歩に立つ集団が「普通人の知らない回路や計算のなか」に分け入って、交換を歪めたり既成秩序を乱したりする不透明の層である。十五、十六世紀のフッガー家やヴェルザー家、十七世紀以降のインド会社などは、今日のマルティナショナル、トランスナショナルといった独占企業体と同列のものとして位置づけられる。まさに「資本主義はそこに宿り、そこで繁栄する」のであった。現代経済の舞台では、一国の命運を左右しかねないほどの金融・証券市場におけるプロの投機筋——仕手株集団、ヘッジファンド——の撹乱的介在がただちに想起されるところである。

経済は一つではなく、複数存在するわけである。『地中海』の「構造」「変動局面」「事件」がそれぞれ一階、二階、三階に対応しているというわけではない。この三階建ての家そのものが一つの「構造」であり、十五～十八世紀（およそ四〇〇年）のいわば初期近代世界の「長期持続」が問題となっている。「可能事と不可能事の境界線」はほとんど不変である。その境界線の下で、緩慢で無気力な、そして可能事に対してときに阻害的な「長期持続」が、人口動態、輸送能力、農業慣行、食生活、等々に現れている。商人の優越、農業生産の停滞的循環、貿易などもこの持続に含められる。経済史的にはこの四〇〇年の時間のかたまりはまるごと前工業化社会にとどまる世界として描かれるのである。

一階を占める物質文明についてのブローデルの叙述は特に独創的である。近代性はしばしば前近代的な部分を払拭しえないまま後者と併存していく。経済史学は近代史を描くとき、その属性の上澄みの本質的で優勢な部分だけを追跡することが多い。株式会社はかく生まれかく一般化したとか、工場制度はどこそこではじめて導入され、どこそこに普及した、といった仕方で記述される。つまりわれわれは二階の経済文明の叙述に慣れている。だが近代性が支配的となる十九世紀以降も旧来の小工房・小商店主、小農、行商人などの小生産者層は分解されないまま沈澱し、長く残存する。独自の企業文化や経営文化の精神的風土にも連なる非近代的、非ヨーロッパ的な心性、習俗、慣行も残存する。そして現代においてもアルバイト、家事労働、日曜大工や内職、闇労働、物々交換などの市場外的な経済が一定の役割を果たしていることはたしかである。これらの計測しにくい経済量、そして意義をどう考えればよいのか。少なくともブローデルによって、これらは誤差、夾雑物、前代の残滓といった形で扱われるのではなくて、歴史のなかにしかるべく位置づけられる可能性を受け取ったのである。

もう一つの資本主義――時代とともにある資本主義

ブローデルの資本主義概念も特異である。資本主義とは、マルクス主義的な定義では、資本家（生産手段・交換手段の所有者）による労働者の搾取を通じて利潤がシステマティックに追求される経済・政治・社会体制のことである。今日労働者の搾取という言説は比喩的にこそ使うが、さすがに理論や実態の基本的・客観的な表現として聞くことは稀である。もっと広いイメージで実際に用いられている資本主義は、わかりやすくいえば、商品の生産と交換の自由、営業の自由の環境における投資活動によって利潤追求が行われる経済体制ということになろう。資本主義という言葉自体も概念も決して古いものではなく、実はマルクス自身一八六七年（『資本論』第一巻刊行の年）にはこの語を知らなかったという。いずれにせよ現実には、それは産業革命前後の頃に産業主義とともにもっぱらヨーロッパで確立したということになっている。ところでブローデルによれば資本主義も市場経済もアダム・スミスの十八世紀に、あるいはマルクスの十九世紀に誕生したのではなかった。前工業化時代にも「どうしてもその語を想起させ、かつ他のいかなる語も受け付けない経済活動」、市場の古典的な交換とは同一視できない利潤極大化の活動があった。これを資本主義の現実としてとらえる。実はマルクス自身、資本主義という言葉は使用しなかったが、十六世紀どころか中世のイタリア諸都市にすでに資本主義的な生産が萌芽的に現れたことを認めている。資本主義は工業生産という本来的な住み家に入る前に、十八世紀までは流通（いわゆる商業資本主義）という自分の居場所をもっていたとブローデルはいう。しかも「他人の領分」（農業、鉱業、諸産業、輸送）にも居座ったのである。上述のようにそれは、帝国主義の時代にも現代にも、その固有の顔をしてがっちりと地歩を築き上げているわけである。

一方、市場経済に関しては、たとえば経済人類学者K・ポランニーも、発展段階論的な知的枠組みを超えて、市場・互酬・再配分というものを経済の三要素として古来からあるもの、不易のものと考えていた。だがかれは市場と市場経済を区別し、後者は十九世紀に発現するものとする。これに対してブローデルの方は市場経済さえもはるかに古い存在であることを強調したのである。しかもブローデルにおいては資本主義と市場経済は同属の概念ではなく、自ら明言しているように、むしろ対立概念なのであった。この点水島茂樹氏は、ブローデルを論じるなかで、マルクス＝レーニン主義の知的失敗の原因として、市場経済を資本主義の属性と見なし、前者の否定と計画経済の導入をもって後者の打破が事足れりとした点であると興味深い指摘を行っている（日仏経済学会編『BULLETIN』第九号）。社会主義的市場経済という概念が形容矛盾にならない思惟も成立しうるわけである。

われわれの考察のためにブローデルの研究が示唆する重要な論点を要約すれば以下のとおりである。まず第一に『地中海』において、区分される時間ではなくて重なり合う三つの時間の呈示（強調は長期持続におかれたが）を行ったことである。第二は、『物質文明・経済・資本主義』において、経済発展段階論に替えて人間の集団的経済活動の重層的・同時的発展の図として経済史を描写したことである。通時的な視角より共時的な視角を重視した形である。この点は経済史に対して「バウムクーヘン」、「金太郎飴」の比喩を考えるわれわれの視座と隔っていない。ブローデルの学問的貢献の第三は、独自の問題関心と方法によって一方においては人間集団の生活の無意識の相（地理的・生物学的現実）を、他方においては「大歴史」に隠れて目に止まりにくい無言の人びとの日々の営み（日常生活）を歴史叙述の高みにまで引き上げたことである。経済史家は社会史との連携をますます無視できなくなった。第四点は、かれの環境の重視と無関係ではないと思われるが、経済の空間的把握ということである。ウォーラーステインの世界システム論と相俟って、自立的な通商空間としての「世界経済」概念を呈示し、一見分裂に向かうヨーロッパ経済の有機的結合の面を浮き彫りにしたのである。最後に、ブローデルは、市場経済は「十五世紀から十八世紀にかけて――またもっとずっと早い時期にさえ――拘束力のある秩序」であったと述べている。この認識も、第四の点と併せて、地域としてのヨーロッパ経済を書くにあたって中世にその起点を定めたばかりのわれわれの意を強くさせるものである。

〈参考文献〉

J・B・モラル『中世の刻印――西欧的伝統の基盤』（城戸毅訳）岩波新書、一九七二年
W・アーベル『農業恐慌と景気循環――中世中期以来の中欧農業および人口扶養経済の歴史』（寺尾誠訳）未来社、一九七二年
W・W・ロストウ『増補　経済成長の諸段階』（木村健康・久保まち子・村上泰亮訳）ダイヤモンド社、一九七四年
増田四郎『社会史への道』日本エディタースクール出版部、一九八一年
E・A・リグリィ『人口と歴史』（速水融訳）筑摩書房、一九八二年
F・ブローデル『物質文明・経済・資本主義――15－18世紀』（全三巻六冊）：「Ⅰ日常性の構造」（全二冊、村上光彦訳）、「Ⅱ交換のはたらき」（全二冊、山本淳一訳）、「Ⅲ世界時間」（全二冊、村上光彦訳）、みすず書房、一九八五－一九九六年（「Ⅲ世界時間」の第二冊は未刊）
井上幸治編集＝監訳『フェルナン・ブローデル［1902－1985］』新評論、一九八九年
竹岡敬温『「アナール」学派と社会史――「新しい歴史」へ向かって』同文館、一九九〇年
篠原三代平『世界経済の長期ダイナミクス――長期波動と大国の興亡』TBSブリタニカ、一九九一年
F・ブローデル『地中海』（全五巻、浜名優美訳）藤原書店、一九九一－一九九五年

遅塚忠躬・近藤和彦編『過ぎ去ろうとしない近代――ヨーロッパ再考』山川出版社、一九九三年

Pause-café

◇「エウロペ」の話◇

ヨーロッパの語源はギリシア神話のなかのフェニキア王の娘エウロペとされている。牡牛に身を変えたゼウスが、海辺で雌牛と牡牛の世話をしていたエウロペに恋をした。やがてゼウスはかの女を奪ってクレタ島に連れ去った。かの女はその島でゼウスの息子を三人もうけ、そのうちの一人はミノス王朝の王となっている。この娘の名がどういうプロセスで地名、特に今日の地理空間を指す名称になったのかについては不明である。

現代の神話学の解釈によれば、まず古代地中海において娘誘拐は珍しいことではなかった。次にエウロペは、セム語系では満月の同義語である「広い顔」を意味する。従って月なる女神であり、前ギリシア時代の表象においては、獲得した太陽たる牡牛に勝ち誇ったように乗っている。一方古代ギリシア人によるクレタ島侵入に際して、フェニキア出身のクレタ人はエウロペを犠牲者と見たてている。エウロペの兄弟のカドモスはエウロペを探しに出発する。しかもカドモスとは「東からやってきた」という意味のセム語の名である。こうしたセム語源と神学的事蹟をもとに、この奪還劇は、フェニキ

ア人によるヨーロッパの発見や植民のストーリーを象徴しているとも考えられている。

現実にはホメロス（紀元前九世紀の叙事詩人）がゼウスの子アポロンに捧げた賛歌のなかで、ヨーロッパははじめて地名として登場する。すなわちそれはペロポネソス半島ならびにエーゲ海諸島と区別されたギリシア中部を指していた。その後、いまの中東地域側から見た呼び名であるヨーロッパをギリシア詩人たちが自称として継承していったのだと思われる。当時は中東諸地域の方が先進地域であった。相対的に後れていた地域が進んだ地域から与えられた呼称を甘んじて存続させる例は少なくない。オーストリアはフランク王国ないし初期神聖ローマ帝国から見て東（エスト）の王国、オーストラリアはイギリスから見て南にある（オーストラル）国にすぎないし、西インドにいたっては周知のように発見者コロンボ（＝コロンブス）の勘違いによってインドとなったままである。あるいはアメリカにインド人（インディアン、インディオ）がいるままである。ゲルマーニアでさえケルト人、ローマ人から見て隣人の国という意味にすぎない。われわれ自身もどういうわけか極東の民といわれることに慣れてしまっていないだろうか。

いずれにしてもギリシア中部を指す語が延長・拡大されて現在のヨーロッパ空間を指すようにまでなった経緯は残念ながら文献で辿ることはできない。ヨーロッパは、精神的支えであるキリスト教とともにその地名もセム語族系アジアに負っているわけである。

第二章　ヨーロッパの原風景

――中世ヨーロッパ経済のプロフィール

ヨーロッパを訪れる者はしばしばその村や町の古色な景観に心奪われる。近代的な大量輸送のインフラ構築物や機能的な都市計画のデザインで塗り固められた大都市だったら、われわれにもお馴染みのものである。だがそこから一歩足を踏み出してみると、ヨーロッパの人びとの歴史的集住の古き痕跡がただちに眼前にせまってくる。地方の中小都市や村の教会、石畳や家の外壁（多かれ少なかれ修復されたり、あるいは積極的に観光客誘致目的のためにときには誇張を伴いながらこぎれいに整備されていたりする）、崩れかかった市壁や市門の跡は旧き時代の人びとのゆったりとした日常、生業《なりわい》のようすを偲ばせる。また車窓から人気《ひとけ》のない田園地帯に眼をやっても、一部の機械化された大農場を除けば、耕地と牧草地の比率や葡萄畑の立地にもほとんど変化なく、悠然と草を食む馬、牛、羊の姿は少しも変わっていないようにさえ見える。一千年の時間を経て経済構造は一変したが、不易のものもたしかにある。中世はヨーロッパ独自の一つの風景を確立したのである。

もちろんその風景に関しては地域差も大きく、中世の時間的経過（従って長期経済変動局面の推移）とともにその態様は流動的でないわけではない。だがこの章ではそうした点をひとまず捨象して、できるだけ単純化された経済的スケッチを試みようと思う。すなわちまず中世ヨーロッパ経済を農村と都市に分けて、その基本的な姿をいわば静態的システムとしてとらえる。しかる後に農村と都市の経済がヨーロッパ的規模において織りなす交易の見取り図を描いておきたい。

1　三つの安全保障システム——封建制、領主制、カトリック教会

社会的動物である人間は、いつの世にも、放置されれば三つの面からその存在を脅かされる。物理的な暴力、飢饉（もっと広くは生物学上の環境不全）、および精神的な不安である。現代においては第一の脅威に対してはたしかにNATOや日米安保条約のような集団的な安全保障の形もある。また第三の不安については、信仰の自由の原則により、問題解決の方法は個人の選択に任されている。だが人間存在に対するこの三つの面での脅威に対して、全体としてはまず国家というものが直接・間接にきわめて重要な役割を果たしていることは間違いない。中世ヨーロッパについてはどうであろうか。国家はまだはっきりとした安全保障の本来的な枠組みとしては登場していない。可能な限り単純化し、多少とも乱暴にいえば、そこでは物理的暴力に対する安全保障装置は封建制であり、生命体維持のための衣食住のそれは領主制であり、そして精神的支柱の役割を担ったのがカトリック教会であった。封建制、領主制、教会制度は——これらを最も狭い意味に定義したとして——まずこのように三つの安全装置としてとらえることができる。

しかしもちろん、実際には、ことはそれほど単純ではない。これらの装置はみな、それぞれの範疇において人間の個人的・集団的な生活の社会的、政治的、文化的のみならず経済的な部面をも内包している。そしてあらゆる制度について、時代を遡れば遡るほどにその機能や役割は、学問体系がまさしくそうであるように、総合的な

いし未分化の状態だからである（そして逆に近代化とはそうした機能や役割が分化し、仕事が分業化されることである）。従って、いずれにせよ、従来のようにたとえば中世ヨーロッパ経済を領主による農民の搾取体制として単純に理解するわけにはいかない。この経済は上の三つの要素から成る全体的な社会システムに規定され、あるいは制御されており、それゆえまずそのシステムのなかでとらえる必要がある。システムの作動が経済の動きに表情と一定の律動を与えたからである。

祈る人、戦う人、働く人

中世においてこの三つの安全保障は、「祈る人」「戦う人」「働く人」の三つの身分、すなわち聖職者、騎士（または貴族）、農民（および都市民）による社会的協働によってもたらされたと考えてよいだろう。それは当時の知識人たる「祈る人」が自らの理想的な社会イメージになぞらえてつくった一つのイデオロギーにほかならなかったが、多かれ少なかれ客観的な現実と重なっていた。ずっと後のフランス革命期に特権身分（聖職者、貴族）に「第三身分」を対置して後者の地位向上が取り沙汰されたのも、旧来のこの身分観に基づいているわけである。十一世紀のフランスのある司教は「現世においてある者は祈り、ある者は戦い、またある者は働く。この三者は一つの全体であり、不可分のものである。この三者のうちの一人の者の機能に、他の二者の仕事は立脚しており、三者とも、それぞれに全体の手助けを行う。」と述べ、社会的協働の理想を強調している。このような三身分制について考察した史家G・デュビーも、領主制をかなり広義にとらえて「祈禱によって全能の神の好意をひきよせる者、武器によって動乱を鎮圧する者、肉体労働をする者、といったように各人各様に共同体の存続に協力した者たち全員の間で、大地の実りを必然的に、なるべく公平に分配する制度」（『歴史は続く』）であると定義する。同時代の司教と同様、ここでも一見対等な三者間の相互依存の側面が強調されている。この点は、中世社会をまずは合理的な一システムとしてとらえようとするわれわれの立場と一致する。

この三者においては一種の複合的な双務関係が貫かれる。簡単にいえば、「祈る人」は、「働く人」から十分の一税を、「戦う人」から安全を受け取る。「戦う人」は「祈る人」から救いを、働く人から貢租を受け取る。そして「働く人」は「祈る人」から救いを、「戦う人」から安全を受け取る、というわけである。封建制における国王は全体の頂点に立ちつつ、これら三つの身分の間の調整者ないし調停者として存在した。

身分と階級の交錯

しかしながら、他方、この一見対等で水平的に見える社会的関係と重なるようにして、垂直的な階級構成があったことも無視することはできない。中世についての旧来の社会経済観の中心に据えられていた部分である。ただし垂直的な構成にもさらに微妙に異なった二つの構成があることに注意しよう。第一は支配者階級（祈る人、戦う人）と被支配者階級（働く人）という構成、第二は富者と貧者という階級構成である。第一については物的・精神的支配は瞭然としている。貴族および高位聖職者（大修道院長、大司教、司教など）は世俗的権力をもつ領主として第三身分の前に立ち現れるのである。また聖職者は神への導き手であるばかりか、知的リーダーの地位も引き受けている。人びとは不可解な大宇宙、小宇宙の秩序と影響について不安と畏怖を教会の教えによって除去してもらう。この二つの上位身分は出自を同じくしている。高位聖職は貴族の子弟が目指す重要ポスト――もとよりカトリック聖職者は結婚せず、従って子どもをもたない――にほかならない。

第二の富者と貧者という階級構成については、三つの身分のそれぞれの内部で進んでいる階層分化が問題となる。中世盛期からすでに財産に関して「持てる者」と「持たざる者」の区別が現れ始める。これは近代の階級構成に直接つながっていく部分である。つまり支配者階級内部にも「持たざる者」を分出し、反対に被支配者階級内部に「持てる者」が出現するのである。こうして身分と階級が交錯する。特に第三の「働く人」の身分に加えられる都市住民は「持てる者」の補充基地となるばかりか、独自の生活のリズムをもって中世ヨーロッパ社会に異質の要素をもたらす。次第に経済的影響力と発言力を増す「中世都市」は、後述のように「戦う人」が差し出す安全保障システムの埒外で積極的・主体的に生きる人びとの生活空間＝法域である。

このように基本的には国王、聖職者、貴族、農民、都市民がこのシステムの登場人物であるが、他方、システムの底辺ないし外縁には社会的弱者や貧困者のゾーンがあった。周縁の人（乞食、浮浪者、病人など）、排除される人（ユダヤ人、異邦人、犯罪人、売春婦など）がこれであり、かれらはときにシステムの撹乱者となり、あるときには突発的、象徴的な排除（ユダヤ人の虐殺、債務帳消しなど）を被って、逆にこれを強化する役回りをもたされることもあった。ただしこうしたシステム外の人びと（社会的弱者をはじめとする相対的過剰人口部分）の生活救済のために社会保障的な施設（施療院、ある意味では修道院や尼僧院を含む）がつくられたのも中世である。それは近世の救貧思想とその具体的果実（救貧院、孤児院、少年院）、貧困や病気に関する相互扶助システム、近代の労働立法（児童労働、長時間労働の改善など）に連なっていく。

封建制、領主制、教会

封建制や領主制は二つとも曖昧な概念であり、同時代においても、今日の定義においても必ずしも明確ではない。実際のところ、両者が混同されている場合もある。封建制という言葉自体も十七世紀につくられたものにすぎない（歴史用語としてのルネサンスが十九世紀に確立したのと同様である）。フランス革命においても、言説のうえで廃棄されるのは封建制ではなく領主制である。さて封建制とは、上述のように安全保障の面からは物理的暴力に対する防衛のシステムである一方、理論上は封地の授受を通じた経済関係を内包している。封建制とは最も狭義では「戦う人」の間にできあがった主君と家臣の一対一の双務関係――M・ブロックが「人と人の絆」と呼ぶもの――である。これは必ずしも法的な根拠をもった概念ではなく、むしろ政治的、社会的、経済的な必要が生んだ現実の所産である。具体的には臣従礼、忠誠の誓い、封（人間、家畜を含む土地、動産）の授受を通じて保護・被保護関係が儀式的に確認される。この関係は垂直的に上昇・下降し、頂上は国王に連なり、底辺は最下級騎士にいたるピラミッド状の連鎖となる。連鎖の総体は一種の集団安全保障の装置であり、同時に国王を頂点にいただく集権国家の要素を内包している。しかし連鎖の環の一つひとつは分権化された公権力を固定化した形となっている。最大多数をなす「働く人」の集団である農民層は領主制を通じてさらにその末端につながれる。この連鎖の全体を広く封建社会と呼んでもよいだろう。

領主制の方は、従ってここでは、封建制のいわば末端部分――すなわちM・ブロックが「下層の諸階級における従属の絆」と呼ぶもの――として考えておきたい。大小様ざまの貴族（ならびに高位聖職者と聖俗諸団体）がそれぞれのレヴェルで領主として農民――実際には農村共同体として領主と向き合う――ととり結ぶ保護・被保護関係の表象である。あるいは基本的にはヨーロッパの中世、ことに中世農村の経済的土台をなす構造、食糧生産の現場にほかならない。一村落に一領主というのが通例だが、一村落に複数の領主がいたり、一領主が複数の村落を領有する場合も稀ではない。領主制は土地領主制、裁判領主（バン領主、政治的領主）制、体僕領主制の三種に区別される。土地領主というのは後述のように典型的には直領地と農民保有地から成る土地を農民の労働で運用している領主、裁判領主は農民保護と引き換えに裁判権、施設強制使用料徴収などの経済外的な権利を行使する領主、そして体僕領主は著しく従属度の大きな農奴（移動、結婚、相続の自由が奪われているか制約されている）を使用している領主である。領主は土地領主だけのこともあれば、土地領主兼裁判領主、あるいは土地領主兼体僕領主ということもある。また三つの属性を同時にもつ領主もいた。三つの領主制の配合状態がヨーロッパ各地の領主制の型を決定する。土地領主制の色の濃いイギリス型、体僕領主制の色の強いロシア型はその両端にある。全体的な流れとしては体僕領主制は衰退し、農民の自由度は徐々に改善されていく傾向にある。領主制の危機とは三つの属性が分離し、経済外的な部分が削げ落ちていく過程にほかならない。

最後にカトリック教会についてである。教会は精神世界においてのみプレゼンスをもつだけではない。様ざまな領域で直接・間接に経済にも関与する。教会はまず、理論上精神的な癒しの反対給付としてではあるが、農民からの十分の一税の徴収を通じて財の循環過程に介在する。次に教皇、(大)司教、(大)修道院長は、それぞれ教皇領、(大)司教領、(大)修道院領において、農民に対して領主、つまり純然たる世俗権力の所持者として立ち現れ、農民から貢租ないし労働サーヴィス(賦役)を受け取る。他方、寄進などを通じて豊かになった修道院領は開墾や農業技術の改善の実践の場ともなる。とりわけシトー派修道会は有名であり、牧畜や製鉄技術の点で指導的役割を果たした。キリスト教が勝利するヨーロッパでは、結婚の儀式化による一夫一婦制を柱とした家族制度が成立し、他方で性道徳の推奨を通じて人口動態に固有の性格を付与した。その倫理規範は高利貸付の禁止によって金融業に一定の制約を課す一方、公正価格の思想形成を促した。

双務関係の連鎖

さて封建社会とは従って、先に触れたように、単純なる搾取システム、規制システム(次節以下に見る農村の領主制的・共同体的強制、都市のギルド制)として一面的にとらえることはできない。二宮宏之氏は絶対王政期フランスの統治構造について社団的編成というアイデアをうち出した(『全体を見る眼と歴史家たち』木鐸社)。中世においても同様に、人と人の絆、社会集団と社会集団の連関のありよう、そして頂点の統治者から末端の被統治者にいたる結合関係の連鎖は必ずしも「上から」一方的な上級権力の行使としてのみ決まるものではなかったといえるのではないか。封建制、領主制しかり、そして都市、ギルド制しかり。「下から」のはたらきかけは否定し去るわけにはいかない。連鎖のそれぞれのレヴェルにおいて「下向過程」（支配・従属性）の作用と「上向過程」（共同性）の作用の均衡点で当事者間の双務性が定まっている。中世に起こる農民一揆（ジャックリー、ワット・タイラーの乱など）は、この双務関係における領主や高位聖職者側の不履行ないし不作為に一因を有するのである。また百年戦争期における反税闘争は、王税という、既存の双務性とは別次元の義務負担――それ自体は後述のように財政の近代化、従ってより近代的な国家への転化を内包する動きであったが――に対する反発を内包するものと考えることができる。国王もまたこの双務関係の環につながれる。国王は単なる暴君的支配者であってはならなかった。「奇跡を行う王」、平和の保証人としての王が信じられ、そのためにこそ王室に権威と儀式性が求められた。このように中世については、社会システムのなかを種々のレヴェルで二本の給付・反対給付の線が無数に貫いていたというイメージをもつことができる。

2　中世農村の社会経済システム

土地制度は中世の初めと終わりでは大きく変化している。また多様な自然地理が織りなす多様なヨーロッパ農業は一括りに論じれないこともたしかである。ここでは西ヨーロッパ（イギリス、フランス北部、ベネルックス、西南ドイツなど）に典型的に現れているような平野型の農村モデル、農業形態を例として呈示するだけにとどめよう。すなわち、まずわが国で荘園と呼ばれているもの（英語でマナー manor、フランス語でセニュリ seigneurie、そしてドイツ語でグルントヘルシャフト Grundherrschaft）の基本的特徴について述べる。次に中世の「A局面」を可能にした「第一次農業革命」の内容についてその概要を明らかにしておきたい。

アウタルキーと農業経営

ここでは上述の土地領主制、裁判領主制、体僕領主制の三つの内容を併せもつ荘園を想定してみよう。領主と農民の関係は純粋に経済的ともいえる双務的な関係、ならびに前者が後者に対して経済外的な強制を伴う身分的支配・従属関係を内包している。すなわちまず領主は農民に対して保護と土地保有権を与え、所領全体の自給自足体制《アウタルキー》の維持を考慮する。領主は単に農民を搾取の道具として扱い、所領経営を権益の一つと見なしているだけではない。封建王政の中世は、国家が近代国家のように国内分業と食糧需給の調整とによって飢饉の可能性をおさえる時代ではない。個々の所領の領主がその役割を担っている。従って領主は農民に対して近代にはない種々の規制を加え、一定の負担を求める。規制については耕作強制と移動規制（領外結婚の規制を含む）がある。前者については基本的には牧畜や葡萄・飼料・染料用植物・麻などの商品作物よりも当面は――つまり、貨幣経済が本格的に浸透する前は――食糧自給の維持のために穀物生産が優先される。後者については領内の労働力を確保する意味があった。

荘園は中世が進むにつれて一般に古典荘園（領主直領地と農民保有地から成り、経済外的強制の強い領主・農民関係が特徴）から地代荘園（直領地の解体または大幅縮小とともに領主権が地代徴収権に限定化）に移行する。ここでは領主直領地、農民保有地、共有地（森林、荒蕪地）から成る典型的な古典荘園をモデルにして考えてみよう。村の集住形態はいわゆる核村（集村）型であり、村の中央にある教会を囲むようにして農家が固まって存在する。カトリック教会の組織では一村落がたいていの場合一小教区であり、司祭（および助任司祭）が配置されている。経営者としての農民の立場から見ると、まずその権益部分は保有地――その面積はほぼ一定でありマンスとかフーフェと呼ばれた――における耕作の権利と作物、共有地における共同用益権である。農民保有地については領主と農民の二重所有権として理解する必要がある。純粋に土地の部分（上級所有権）は領主に、生えてくる作物（下級所有権または用益権）は農民に属したのである。後者は単に土地の耕作権と見なしてもよいが地主・小作制とはまた異なるものである。共同用益権については荒蕪地（および収穫後の開放耕地）において放牧する権利、森林において薪や木材をとる権利、豚にどんぐりを食べさせる権利などが挙げられる。

一方、農民の負担すべき項目を数え上げれば、領主に対してまず農民保有地については貢租（生産物であれ、貨幣であれしばしば固定されていた）を、領主直領地については賦役（領主直領地の日常的な作業である週賦役、収穫などの農繁期における年賦役）を提供する。前者は純粋に双務的、経済的な負担とみなすことができる。これらの負担に加えて収穫物のうち次年度の播種用の種子を留保することも必須であった。このほか教会に対する教会十分の一税、さらに後には国王に対する王税（人頭税、タイユ税）の支払い義務も忘れてはならない。

しかし、賦役に加えて、農民には別の経済外的な負荷がかかっていた。領主所有の諸施設（製粉・縮絨・葡萄圧搾・搾油・製材用水車、パン竈）の使用を強制され、使用料を払った。上記のように、耕作の自由（作付品目のみならず農作業の日程や方法に及ぶ）、移動の自由、結婚の自由、そして土地売買・相続の自由を奪われていた。また領主は鳩小屋設置権や狩猟権を独占し、裁判権を有した。搾取が語られるのは農業経営を圧迫しているこうした経済外的な負担部分であり、身分制地代と呼ばれたりする。農民保護と領内アウタルキーの維持のための反対給付としては高くつきすぎるという見方もたしかに成り立つ。だがいずれにせよ農民のこうした状態は中世初期のものであり、その後徐々に改善ないし緩和されていく（いわゆる農奴解放、農民解放）。その度合いはヨーロッパ諸国・諸地域によって異なり、それぞれの農業の形、農村の民度を決定づけていくだろう。

三圃制

耕地は開放耕地制度（または共同耕地制度）によって特徴づけられ、農民保有地全体が一見何の境界線もなく共同保有のようなものとして存在していた。各農民はもっと明示的な形の耕圃にそれぞれ数片ずつの土地（細長いので地条と呼ばれた）を持分として分散保有していた。二つの耕圃——村の耕地全体を二つに分けた形を想起されたい——から成るのが二圃制、三つの耕圃から成るのが三圃制である。中世にはローマ時代からの二圃制に替えて三圃制が多く採用されるようになる。すなわち後者はまず西ヨーロッパから始まり（イギリスでは十二世紀から）、次いで東へ移っていく（ポーランドでは十三世紀から、ロシアでは十五世紀から）のである。三圃制（または三圃農法）とは農耕と牧畜の結合（休耕地放牧、燕麦という飼料作物の栽培）を可能にする当時としてはきわめて合理的な土地利用システムのことである。土地生産性は肥料不足というネックによって慢性的に低く抑えられていた。家畜不足→堆肥不足→土地生産性不足→食糧不足→耕作中心の土地利用（牧畜軽視）→飼料不足→家畜不足という悪循環が支配していたのである。そこで、施肥技術の革新が望めない以上、定期的な休耕によって辛うじて地味回復がはかられたわけである。休耕とは何もせず放置することではない。家畜を放牧させ、糞尿を生えた雑草とともにすき込む作業を年数回行うことによってはじめて地味が回復するのである。このシステムでは冬穀（秋蒔き、春収穫の穀物——小麦、ライ麦など）、春穀（春蒔き、秋収穫の穀物——大麦、燕麦など）、休耕がそれぞれ、三年に一回、そして毎年三耕圃のうちのいずれか一つで必ず登場する。耕圃が農作業の単位となり、耕作用の役畜の数も限られているので農民の共同行動、共同作業が前提となる。独りだけ勝手な農作業の日付け、勝手な作物を選ぶことは許されないのである（共同体的強制）。

農業技術

中世の農業革命が語られるのはこのように三圃制が一定の増産効果をもたらしたからである。しかしそれだけではない。まず動力としての馬の使用が高度に改善された。新しい馬具や繋駕法、蹄鉄の使用は、馬の運搬と牽引の能力を飛躍的に増大したのである。耕作用に限れば牛と馬では後者が圧倒的に作業能力が高かったが、コスト高のため前者を駆逐するところまではいかない。また犂の改良（木製刃から鉄製刃へ）、撥土板付きの有輪犂の導入はもっと大きな効果をもった。この犂は北ヨーロッパの重く湿気の多い土を深耕するのにははなはだ便利であり、またヨーロッパの大開墾時代——開墾と植民の結果村落の数が増えたが、その数は十三世紀と十九世紀とでほぼ同数であるとさえいわれている——を支える不可欠の農具であった。有輪犂の導入はさらに、従来より多くの役畜の繋駕を要請した結果、一方で上述のように地条の形の地片を必然化し、他方で役畜の所有は個人では不可能であるため共同利用を余儀なくさせた。後者は農村共同体の形成に関係をもつわけである。このような技術上の改善にもかかわらず穀物の収量は近代のそれに比べればなお著しく低水準であった。十三世紀のイギリスでは播種量一に対する収量は大麦八、ライ麦七、小麦五にすぎなかったのである。

中世において最も重要な動力は水車である。古代に起源をもつ水車は、中世に入ると奴隷労働の代替として著しくその数を増やし、蒸気機関の応用が普及する近代にいたるまで不可欠の生産設備をなした。十一世紀末のイギリスでは、約六〇〇〇もの製粉用水車があり、ほぼ五〇世帯に一台の割合で普及していたという。水車の回転運動は回転軸を通じてピストン運動に転換され、そのエネルギーは製粉をはじめ、次第に搾油、皮鞣し、製紙、製材、縮絨、金属の鍛造・圧延・切断、揚水、鉱石の採取などきわめて多様な用途に利用されるようになる。偏西風が吹く平坦な土地の広がる低地諸邦（いまのオランダ、ベルギー）、フランス北西部、イギリスなどでは風車——起源は七世紀のイラン——が代用された。所有者たる領主は、製粉のための農民への水車使用の強制による収益を確保していた。後述のようにフランスのトゥールーズにおける大規模な水車利用形態は株式会社制度の嚆矢ともなる。

3　中世都市の社会経済システム

ヨーロッパの封建制・領主制・キリスト教的秩序が確立する十一世紀に、もう一つの社会集団である都市民も自らを定義し直し、再編する契機を与えられる。ヨーロッパ史に固有の中世都市と呼ばれるものがこれである。三身分制とは別の社会システムが構築され、農業とは別のリズムをもった経済システムが生み出される。中世都市は封建社会の内部で——時と所によって多かれ少なかれこれに対立する、ないしこれと共生する——異質の空間として、上記三つの安全保障を独自のシステムで確立し、星状にヨーロッパ全土を覆っていくことになるのである。そのシステム全体については、しばしば専制政治を排除したその政治制度が近代の共和主義や市民精神の淵源として称揚されたり、逆にギルドを基礎としたその経済システムが悪しき規制体系の見本として市場経済の対極におかれ、克服すべき中世的通弊とされてきたりした。本書ではむしろこれを、農村のシステム同様、静態として見た場合の一種の合理的装置としてまずとらえておきたい。

中世都市とは何か

古代にも近・現代にも都市は存在する。中世都市とはそのいずれとも異なった性格を有する、歴史上一時期にしかない、すぐれてヨーロッパ的な集住形式である。古代ローマ時代から中世初期にかけてヨーロッパ世界には、司教座都市（civitas）、ローマ自治都市の流れをくむ城砦都市（castellum, castra）、ゲルマーニア諸族の集住都市（burgus, bourg, Burg, borough）が存在した。これらにおいては、周辺農村部と同じように、住民は封建領主の司法・行政権に服し、国王は商工業の特許状を領主の方に与えていた。しかし十一世紀に商人定住地が上記の各種の都市の内部または外部に出現し、新旧の街区を囲む新たな壁が築かれる。新たな都市はこの市壁により外観上も市外と隔絶され、もはや封建領主に支配されず、自由で独立した特殊な法空間と共同体を形成した。国際的商慣習をまとめた商人法はやがて都市法に統合される。ブルジョワなる語は本来は富裕者、資本家といった意味ではなく、新たな壁に仕切られたブール（ブルク）に住む人を指したのである。新たな都市はイギリスではタウン、フランスではヴィル、ドイツではシュタット、イタリアではコムーネと呼ばれた。いずれにせよ中世都市は既存の都市とは不連続な形でまったく新たに出現したというのではなく、後者を基盤にして新たな法域をもつ自治的空間を国王に特許されたというべきものである。国王は、諸侯権力との勢力均衡の観点からこの空間に商工業の特権を直接に与え、場合によっては国王大権である市場開設権、流通税（ないし関税）徴収権、造幣権などさえ委譲したのである。

ギルド

そのイニシアティヴをとったのは商人層であり、やがてかれらは商人ギルドを結成した。手工業者は二次的存在であったが、これも商人ギルドに半世紀ほど後れて同職ギルド――イギリスではギルド、クラフト・ギルド、フランスではメティエ、コルポラシオン、ドイツではツンフト、ギルデ、ハントヴェルク、イヌング、アムト、イタリアではアルテなどと呼ばれた――を結成することになる。独立市民の友愛団《フラターニティ》的共同体であるギルド組織は、共通の守護聖人を戴き、冠婚葬祭や祭事などを通じて成員相互の連帯を確認しつつ、相互扶助のシステムとして機能した。この組織を土台にして多かれ少なかれ合議的な市制が敷かれることになる（市参事会への代表選出による「ツンフト支配」）。

農村とはまったく異なった編成原理をもった空間に生きるこの「働く人」の集団は、上記三つの安全保障に関してはヽ心の救いや癒しの部分についてはカトリック教会につながったままであり、農村と同じように小教区に編成された。大きな都市には大聖堂が建設され、司教と参事会が配置された。防衛という観点では、基本的には司法・行政・外交権に加えて自己防衛組織（市民軍）をもった。場合によっては封建諸侯権力と対抗するために都市同盟が結ばれた。食糧その他の経済的安全保障に関しては規制・保護体系としてのギルド制がその機能を果たした。

都市は大小様ざまである。十五世紀でさえ人口一〇万人以上の大都市は一〇ほど（ヴェネーツィア、パリ、コンスタンティノポリス、パレルモ、フィレンツェ、ジェーノヴァ、ミラーノ、ケルン、ロンドン）であり、むしろ数千人の規模の都市が圧倒的に多く、千人に満たない都市もあった。総人口に占める都市人口の割合はかなり低かった（十三世紀で約一割にすぎない）。にもかかわらず封建社会にあってその経済的・文化的創造力は圧倒的な強さを示したのである。

都市社会の安定性と流動性

平等で自立した市民から成る都市社会は理論的には水平的・安定的な構造をもつものと想定することができる。しかし実際には、空間的差異や歴史的変化を捨象して全体的に見れば、多かれ少なかれ緩やかなヒエラルキーが確認される。上層市民、中産市民および下層階級である。上述のように財産を「持てる者」と「持たざる者」の格差が歴然としてくる。上層にはしばしば都市貴族（大商人および都市領主の役人）、富裕な手工業親方、中層には一般の手工業親方、そして下層には職人、徒弟、労働者、そして外国人、その他の浮動住民がいる。そして社会構造は常に揺り動かされる。

社会の基礎を支える独立市民はどのように再生産されるのだろうか。同職ギルドの場合について見てみよう。

徒弟（アプレンティス）→職人（ジャーニーマン）→親方（マスター）という手工業者の職業形成の階梯は同時に、現実の社会的位階を表現している。将来の市民としての独立に向かう第一の階段に立つ徒弟は、親方の下で見習い修行を行う。一定の年齢が来たら職人となる。職人は遍歴の修行をしながら技術を磨き、資金を貯めて親方を目指す。親方こそは、一身のうちに生産者（生産手段の所有者であり労働者でもある）と商人を兼ねる独立の市民である。

安定的システムであるべき中世都市は絶えず栄える。その繁栄自体がしかし存立を危うくする。都市自治に不安定をもたらす危機は二つの次元で、二度の波とともに訪れる。第一は商人から成る都市の支配勢力に対する同職ギルドの政治的抵抗（いわゆる「ツンフト闘争」）として起こる。その帰趨は各都市の政治色、民主主義の強度を決定づけていく。第二は徒弟・職人・親方の三分制の危機である。人口増加は住居不足、雇用不足という重大な問題を引き起こす。市壁拡張がままならず親方の数を無限に増やせない以上、職人と徒弟の数も相対的に過剰となり、それぞれの階梯での滞留期間も延長された。特に職人の親方への道は親方の子息でない限り非常に困難になった。親方制作という事実上のギルド加入試験には高度の技術と資金・エネルギーが要求され、入会金、入会時の設宴費用なども増額となった。多額の貯蓄のない者は親方になるのは困難であった。こうして職人は単なる労働者としての存在に転化していく。かれらはやがて職人ギルドを結成して、ストライキなどを通じて労働条件の改善を要求している。もちろん同職ギルド体制の廃止そのものはうたわないが、近代の労働組合運動の走りともいえる。また親方層のうち落ちぶれていく者も出てくる（「親方層の近代的分解」）。やがて、この趨勢の行き着くところ、後述のように、相対的に過剰となった人口を新たな生産組織に再編成する企業家＝商人が出現するはずである。

経済活動――規制と合理主義

同職ギルド的な手工業生産は規制体系として、すなわち「ギルド（＝ツンフト）強制」の下で存在する。ギルドは対外的には当該業種に関する独占体であり、成員以外のこの業種の活動を禁じた。その加入基準は時代とともに厳しくなり、閉鎖性が取り沙汰されるようになる。そして対内的にはきわめて平等主義的・保護主義的な規制を課す。まず労働力の点では、雇用労働力（職人・徒弟数）は制限され、賃金は「公正価格」の名の下に統制され、労働時間も抑えられる（夜間労働の禁止など）。またあらゆる不正を予防すべく、労働は奥の見えない部屋で行ってはならず、衆人環視にさらされた。生産手段については道具や設備の種類と数は家族的経営規模に見合ったものに制限される。水車は公有のものとして管理され、共同使用に付される。原料購入については機会の平等を保証し、抜け駆けが戒められる。生産者は同時に販売者である（同じ屋根の下で生産の現場が小売店舗を兼ねている）が、販売価格についてはやはり「公正価格」が適用され、競争の安売りや呼び込みなどは禁止される。市民以外への販売が禁止されることもあった。

ギルドは品質、度量衡に関する検査権、成員どうしの争いや違反者に関する裁判権をもつ。また都市権力にはたらきかけてこれらの規制を徹底させる。さらに排他的特権が認められている都市禁制圏を市外の非特権地帯へと適用拡大して、起こりうる競争に対処する。利潤追求、生産規模の拡大、薄利多売、マーケティングといった近代の生産・販売装置の対極にあるものである。対外的そして成員間の競争から経営を徹底的に保護するシステムである。規制や保護はしかしなぜ行われ、なぜ行われうるのか。それは中世都市を支える市民の経済的自立の基盤である家族経営を束ねるための生産編成にほかならないからである。「公正価格」は需給関係の相対的安定（縮小均衡）を前提とした考えである。市民全体の食糧・生活必需品の供給に関して責任を負う都市当局と、誰も落伍しない体制を望む手工業者たちの思惑の一致するところで一定の合理性を保っているわけである。

都市と外部世界

都市は市壁によって外部世界と可視的に隔てられているが、本来的には開放的空間である。もとより市壁内でのアウタルキーなどは論外のことであり、通商関係こそが中世都市の出発点であり、しばしば目的でもあった。種々の定期市（後述）を通じて都市空間は周辺農民や遠隔地商人を招き入れた。都市と農村は存立基盤が根本的に異なっているが、遅かれ早かれ生産と消費の場面で分業ないし共生関係をとり結ぶ。前者は常に後者を経済的、文化的、心理的に近代世界に導く契機であり続ける。

中世都市は歴史的存在であることは上に述べた。すなわちやがて中世都市は結局周囲の封建領主権力または王権――とりわけ後者――によって取り込まれ、多かれ少なかれ自立性を失っていく。ドイツやイタリアでは都市がある程度の自治を維持したのに対して、フランス、イギリス、スペイン、スウェーデンでは都市の利害は王室の早熟な重商主義的施策のなかに反映される。失った自治が国家レヴェルの保護で補償される形だ。特にイギリスの場合、市民の声は十三世紀から議会制度を通じて中央に聴き届けられた。造幣権の帰趨を見れば、都市の衰退の地域差は明らかである。それはイギリスでは十二世紀、フランスでは十三世紀に王権が独占したのに対して、ドイツでは諸領邦・都市に帰属し続けるのである。だが都市の自治は中世末から必ずしもそれ自体が善ということではなくなる。近世初期には、中世の切り分けられた自治権力よりまとまった軍事力が、従って国家の枠組みこそが政治経済的観点からむしろきわめて重要かつ有効になるのである。だがこれ以上については第四章に譲り、再び十一世紀からの話に戻ろう。

第一次農業革命の展開や中世都市の発展は十一世紀の「商業革命」のプロセスと並行している。「商業革命」は「商業の復活」ともいわれる。だが西ローマ帝国滅亡以来最後の外敵（ノルマン人、マジャール人、イスラーム教徒）の侵入の終わりまで、ヨーロッパ交易圏は寸断され、崩壊の危機に立たされていたわけではない。中世初期においてもヨーロッパでは三つの交易圏が生きていた。東ローマ帝国の首都コンスタンティノポリスを中心とする東地中海交易圏（東西貿易の舞台）、アラビア人（必ずしも商業の破壊者ではなくむしろ積極的な商業の推進者）の活躍する南地中海沿岸（シリア、エジプト、北アフリカ、イベリア半島）交易圏、そして略奪者から商人に転じたノルマン人の活動を基盤とした北ヨーロッパ交易圏である。そして十一世紀以降、ヨーロッパ経済はもっとはっきりした二つの交易圏としてとらえられるようになる。すなわち北方交易圏と地中海交易圏である。そしてこの二つをつなぐ太い陸海ルートが「ヨーロッパ世界経済」を成立させていた（以下、図1を参照）。

ドイツ・ハンザと北方交易圏

中世における北海・バルト海沿岸の交易を支配していたのはドイツ・ハンザである。普通名詞としてのハンザ（Hansa, hanse）とは商人組合の意味であり、北ヨーロッパのあちこちに存在した。たとえばセーヌ川の水運を独占し、やがてパリの都市政府の起源となるパリの水上商人組合もアンス（＝ハンザ）を自称した。フランドル地方の一四都市の商人はロンドンに赴いて羊毛取引を独占し、同じく一七都市の商人がシャンパーニュの大市《おおいち》に赴いて毛織物取引に従事していたが、こうした貿易のためのかれらの合同組織もハンザである。だが一般に「ハ

図1　商業都市と商業ルート（11-13世紀）

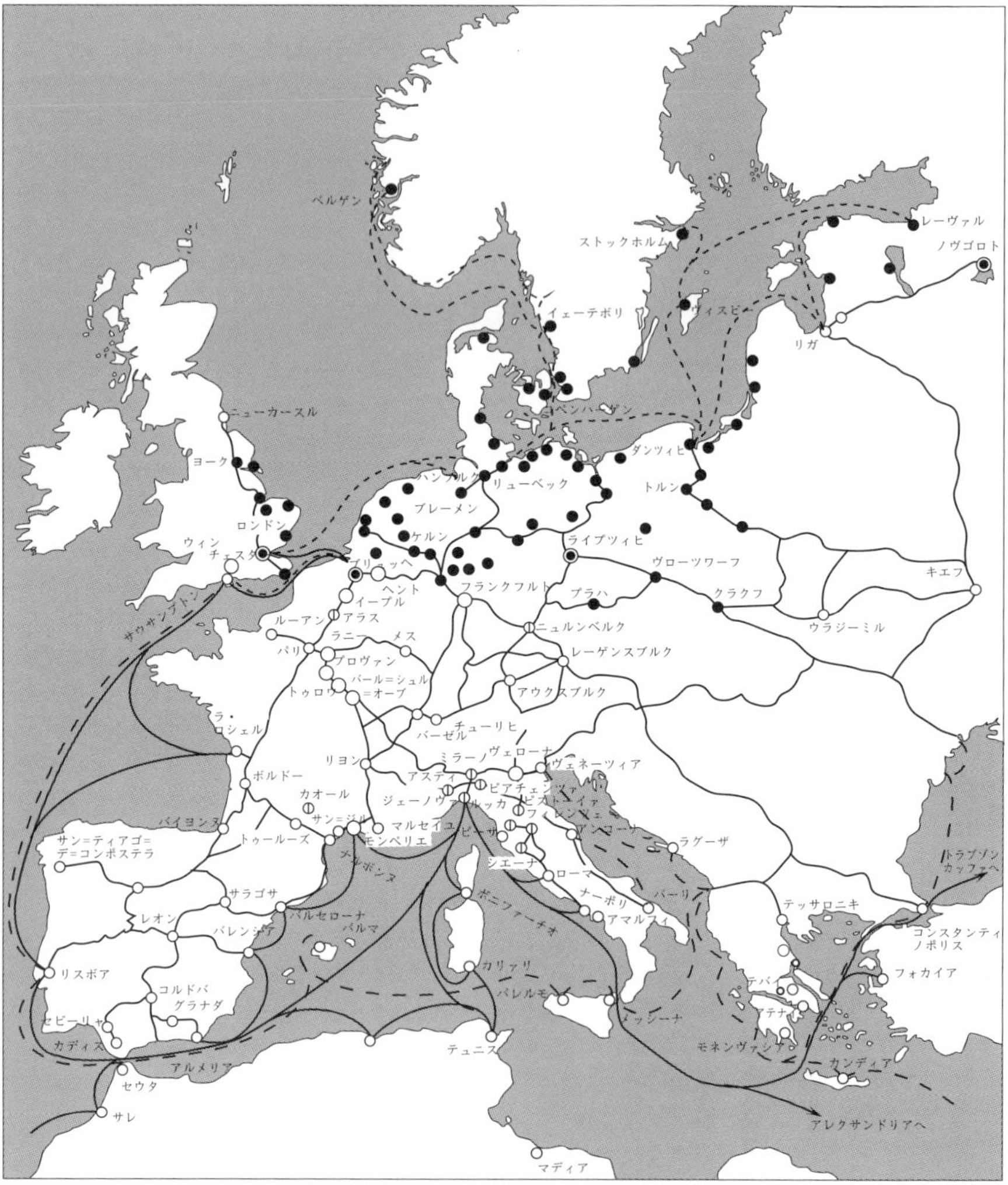

海上ルート

● ドイツ・ハンザ都市または商館所在都市
○ 主な大市開催都市
⦶ 金融中心都市
○ その他の商業都市

－ － － － ヴェネーツィア発
――――― ジェーノヴァ発
－－－－－－－ ドイツ・ハンザ発
――――― 陸上ルート

R.S.Lopez, *La révolution commerciale dans l' Europe médiévale,* Paris, 1974, p.140-141 より

ンザ同盟」と呼ばれるのは都市リューベックを盟主とするドイツ・ハンザである。

もとより北海を中心とする北方の商業活動は六〜十世紀にはフリースラント人（元来ライン川口にいたゲルマニアの一族）たち、八〜十世紀にはヴィーキング（商人としてよりも海賊としてのイメージが固定しているデンマーク、ノルウェー、スウェーデン人たちの自称）、すなわちノルマン人によって担われていた。一方、バルト海商業の主役はゴトラント（バルト海に浮かぶスウェーデンの島）人やノヴゴロト人であった。やがて東方植民運動、ドイツ騎士団領の形成、この地方一帯のキリスト教化に伴って市場の統一性の土台が与えられた。こうした条件の下、建設都市リューベックの主導によりドイツ・ハンザが成立する。これは中世のいわゆる「A局面」に登場し、ほぼ十二世紀〜十七世紀の間、バルト海・北海沿岸の貿易において中心的な役割を果たすことになる。その最盛期は十三世紀末〜十五世紀末頃であった。英貨スターリング（sterling）は東方の人、つまりドイツ商人を意味するエスターリンゲン（Österlingen）に語源があるとする説もある。強いドイツの貨幣にあやかったというわけである。

ドイツ・ハンザを構成したのは初期においては商人であったが、やがて諸都市の同盟関係に移行していく。同盟の基本的な目的は非ハンザ圏における経済的な利益を共同で確保、擁護ないし拡大していくことである。とりわけ重要商品調達地には共有の外地商館がおかれた。ノヴゴロト（毛皮取引）、ベルゲン（魚取引）、ブリュッヘ（毛織物取引）およびロンドン（羊毛取引）がこれである。これらの都市でハンザ商人は一種の治外法権を認められていた。これにスカンディナヴィアの鉱産物や木材、ポーランド・東ドイツ諸地域の穀物、リューネブルク（北ドイツ）の塩などが結合された。

ドイツ・ハンザは、自由意志で結びついた緩やかな集団組織であるため加盟と離脱が頻繁であり、その加盟都市数は一定しないが、約七〇ないしそれ以上の都市を集めていた。現在のドイツ、スウェーデン、ポーランド、オランダ、さらにはバルト三国にある諸都市が中心であるが、都市ではないドイツ騎士団も加盟者に名を連ねていたりする。その運営機関はハンザ総会であった。原則として三年に一度、実際には非定期的に、リューベックを盟主として同都市で開催され、共通の経済政策が策定された。一方、神聖ローマ帝国の統一性の欠如ないし皇帝の辺境地方への相対的な無関心の結果ともいえるが、ドイツ・ハンザは経済的のみならず、限定的ながら、政治的な力をも結集した（あるいは結集せざるをえなかった）。共通の軍隊も国庫ももたず政治的統一体こそできあがらなかったが、ときに合同で軍事力を行使するところまで進む。デンマーク王国とは十四世紀に戦って勝利し、特権的地位を強化した。

しかしやがて十五世紀には衰退の兆候が見える。その要因は、第一に、発展途上の近隣諸邦の側圧である。東はポーランド（一三八六年にリトアニアと合併）、モスクワ公国（一四九四年、ノヴゴロト商館を閉鎖）、西は宿敵デンマーク（シュレースヴィヒ＝ホルシュタインにおけるプレゼンスを高め、ズント海峡経由の迂回航路をつくる）に加えて、十六世紀からははっきりとイギリス（毛織物生産国へと脱皮をはかり、いまや北方交易圏のシステム撹乱者となっている）、オランダ（諸都市は十五世紀末にハンザを離脱し、十六世紀には事実上の独立国となる）が競争をもちこむ。十六世紀以降の政策主体は北ヨーロッパでももはや都市ではなくなるのである。漁場の変化も大きい。十五世紀における北海における鰊の漁場の展開は、バルト海のハンザ商人の独占を崩壊させたのである。またその魚の保存用の塩についてもフランス産塩の登場がリューベックの独占的秩序を崩し始めた（「ポーズ・カフェ」参照）。

地中海交易圏

地中海交易圏は北方のそれに比べてきわめて特異な様相を呈している。北方のハンザのような全体的な組織などなく一般に個々の商人、あるいは各都市の護送船団が押し合いへし合いしながら自由に船で往来――そしてときに軍事的に衝突――している。イタリア人、南フランス人、カタルーニャ人が相互に売買する商品自体は乏しい。従って個々の取引（特に十字軍に際しては兵士、馬、食糧、武器などの輸送）で獲得した銀を東地中海方面（ギリシアやレヴァント地方）に赴いて、絹・木綿、香辛料、香料、葡萄酒、明礬、砂糖などと交換し、西ヨーロッパに売り捌くのである。その権益をめぐって早くからヴェネーツィア人、ジェーノヴァ人、ピーサ人が、そしてバルセローナ人、マルセイユ人が競合していく。一つ頭を抜け出すのはヴェネーツィア人、ジェーノヴァ人、そしてピーサを抑え込んだアルノ川上流の都市共和国フィレンツェの商人である。前二者は特に激しい敵対関係にあり、十五世紀にヴェネーツィアの全盛時代が訪れるまで、戦端を交えることしばしばであった。

ヴェネーツィアは「ビザンティウム帝国を養分として育った」とブローデルが述べたように、その主要な利益はイタリア以東に存した。商人は東地中海、黒海を中心に活動してアラビア人やロシア人とつながり、さらにカスピ海方面へ、果ては中国、インド洋にまで赴いている。マルコ・ポーロらの中国行き（第三章「ポーズ・カフェ」参照）もこのルートと伝統を踏襲している。航海は、ライヴァルであったジェーノヴァにおける個人的で投機的性格の強い商旅行（フィレンツェはさらにその傾向が強い）に対して、国家主導のいわば護送船団方式による、規模はさほど大きくないが堅実な取引を対象とした。ガレー船の所有者は共和国政府であり、自ら艤装して商人に入札貸与したのである。一方、一三一四年に初めてアントウェルペンにヴェネーツィアの船が到着して以来、西海岸の沿岸航海（北アフリカやスペイン・ポルトガルの諸港経由）でイギリス、フランドル地方へ定期的に赴くようになる。またドイツ方面との交易については、ヴェネーツィア人が自ら赴くことをせず、ドイツ人商人の方からやってきた。後者は、あたかも江戸時代における出島のオランダ商館のように、倉庫、宿泊所そして貿易管理事務所を兼ねたドイツ人商館（フォンダコ・デイ・テデスキ）に身を寄せていた。商館は市有であり、取り扱い商品や販売先もヴェネーツィア人との直接取引という原則の下に規制を受けた。

このようにたしかに地中海交易圏においてさえ商業をめぐる制度や心性の地域差があるものの、一般に北と南では交易圏にもっと大きく、基本的な相異点が確認される。増田四郎氏がつとに指摘していたように、商慣習のイメージとしてハンザ世界では比較的堅実、定期的、団体的といった形容があてはまるのに対して、イタリア商人の世界ではむしろ投機的、不定期的、個人的といった性格が強い（国家介在の度合いが強いヴェネーツィアが平均値をいくぶん下げているが）。それは扱う商品の種類に関係がある。つまり北では毛皮を除けば価格の変動幅が比較的小さい日常的な商品が中心であった。他方南では単価が高く、供給に不確定性がつきものの香辛料が主役であったからだというわけである。一般に信用もイタリア人の専売特許であり、ハンザ商人は長く現金決済をよしとした。

道路、河川、海

次に当時の道路、水運（河川航行、海上輸送）について一瞥しておきたい。道路は未整備のままである。かつてのローマ街道は、土地の起伏を無視してひたすら直線距離の短縮を考慮したもので、きわめて効率的に兵士と軍事物資を運んでいたが、いまやその面影もない。もっと絶対性をもった中央集権的な政体ができるまでは存在意義を取り戻さないだろう。それは商人の通る道ではない。商業機会は幹線道路上にあるとは限らない。商品の通る道路網は、そのような戦略的な道ではなく、商品の主要発送地から商品を待つ地点へ乱射的に伸びた道の集合体である。大市と大市を結ぶいくぶん太い線、そして南北交易圏を結ぶ線が分散的な流通ネットワークを引き締めている形である。こうしてヨーロッパ域内交易の中継地点は、コンスタンティノポリスを除けば政治的首都ではなく地理的に商品の流れが集中しやすいポイントに定まったのである。そこでは荷馬、荷馬車が主役である。

いきおい貨物輸送量は限られた。ただし比較的商品流通量が少なく、大市と大市を結ぶ距離が問題であった時代では機動性はなお十分であった。アルプス山脈中のいくつかの峠の開通は先進地イタリアとアルプス以北との間の経済的・文化的紐帯の強化につながる、陸路の遠距離輸送を可能にした。

次に河川航行である。ヨーロッパの河川の流れは比較的緩やかであり、可航河川の数は多い。重量貨物の場合、船の有利性は自明である。上りに曳き船の便宜さえはかれば航行路として内陸深く商品を運べるし、河口から小型の外洋船も入って来る。大消費地であるヨーロッパの主要都市がほとんど川のほとりに成立している所以、その都市の初期の隆盛を担ったのがしばしば水上商人組合であった所以である。より急流となる上流部では筏《いかだ》が用いられた。ただし自然の営み（冬の結氷、夏の水不足、藪や茂みの侵入など）と人為的障害（通行税、戦争など）がしばしば河川航行のネックとなった。

ヨーロッパ経済の統一性を飛躍的に高めたのは海上ルートである。陸路だと一日二五～三〇キロメートルくらいまでしか進めないが、地中海や北海では追い風だとその十倍も先へ行ける。輸送コストは陸路より六～七倍も安いと見積もられていた。船そのものについては操舵技術と積載量をバランスよく改善することが課題であった。船尾舵の発明（十三世紀）、船体の軽量化（十五世紀）はこの方向で実現された革新である。北の海では、ヴァイキングの船腹の狭い船に替えて、ずんぐりとして吃水の深いコッガ船（積載量五〇〇～六〇〇トン）といわれる船が使われた。速度は劣るが積載量を誇り、まさに魚、塩、木材、穀物など嵩と重量の大きな商品の輸送に適していた。地中海では古代から知られている、船体が細く機動性と速度の点で優れたガレー船（積載量九〇〇トン）が長く用いられた。

航海術は天文学の近代的革新を長く待たねばならない。中世においては沿岸航海が中心である。星の見えない曇天の日の航海は初歩的な航路標識（鐘楼や高台など）に頼るしかなかった。ジェーノヴァ・マルセイユ間が一週間もかかる時代が長く続いた。アラビア人から伝えられた羅針盤（当初は水盤であったが十四世紀には近代的なピン式のものが考案・実用された）だけが頼りであったが、北方では十五世紀いっぱいは使われず、これはもっぱらイタリア人船乗りたちのものであった。ハンザ商人たちにとって大事なのは針路の維持であって、いまの位置を知るということではなかった。ジブラルタル海峡を越えてフランドル地方に直接アクセスするという冒険心は思いつきで根拠のないところには発露しないわけである。いずれにせよ艤装にやがて比類ない高さのコストがかかってくる。そのときはじめて資本主義的な航海運営や会社組織（後述）が必要になってくるのである。

交易図

北と南の二大交易圏（それぞれの核はリューベックとヴェネーツィア）の境界付近にあってこれを結びつけるのはシャンパーニュ地方（その大市については第三章を参照）、ブリュッヘ、イギリス諸都市、ケルン、フランクフルト、そしてコンスタンティノポリスである。商品の種類と流通は多岐にわたるが、ここでは多かれ少なかれ遠隔の地に運ばれる主だった商品とそのルートをスケッチしておきたい。ところで商品はその過不足に従って漫然と一方から他方へ流れていたわけではない。中世からすでにヨーロッパ経済は、まだ輪郭ははっきりしないものの、域内分業、または二極的な構造の形成を経験し始める。すなわち工業的な地域とヒンターラント（後背地）的、農業的な地域の顕在化である。後者については北東ヨーロッパの例がまず頭に浮かぶ。そこでは西ヨーロッパの非農業人口の増加に対応して穀物生産への特化の条件が整ったのである。この動きは十六世紀以降エルベ川以東に成立する、グーツヘルシャフト（農場領主制）――市場向け生産で、かつ農奴制的な性格をもつ――に連なっていく。ハンザ商人たちは思わず知らずこのプロセスを促進していたわけである。また染料となる地中海産の明礬、大青はイタリア商人が繊維生産地へと運んだ。イギリスもしばらくは良質の羊毛生産に特化した恰好であった。

一方前者について、工業製品の筆頭は毛織物であろう。その立地は少しずつ移動していく。十一世紀ヨーロッパにおいてはフランドル諸都市——イープル、ブリュッへ、ヘント（以上いまのベルギー）、サン＝トメール、アラス、ドゥーエ、リール（以上いまのフランス）——が最先端の毛織物工業センターであった。中世後期からイタリア北部（とりわけフィレンツェ）、イギリスでもつくられるようになった。ドイツ方面へはライン川伝いにスイスのアルプス地方、南ドイツのバイエルン地方へと移動していく。フランクフルト、ストラスブール、ニュルンベルクなどは重要な毛織物の産地としてその名を馳せた。絹（すでに八世紀に中国から移入）や伝統的な麻織物、麻と木綿の混ぜ織り（＝バルヘント織、ファスチアン織）などの繊維工業の展開はほぼこの立地と重なっていく。それだけでなく、少なくとも大陸での本格的な綿工業の接ぎ木も十六世紀以降、一定度の技術移転を通じて、以上の工業ゾーンのなかで成功するのである。一方イギリスでも十五世紀初め頃を境に毛織物輸出が羊毛輸出を上回るようになり、やがて工業センターの仲間入りを果たすであろう。

そのほか目立った商品は葡萄酒と魚である。葡萄はブリテン島を含む多くの地域で栽培が試みられたが北限はやがて適地におさまり始める。局地的な需要を越える分、高級銘柄を誇りうるものは非栽培地へと運ばれた。肉の代替財として貴重な栄養源である魚も乾燥・塩漬け・燻製技術の発展で域内に広く行き渡るようになった。鰊、鱈、鯖、（そして鯨さえも）が中心であり、魚の回遊や漁場についての知識もすでにあった。また淡水魚も補完的に食された。フランス東部の池の多いドンブ地方では十三世紀に一八の養殖池、十五世紀に一四四を数えた。

ヨーロッパ域外から入ってくる商品の筆頭は香辛料と絹である。後者についてはほどなく輸入代替（蚕の飼料である桑を含めて）が可能になるが、前者は十八世紀まで一貫してヨーロッパ人の垂涎の的となった商品である。地中海交易は東方に対して常に入超であった。東西貿易の絆は東地中海の政治変動をよそに常に弛緩することはなかった。しかし慢性的な収支不均衡（ヨーロッパ側の入超）により銀が流出した。銀も従ってヨーロッパのきわめて重要な商品であった。貴金属の需要は常に喚起され、スーダンへの砂金が探し求められたり、十五世紀には南ドイツの銀鉱山が開発された。

〈参考文献〉

H・ピレンヌ『中世都市』（佐々木克巳訳）創文社、一九七〇年
M・ブロック『封建社会』（新村猛・森岡敬一郎・大高順雄・神沢栄三訳）みすず書房、一九七三・一九七七年
J・クーリッシェル『ヨーロッパ中世経済史』（増田四郎監修、伊藤栄・諸田実訳）東洋経済新報社、一九七四年
F・レーリヒ『中世ヨーロッパ都市と市民文化』（魚住昌良・小倉欣一訳）創文社歴史学叢書、一九七八年
J・ギャンペル『中世の産業革命』（坂本賢三訳）岩波書店、一九七八年
高村象平『西洋中世都市の研究』筑摩書房、一九八〇年
高橋理『ハンザ同盟――中世の都市と商人』教育社歴史新書、一九八〇年
G・フルカン『封建制・領主制とは何か』（神戸大学・西洋経済史研究室訳）晃洋書房、一九八二年
R・P・マルソーフ『塩の世界史』（市場泰男訳）平凡社、一九八九年
G・デュビー『歴史は続く』（松村剛訳）白水社、一九九三年
江川温・服部良久編『西欧中世史［中］――成長と飽和――』ミネルヴァ書房、一九九五年
A・プレシ&O・フェルターク『図説　交易のヨーロッパ史――物・人・市場・ルート』（高橋清徳訳）東洋書林、二〇〇〇年
J・ル＝ゴフ『中世とは何か』（池田健二・菅沼潤訳）藤原書店、二〇〇五年
斯波照雄・玉木俊明編『北海・バルト海の商業世界』悠書館、二〇一五年

Pause-café

◇塩と経済◇

　塩はどこの国でもいつの時代でもきわめて重要な商品であるが、経済史の話題の主役として語られることは少なかった。近代化以後は生産方法の革新によって価格の大衆性が実現されたからであろう。塩の用途は衣料の洗濯や漂白、媒染、そして調味、保存など多岐にわたっていた。塩は海水や内陸の塩水泉を蒸発させてつくるか、露出した岩塩から取り出してつくる。近代的な化学的製塩技術の誕生以前に、すでに十六世紀以降冶金・鉱山用の技術が製塩に応用されたり、地下に眠る岩塩堆積層探索用の深いボーリング技術が考案され、決定的な増産の要因となった。それ以前ではさらに大きな希少性、従って経済性を帯びていた。中世・近世経済史上、塩はまずは交易品として、次に塩税の形での国家財政収入源として考察することができる。

　交易品としての塩の重要性は地中海においてまず認められた。後に地中海交易の拠点都市となるヴェネーツィア、ピーサおよびジェーノヴァの最初の主要品目の一つは塩であり、イタリアのキオッジャ、チェルヴィア、南フランスのイエール、地中海に浮かぶ島々（キプロス、サルデーニャ、スペイン東岸の諸島）にある生産基地をおさえていた。一方、塩は本章で述べられているドイツ・ハンザの発展と分かちがたく結びついている。十三世紀末にオランダ人によって魚の塩漬けの方法が考案されて以来、塩に対する需要が飛躍的に増大した。塩漬けには魚の重さの三分の一もの量の塩が必要とされたからである。北ヨーロッパの塩の供給中心地はリューネブルク（岩塩の産地）である。ハンザの

盟主都市リューベック（一三九一年から運河で結ばれた）の商人を介して輸出された。一方、十四〜十六世紀にはフランス大西洋岸の海塩が盛んに輸出されるようになり、ハンザの交易回路に競争をもち込んだ。十五世紀半ばには塩輸出額は葡萄酒のそれの四分の一にも達したという。

次に財政収入源としての塩である。塩税のことをフランス語でガベルという。もとはアラビア語で税一般を指す言葉であったが、やがて国際的に塩税のみを指すようになった。塩に税がかけやすいのはその生産と消費において統制しやすく、専売制が適性をもつから――つまり、塩には定期的で安定した需要がある（塩消費量は人口にほぼ比例していた）一方、産地も限定されていたから――である。塩税と専売制は従ってローマ時代から存在し、近世のヨーロッパ国家に受け継がれた。アンシアン・レジーム期のフランスの場合、一部の地方を除き、塩税が八歳以上の者に毎週一定価格で最低限の量の塩を買わせた。塩を産するところとそうでないところで税率が異なった（五つの徴税管区に分割）ため、低価格地方から高価格地方へと密輸が横行した。一家総出でこの仕事に従事する者も散見された。バターに塩を溶かし込んで固めて運んだり、また賢い犬を使って運ばせることもあったという。密輸の図はいわば一つの風景にさえなっていたのである。塩税吏は、徴税請負人同様、庶民からひどく嫌われた。こうして塩税廃止は革命の陳情書にまでうたわれることになったのである。

第三章　ヨーロッパ人の地平の拡大

中世経済はいうまでもなく、空間と時間のいずれの次元でとらえた場合にも、等質的ではない。ある時点で切り取った同一の断面に、閉鎖的要素と開放的な要素が併存している。同じ時代に、一方に貨幣経済から切り離された半封鎖的な経済地帯があり、他方に大規模な国際貿易の地平で動く流動的・開放的な経済部門がある。前章ではヨーロッパ中世経済を典型的・静態的な姿においてつかまえようとした。本章は中世経済の後者の側面に焦点を合わせる。経済活動の拡大、商人や情報の移動半径の増大、取り扱い商品の多様化ないし一種のポートフォリオ・セレクションは、総じて個々の経済主体の専門化を余儀なくし、必然的に事業の新たな組織形態、商業技術、交換形態を生む。地平の拡大と時間の制御はヨーロッパ世界の経済地図を大胆に塗り替えていく。そして「初期資本主義」の十六世紀、宗教改革の十六世紀からではなく、初期ルネサンスの時代、いや中世盛期からすでに企業家的人間類型――ヨーロッパ的、コスモポリタン的心性の持主――が誕生するのである。

本章は中世から筆を起こしながらも、工業化社会に先行する「長期持続」の位相にあるものとして、項目によっては叙述がときに近世（十八世紀までも！）に及ぶ場合もある。マルコ・ポーロやクリストーフォロ・コロンボそしてジェイムズ・クックなどは、その長旅の時代、規模、歴史的意義こそ違え、同じ「長期持続」に属する心性を共有していないだろうか。

1　中世商人の時間と地平

農民や都市の手工業者に比べて一般に商人の地平は広いかもしれない。だがその商人もひっくるめて中世には二つの時間、二つの地平が顕在化し始める。教会の時間と商人の時間。教会の鐘の音と農事暦で規則性を与えられる永遠の日常と、日数、歩数、騎行距離、大市のカレンダーなどで数えられ、測られ、短縮され、主体的に区切られる時間。要するに、とどまる地平と拡がる地平。もちろん前者はそれ自体必ずしも否定的だとはいえない。また後者もそれ自体必ずしも善であるとは限らない。だが、安定的な農村と都市の社会経済システムを撹乱するもの、それはまさしく時間の再配分と拡がった地平を体現する心性である。その心性は航海術、交通インフラ、商業技術の改善、知識と情報のシステマティックな生産と流通の装置の開発と相俟って成長する。

教会の時間、商人の時間

J・ル＝ゴフは「教会の時間と商人の時間」と題する論文（『思想』六六三号所収）のなかで中世に始まった時間の観念と実践における分化状況を農村の時間と都市の時間、あるいは教会の鐘楼の時間と市庁舎の時計の刻む時間という二分法で明示化した。いわく、「教会の具体的な時間は……聖職者のための時間、聖務によって、聖務を告げる鐘の音によってリズムをつけられた時間、止むを得ず不正確で変りやすい日時計で示され、時には粗雑な水時計で測られる時間である。この教会の時間に替えて、商人や職人たちは、より正確に測られて、世俗の、聖職とかかわりのない用件に使える時間、大時計の時間を用いる。」

純粋に農業的な世界では時間は、聖務につく者たちと同様、多かれ少なかれ受動的に感知される。日照と夜の闇、四季の巡り（従って農事暦）、天変地異を前にして時間は、期待や祈りの対象とはなりえても、計測し、支配し、制御する対象とはなりにくい。あるいは固定的な顧客に日用品をつくって売る工房《アトリエ》の手工業者たち、限られた需要に応じる安定志向の小商人たちにとっても教会の鐘で十分だと思われるかもしれない。しかし、本来的に空間的モビリティの高い人びと（遠隔地商人、金融業者たち）、変動こそが常態である世界（価格、ヨーロッパ規模の需給動向、為替相場、政治的事件、等々に導かれる世界）に生きる人びとはこのリズムでは満足できない。時間を正確に刻む大時計は十四世紀にフィレンツェ、ミラーノ、パードヴァ、パリなどに出現した。こうして、流れる時間はいったん等質性を得た。しかし商業用に把握され、切り取られ、投機される時間は、必ずしも等質的なものにとどまらず、大小の価値を有する断片の集合となる。もちろんキリスト教徒である商人は教会の時間を完全に脱するわけではない。だが経済活動に身を投じる存在としてあるとき、かれは時間を計測し、予測し、そして何よりも短縮し、かつ必要に応じて延期するのである。

時間の支配は空間の開拓と征服の過程とともに進む。時間への抵抗、距離への挑戦は商人固有の数える、知るという行為から出発している。

世界の知識、商業の知識

中世の人びとは自分の可視的・物理的地平のかなたにある世界をどれくらい知っていただろうか。あるいはどれくらい知ろうとしたであろうか。さらにその結果、自己の生地をどれほど相対視できただろうか。見聞や経験はたしかにそれだけで商人の心理的地平を大いに拡げてはくれる。だが知識の一層の拡充と深化はやはり文字を識《し》ること、そしてそのための教育を媒介とする。

識字力についてはヨーロッパでは多少とも悲観的な長期持続が確認される。たとえばC・M・チポラによれば十九世紀半ばでさえ成人文盲者の比率が五〇％前後である。一六八六〜九〇年にフランスの新婚者の七五％は婚姻証書に署名できなかったという。しかも署名できたことがただちに識字力を表すとは限らない。識字率の高さはたしかに当該国の経済水準を反映するかもしれない。一七〇〇年頃それが目立って高かったのはオランダ、イギリスだったからである。いずれにせよ前工業化社会においては字を書ける人は少数派なのである。しかしながら数字はもちろん地域差、階級差などを覆い隠している。中世にあっても行動半径が大きく思考対象が深く多様な人は事物を習うこと、知ることに躊躇が少ないはずだ。また印刷術の発明は一部の人びとの知識欲を大いに満足させるだろう。砲術や航海術、新たな工業技術（時計、冶金など）の誕生もそれらに携わる人の一定の識字力を前提とするだろう。

中世の教育はまずは店のカウンターでの見習い期間に司祭や公証人のところで不定期的に施される読み、書き、計算の教育から始まる。書生を家庭教師として雇う場合もある。そしてイタリア諸都市では早くも小学校が出現する。十三世紀末頃ミラーノには七〇人以上の小学校教師がいた。一三三八年頃のフィレンツェの児童（五〜一〇歳）の四〇％が学校に通っていた。フランス、ドイツでは初等教育は幼年時に終了するが、イタリアではさらに十四、十五歳まで学校に行かせて四則計算から算術、会計技術、複素数や分数計算まで教える。「先物市場――ブリュッヘ、ロンドン、あるいはバルセローナ――でのトスカーナ人、ヴェネーツィア人およびジェーノヴァ人の優位の変わらぬ要因の一つは、かれらの自ら計算を行う能力であろう。複利を設け、その元本組入れを行うこと、有価証券の割引率を評価すること、異なった期限で満期となる債務全体の共通期限の妥当性を考慮に入れること、こうしたことがしばしば投機の成否の鍵となるのである」（J・ファヴィエ『金と香辛料』）。さらに経済地理学的な授業（商品や産地の知識、商法、商慣習など）、基礎的な語学の授業も行われる。このような知識をたたき込まれた後に商人の子供たちは生地を離れ、外国に出かけて実践的な学習を行うのである。

グーテンベルクの活版印刷発明の前、実業界ではどのような本が読まれたのだろうか。マルコ・ポーロの『世界の実話』（邦題は『東方見聞録』）はたしかに広く読まれたに違いない。しかし子細に見ればそこには見聞されたことと見聞されなかったことがないまぜになっている。挙げられる数値はどれも概数で何万人、船何万隻、金銀無限、等々といった大仰なものばかりである。東方の様ざまの不思議が語られることがあっても、真に実用的な商業案内書にはなっていない。ポーロの作品は当時流行の騎士道文学、冒険物語と選ぶところがない。ただし別にいくつかの実践的教科書が出てはいる。十四世紀にはヴェネーツィアで『度量衡要覧』が編纂され、フランドル地方では『海事書』が出された。さらに『商業実務』、『諸国商慣習録』などがイタリア商人に読まれている。版を重ねたペゴロッティ著の『商業実務』は実用書として重宝された。そこには各種算術計算表（複雑な利子や手形決済関係の計算用）、教会暦（復活祭など移動祝祭日を知って大市開催の日付を知る）、為替相場、手形期限の慣習などが掲載されていた。

グーテンベルク以後ではどうか。図2は一五〇〇―一八〇〇年間におけるフランスの商人向けに出版された商業関連書の種類と数の推移を示している。十七世紀、特に十八世紀に比べるとさすがに中世の出版水準は極端に低かったことが推し量れる。発行数の増加はもちろん十八世紀に積極的、進取的な商人の数が増えたということを物語っている。一方本の種類については、AからDまでのうち近世になって格段に増えたり、新たに登場したジャンルもあるが、そのことよりもむしろジャンルそのものが、読者は限られていたにせよ、ほぼ全部中世イタリアにすでに出揃っていた点が興味深い。

図 2　1500－1800年間のフランスの商人向けの商業実践教本の発行数

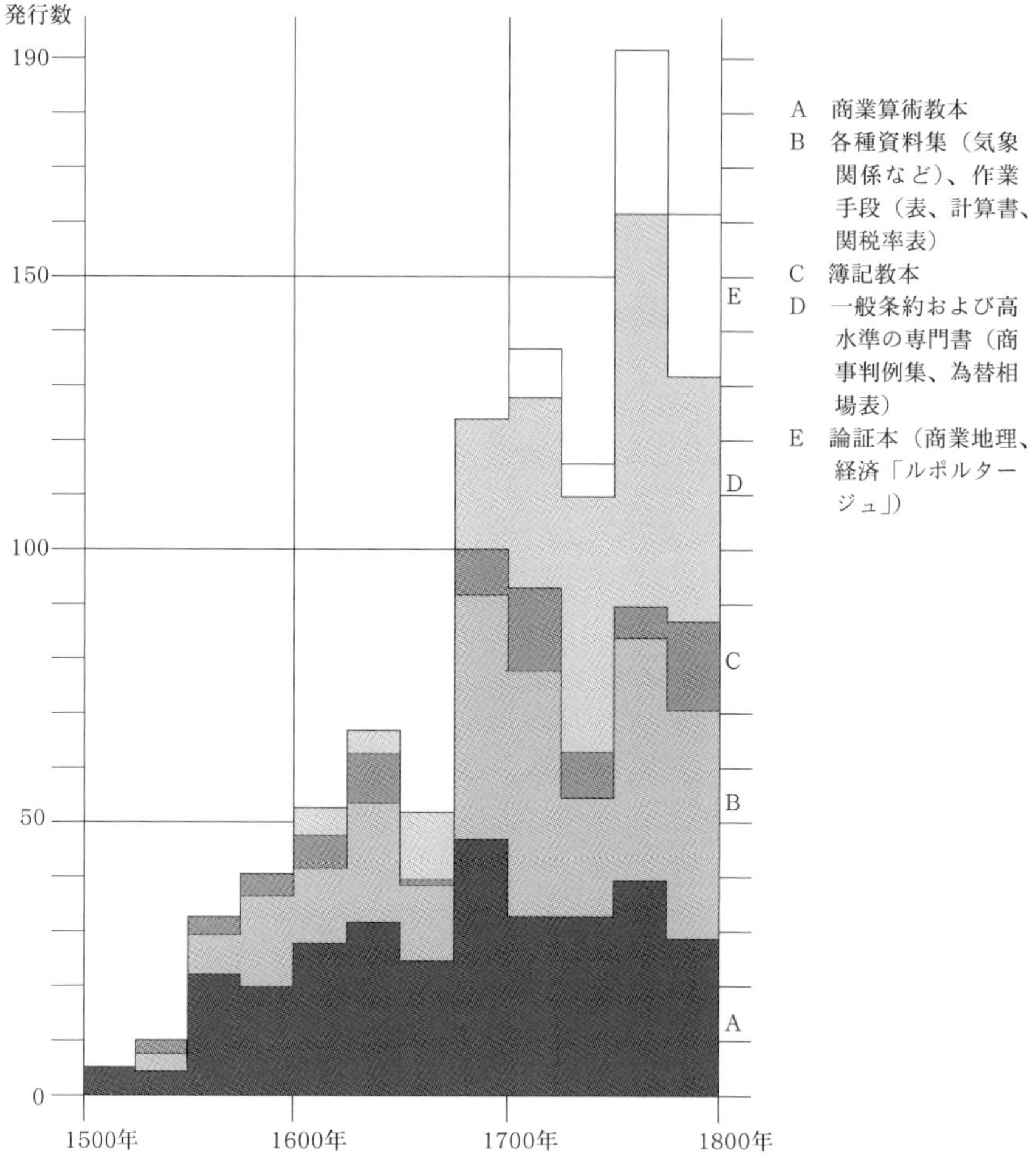

P. Jeannin,"Les manuels de pratique commerciale imprimés pour les marchands français", in *Le négoce international, XIIIe-XXe siècle,* sous la direction de F. M. Crouzet, ECONOMICA, Paris, 1989, p. 51-52.

通信

もっと即時的かつ即効的な情報も日々ヨーロッパ中をかけめぐった。人に先んじて刻一刻変化するたしかな情報を獲得することは人より多くの利益を上げるための基本である。それは中世でも変わりはない。外地商館を拠点として連帯するハンザ商人も、本社・支社（または子会社）間、支社相互間の連絡を絶やさないイタリア商人も情報のネットワークを自由に操っていた。一般的な需給動向、商品価格や為替相場をはじめ、流行や商慣習の変化、商船の到着・未到着（難船）、政変や戦争、王国や大都市の経済政策（貸付や割引、請負業）およびその急変（貨幣価値の変動、税制改革など）などについて知りえない立場にいる人が商売に乗り遅れるのは明らかである。識字力の効果は歴然としている。

情報の発信者は同族会社などの場合、しばしば本社では家族の者、外地では代理人、社員、取次商人、仲介人などであった。一方有力商人は高級官僚を政界に送り込んだり、王国の政商ないし御用金融業者となることによって第一級の情報を入手した。通信の伝達については、最も初歩的なものは旅行者への依頼である。ただし手紙などで情報を運ぶ伝達人はこれを自分用に横流しする惧れもあった。もっと確実なものとしてイタリアでは共同通信システムが早くも十二世紀に誕生した。特にシャンパーニュの大市とイタリア諸都市を結ぶ便は定期性を帯びていた。一三五七年にフィレンツェでつくられた「フィレンツェ商人のスカルセッラ（財布）」という共同システムは、フィレンツェ・アヴィニョン間を一二～一四日で結ぶ週便通信のシステムである。そこにはフィレンツェの一七の会社が参加していた。やがてバルセローナでもハンザ諸都市でも公的な通信局ができあがる。

さらに郵便制度の誕生により通信サーヴィスの受益者はもっと一般的となる。ただしその郵便物配送サーヴィスも大部分はまだ面というより主要交易都市間を結ぶ線の段階にとどまり、所要時間も長い。パリ・ジェーノヴァ間、フィレンツェ・ブリュッへ間、ロンドン・ヴェネーツィア間が実に約三週間以上もかかっている。危険防止のために、たいてい手紙は複数書かれ、複数の配達人、複数のルートが用意された。為替手形には番号が打たれた。商業書簡のやりとりはほとんどルーティン・ワークとさえなっている。たとえば一三六四―一四一〇年間にプラートの商人ダティーニが書いた書簡と受け取った書簡の合計は一二五、五四九通に上ったという。一方、ドイツではもっと系統的な通信サーヴィスがタクシス家（ロンバルディーア出身）の個人営業によって実現される。すでに同家は十三世紀末にイタリア諸都市間の郵便サーヴィスを行っていたが、十五世紀からは神聖ローマ帝国全土の、十六世紀からはスペイン全土の公信・私信のサーヴィスを一手に引き受けた。皇帝の郵政局長ポスト・マイスターの役務を担ったタクシス家はやがて貴族位へ昇格させられる。営業はプロイセン政府により買収される一八六七年まで継続されることになる。

商業技術の革新

事業規模の拡大・多様化、経営組織の複雑化はソフト面での別の技術革新を誘発する。ここでは金融、為替、会計および保険の分野での革新について触れておきたい。

まず金融についてはキリスト教の定める利子付貸付《ウースーラ》の禁止という壁を突破することが問題であった。金融の自由化こそは、庶民の日常的な資金需給を円滑化するばかりでなく、経済活動の飛躍的拡大の前提条件だからである。利子という現象が市場価格として把握されるまでに文字通り多くの神学的論争と擬制的・迂回的な金融実践とを必要とした。利子は信用売買（掛け売り、青田買い、先物買い）、買戻特約付売買、定期金設定、為替取引などのなかに隠蔽されたりした。いずれの場合にも当初の資金供与額に比べて決済額の方が巧妙に大きく設定されるわけである。やがて教会法は高利のみを排撃するようになり、貸付を行った者も神に対する裏切り者として断罪されるのではなく煉獄という天国への控えの間を与えられた。現実主義が勝利する。君侯や教皇庁自体が高利貸しのお世話になっていたのだ。実質金利が低かったり、ときに棒引の惧れさえあったこの種の貸付は商機拡大の代償でさえあった。利子付貸付はユダヤ人の専売特許ではない（他方かれら自身は当初は商人、手工業者、行商人でもあった）。キリスト教徒たるカオール人（フランス）とロンバルディーア人（イタリア）が十二ないし十三世紀にすでに公然と貸付と両替に従事し、高利貸しの代名詞となった。特に後者は王室への貸付で名を馳せ、ヨーロッパ各地にロンバルディーア人通りができた（現在のロンドンのロンバード街もその名残である）。

債権は早々と商品化された。利子をめぐる動きのなかから手形割引という考えと実践が生まれた（イタリアでは十三世紀、フランス、イギリスでは十四世紀から）。一方、両替商や大商人は預金と振替の業務を行うようになる。やがて後述の聖ジョルジオ銀行のごとき公的な金融機関が生まれ、預金に対して一種の利子が支払われることになろう。こうして銀行の機能が次第に確保されていく。

銀行の機能として同じく重要なのは両替ならびに振り出される両替（すなわち為替）である。ここで中世ヨーロッパの貨幣について触れておこう。当時はローマ時代の金貨に代わって、基本的にデーナーリウス（デナール、ドゥニエ、デナーロ）銀貨が主であった。同時にリーブラ（リーヴル、ポンド）という計算貨幣がつくられ、一リーブラ（イギリスのポンド）＝二〇ソリドゥス（同シリング）、一ソリドゥス＝一二デーナーリウス（同ペンス）というシステム（つまり二四〇枚のデーナーリウス銀貨が一リーブラに相当）ができあがった。その後デーナーリウス銀貨は各地でつくられたが、貶質を伴った。やがて高額（グロ、グロッソ、グロシェン）銀貨がつくられるとともに、十三世紀にはイタリア諸都市で金貨が打造された。硬貨の多様な存在ゆえに強いジェーノヴァとヴェネーツィアのドゥカート金貨、フィレンツェのフィオリーノ金貨が名実ともに基準貨幣となった。貨幣の多様性、レートの複雑さは両替商の存在理由を増大させた。しかし当局による貨幣価値の変更や改鋳の危険と無関係であるために、あるいは大市の決済でわざわざ重くて光る（従って盗難のリスクが高い）これらの実体貨幣をもち歩かなくてもいいように、次第に代替貨幣が用いられるようになる。商品取引の決済が帳簿上の操作や預金勘定上の為替取引（すでに十三世紀に登場）による相殺で行われるようになり、正貨の実際の移動は相対的におさえられる。異なった都市、異なった貨幣が介在する定期的な商取引に為替契約や為替手形を用いる方法が考案されたことは取引の国際性を著しく高めた。また商取引を含まない、いわゆる乾燥為替も行われていた。

「数える」という行為の最も基本的な成果は会計に現れる。商品や貨幣の動き、在庫の種類と量の増大、企業内部の機能や責任の分化、倉庫や設備の減価償却やコスト計算の必要性などに伴い、商業日誌に替わるもっと体系的な簿記が要請されることは必至である。事業の意識的な制御にほかならない。単式簿記（取引の件名ごとに記帳）それ自体も封建社会のなかで商人の合理的活動と際立った計算能力の証左であるが、取引のさらなる多様化と規模の拡大は複式簿記を考案するところまで人を向かわせる。これはすべての取引について貸方勘定、借方勘定をつけ、元帳において収支を一致させるやり方である。十三世紀のトスカーナ地方、十四世紀のジェーノヴァなどでその最初の実践が確認されている。L・パチョーリは、印刷術の恩恵を受けて、『複式簿記入門』（一四九四年）という書物でその集大成を行った。十六世紀には北ヨーロッパの商人の間でも採用されるようになり、ほぼ同内容のものが十九世紀末まで活用された。商人はこうして自分の経営の規模と内容を客観的に把握し、業績についての反省と展望のための基盤を得たのである。

事業を制御する態度は保険を成立させる。中世においてリスクは限りなく高い。投資の分散と事業の多様な選択もすでに一種の保険行為だともいえる。海上交易では古くから「海上貸借」という投資形態のなかに保険観念の萌芽を見ることができるが、十三世紀にジェーノヴァ人が保険という名に値するもっと積極的な方式を考案した。投資規模とリスクが高い海上交易における偽装売却がこれである。商品を一時的に売って後に買い戻す約束をする。商品購入者が保険者、売却価格と買戻価格の差が保険金ということになる。またフィレンツェでは十四世紀からこの価格差を考慮した明示的な掛金式の保険を生み出した。掛金の額は今日におけるように事業の内容やリスクの多寡によって決まり、また海上交易にとどまらず生命まで保険の対象となる。ただし自分自身の命にではなく、事業の帰趨にとって決定的に重要な国王、ローマ教皇、枢機卿などの生命に対してかけられるのである。海上保険は十六世紀にスペイン、そして十七世紀以降はオランダ、イギリスに継承されていく。また火災保険も十六世紀末にハンブルクにおいて確認されている。

2　コンメンダから株式会社まで

個人の経済活動の幅やリスク負担の限界点を超えたところに、複数の経済主体の何らかの協同組織が誕生する。商業資本主義の形をとった、資本の調達と増殖のシステムが確立される。中世の一会社組織を意味するラテン語のソキエタース（フランス語のソシエテ、英語のソサイエティ）は、協同する、参加する、共有するという意味の動詞ソキオー（socio）に由来する。まずは商業活動の規模拡大につれて、資本の所有者（出資者）と運用者（船乗り＝商人など）とが結び合う。余剰資金をもつ前者は複数の出資を行うことによってリスクの分散のために後者を、後者は、北海・バルト海から地中海へ、大西洋から黒海へとヨーロッパ的規模で拡大した資金融通のために前者を、それぞれパートナーとして必要とする。こうして、つまるところ資本と労働の分離、所有と経営の分離が始まり、最終的には近代の株式会社形態へと向かう資本主義的進化の道筋が開かれていく――もちろんその道は決して平坦ではないが――のである。種々の会社形態が継起し、併存しつつ中世ヨーロッパにおいて叢生する。一方この形態による組織化は私企業のみならず公的な財産の管理・運用方式にも援用されていく。

コンメンダ

経済主体の出会いは、最も初歩的な段階では、代理業務または委託業務という形式で始まる。この場合パートナーの一方は資金ではなく商品の所有者であり、輸送と販売を別の者（家族、隣人、同業者）に代行してもらう。いわゆる能動的な商人である後者は、別の場面では地位が逆転して代理業務の別の者への依頼者として現れることもある。資本と労働の結合というより労働の組織化、時間の有効利用というべきこの契約はヨーロッパ各地に見られる。ハンザ商人は「ゼンデーヴェ」という名で呼んで実践していた。

ある事業を遂行して利益を上げたいという者と資金活用を考える者が出会ったとき、委託を意味するコンメンダという、もう一歩進んだ会社組織が生まれる。出資社員（委託者）と業務担当社員（受託者）の二人の事業契約が公証人の前で取り交わされる。出資社員（出資者）は投じた資本を失うリスクがあり、業務担当社員（＝能動的商人）の労働は文字通り徒労に終わることもありうる。利益の配分は、最も基本的な形においては、出資者が四分の三、業務担当社員が四分の一であった。少額の資本所有者にとって恰好の投資対象であるし、小企業家にとっては少しずつ社会の階梯を上がっていくための常套手段となった。場合によっては後者が出資者として登場することもあったが、一般に、業務担当社員は、自己の労働ないし能力以外に差し出すもののない、若者であることが多かった。

コンメンダはヨーロッパ各地の商人がそれぞれの仕方で採用した。ヴェネーツィアでは「コッレガンツァ」（同僚になる、という意味）と呼ばれ、一回ずつの事業につき一契約という形で、この種の個別契約が無数に結ばれていた。契約期間を定める方式でも、一年ないしそれ以内というのが普通であった。ドイツ・ハンザではウェーラ・ソキエタース（真の結社）という名称が使われ、パートナーの利益配分は折半であった。業務担当社員の取り分が多くなっているのは難船のリスクが地中海に比べて大であったからだといわれている。

ソキエタース

ソキエタース（共同企業会社）というのは、コンメンダにおける業務担当社員自らが、別の社員の事業を遂行するのではなく、出資者の一人として自らの資産を投じている形態である。正確には、能動的商人が自営企業の規模拡大のために、特定の目的のために補完的に別の資本を結合するのである。基本的にはコンメンダ同様、小規模の事業のための結合形態である。社員数は従って限られ、二、三人程度のものが多く、ハンザ商人たちにおけるように、主として家族的紐帯を利用するものが多かった。契約期間もまだ短い。十五世紀のトゥールーズではこの種の契約の三分の二近くは一年ないし一年未満の期間であった。例外的に、十三世紀にジェーノヴァ人が考案したソキエタース・マリス（海の結社）は、契約期間を延長し、資本集中（業務担当社員が多数の出資者との契約を同時に遂行する）を実現した、コンメンダの発展的形態である。ソキエタースでも利益は出資分に応じて分配されたが、業務担当社員の労働も資本換算され、追加的な利益が考慮される場合もあった。たとえばソキエタース・マリスでは、業務担当社員が三分の一の出資者であるとき、利益の半分を保証されていた。リスクについてもかれは出資分について負うだけである。徴税請負も、資本額の大きさや徴収責任の分散のために、ソキエタース形態をとることが多かった。トスカーナ地方では十四世紀後半に、ソキエタースの発展形態が現れる。プラート出身のフランチェスコ＝ディ＝マルコ・ダティーニの会社がそうである。代表社員たる筆頭出資者のダティーニは遠隔地貿易（支社が多数ヨーロッパ各地に存在）と毛織物生産を行う二つの会社をもち、この経営を二人の社員にそれぞれを限定的な裁量権をもたせた形で委せていた。資本家―経営者―賃金労働者という資本主義的な三分割形態が萌芽的に生まれている。

コンパニーア

同じトスカーナ地方（ルッカ、ピストーイァ、シエーナ、次いでフィレンツェ）において資本集中という点でさらに進んだ会社形態が工夫される。一三〇〇年代に叢生するコンパニーアがこれである。組織の基礎には家族があり、まさしく同族会社（後に合名会社とも呼ばれる）にほかならない。大家族あるいは親族がその家名を永続的に社号としてとどめ、事業と商標の一貫性、従って顧客・取引先との信頼関係を確保する。一族の成員全員がその出資金の範囲にとどまらずすべての面——資本、労働、あらゆるリスク——で責任を負い（無限責任制）、利益を分け合う。血縁的な連帯と努力に基づく家族的協同のこの形式は、F・ブローデルによれば、地中海交易やヨーロッパ交易に関してイタリアの港湾都市に比べて後れて登場する内陸部都市が共通してもつ「参入の苦労」の結果である。やがてこの形態が南ドイツの奥地にも現れるのも同じ理由からであろう。事業規模の拡大は、一部では、非親族の入社や寄託金を認めるところまで進む。後者は預金制度にほかならず、社員の出資金とは別の形での資本調達の形式であり、ときに「自己資本」を大幅に超えることもあった。預金者側から見ると利子取得のための一投資形態であるが、もちろんコンパニーアの経営機密に立ち入ることは排除されている。さらに、リスクの連帯責任の危うさを回避するために内部の分権化がはかられたりする。資本や経営権が複数の子会社に分割され、それぞれがある程度の——親会社の総合的政策の基調から乖離しない程度の——イニシアティヴを与えられたのである。

最もよく知られたコンパニーアはメーディチ家であろう。十五世紀半ば、本拠地のフィレンツェに親会社（金融部門を含む）と三つの製造会社（絹織物一社、毛織物二社）、ローマ、ヴェネーツィア、アンコーナ、ブリュッヘおよびジュネーヴに商事・金融子会社をもっていた。さらにピーサ、ロンドン、アヴィニョン、ミラーノなどの支部が追加され、バルセローナやリューベックには駐在員がおかれている。イタリアではほかにペルッツィ家、バルディ家、アルベルティ家、ストロッツィ家などがある。

ドイツではボーデン湖の近くの小都市ラーフェンスブルクに、一三八〇年、ヨーゼフ・ホムピスが大ラーフェンスブルク商社をつくる。三つの同族会社の合併によって成立したこの会社も一種のコンパニーア形態をとる。ケルン、ニュルンベルク、ヴィーン、ベルン、ジュネーヴ、ペスト、ブリュッへ、アントウェルペン、ジェーノヴァ、ミラーノに子会社をもち、フランスやスペインにも拠点をもった。イタリア商人の通商回路から独立したネットワークである。トスカーナ人のコンパニーアと違うのは、活動がもっぱら商業（卸売）中心であるという点である。少し後れてヨーロッパの巨大企業として聳え立つことになるアウクスブルクのフッガー家やヴェルザー家についても、その会社組織はやはりコンパニーア形態に分類される。そこでは商業、金融業に加えて、鉱山や植民地開発にまで活動範囲が拡がったのである。

資本規模の大きさゆえに、コンパニーアは空間的にもヨーロッパ的規模の広がりを示し、場合によっては異国に拠点をもつマルティナショナル（多国籍企業）の特徴をもつと同時に、中心的活動である商業に金融業や製造業をも結合したコングロマリット（複合企業）の諸要素を併せもっている。他方、コンパニーアの永続性、つまりは近代的な企業組織に向けての連続性がしばしば問題になる。これを資本主義発展の系譜に連ねてよいのだろうかと。ドイツの上記企業はたしかに十六世紀末にはもはや存在しない。来るべき環大西洋の時代に乗り遅れたこと、スペイン王室との過度の関わりがその命運を決してしまったことなどが消滅の原因として挙げられている。またイタリアのコンパニーアの多くについてもその守旧性が取り沙汰される。事実、土地取得（単なる地片の集積にとどまらず領主所領の購入まで）や貴族身分の獲得による富の浄化、公職へのアクセス、豪邸の建築、定期金への投資などは後世の産業資本家の心性や行動様式からずいぶんかけ離れているようにも見える。リスク分散のための投資の多様化という説明も説得力が弱まる部分ではある。だが、この会社形態それ自体は少しずつ合資会社に地歩を譲っていくものの、一般的には少なくとも産業革命前夜までは生き残った。工業が経済の軸になるまでの多かれ少なかれ適合的な形態であることは否定できないだろう。

合資会社、そして株式会社の萌芽

一方、フィレンツェでは一四〇八年にアコマンディータと呼ばれる別の会社形態が出現し、やがてヨーロッパ全域に普及していく。これは合資会社とほぼ同義である。コンパニーアまでの組織はいわば人間の結社に等しい。これに対して合資会社は人的結社と物的結社（＝資本結社）の両面を併せもつ。資本規模の点ではコンパアニーアの方が圧倒的に大きい。だが合資会社では特に有限責任制の導入という重要な質的変化を遂げた。業務担当社員（＝機能資本家）は利益が出たときに出資社員（＝無機能資本家）に報いるだけでよく、後者は出資分についてのみ責任をもてばよかった。しかも後者のその持分資本は譲渡可能であった。このことは匿名を希う出資者（たとえば商工業へ公然と参加できないフランスの貴族や官職保有者）や遠隔地からの企業参加者を導き入れることになった。出資社員はいつでも持分をとり戻すことができるし、利潤配当が終わったらただちに身を引くこともできる。コンパニーアでは社員は複数のコンパニーアに帰属することは許されなかったが、合資会社では別の会社への参加は自由であり、その自由こそが投資の多様化によるリスク・ヘッジを可能にしている。譲渡可能性と匿名性を具えたこの形態から株式会社制度までの距離はもはやほんの一歩である。

株式会社の形成は、資金供給者のさらに広範な参加、資本運用の規模拡大の可能性と相俟って進む。近代的な意味での株式会社にいたる過程は、理論上、まず第一に合資会社——そこでは持分資本の証書は単に個別の出資者の現実の出資額として記載される——と違って、会社資本全体が均等な株として分割されるようになること、そして次に、株が譲渡可能であるだけでなくそれ自体として市場価値をもつようになることである。だがこの過程は、実際には、合資会社の発展形態としてのみならず、これと相前後して存在することが確認されている。株式会社は合資会社とは別の前史ももっているということだ。

特定の目的をもつ、大なり小なり特権ないし独占権と結びついた会社――たとえばジェーノヴァという都市国家におけるマオーナ（植民地会社）とコンペラ（購買組合）――がそうである。マオーナとは戦時における国家への貸付を軍隊提供によって行い、その担保として植民地経営を獲得したものである。この会社はすでに一二三四年の対セウタ戦役に際して誕生した。次いで一三四六－一五六五年間キーオス島の植民地経営もこの形態で行われた。ここでは出資者の数は限られており、その環の内部で持ち株の譲渡が行われた。これに倣って、十五世紀半ばになると小アジアの明礬、テュニジアの珊瑚、スペインの水銀などの商業化を目的とした諸会社が、二四カラットの純金に倣って会社資本を二四カラット（株、カラート）に分割する形態を選んでいる。カラットは有価証券のように購入という形式をとる。小口の投資家はたとえば四分の一カラットのみを購入することもできる。一方コンペラとは、十四世紀に、ジェーノヴァの公債引き受けの担保として債権者たちに与えられた国有地収入ならびに諸税収入の運用団体である。都市国家側から見れば国家収入の割引をさせる形である。各債権者は各コンペラにおいて株（カラート）を購買して、利子を得ていた。種々のコンペラはやがて一四〇七年に統合され、聖《サン》ジョルジオ銀行となり、資本主義の別の装置をなすにいたる。すなわち十五世紀には一般投資家は、株に替えて、この銀行帳簿に「コロンナ」（欄）をもち、そのなかに「ルオーゴ」（場所）を買って配当益を受け取ることになる。数か月遅れで払い込まれるこの「配当益のリラ」は信用の一形式として支払期限の長短に従って割引の対象となり、相場が発生する。さらに同一帳簿上での振替（書式貨幣）という銀行の一機能がここから発生する。銀行としてのこの会社形態は同じ頃イタリアのほかの都市でも実践されている。

ヨーロッパ各地で共同管理方式をとったほかの多くの経営がこの種の初期の株式会社形態をとっている。投資家と資本運用現場の空間的乖離は拡がるばかりである。それは各種事業（輸入商社、カスティーリャのメスタなど）、財政、船舶、各種施設（水車、精錬所など）、各種鉱山、岩塩坑、塩田などに及び、その持ち株はときに投機の対象とさえなった。トゥールーズの水車所有会社の共有契約者《パリエ》のもつ株《ユショー》は明確な市場をもち、相場がつけられた。この会社は十九世紀まで株式会社として残存している。イギリスのジョイント・ストック・カンパニー（合本組合または合本会社）もこれらと同種の組織として位置づけることができる。単一の企業に出資する全国の商人の組合とも言えるこの形態は、後に株式会社へと発展するイギリス東インド会社（一六〇〇年設立）の前身なのである。一六八八年にジョイント・ストック・カンパニーはイギリスに二四社あった。また一六九二－一六九六年間に株式会社が一五〇社も創設されたという。この株式への熱狂は南海会社のバブル崩壊事件（第四章「ポーズ・カフェ」参照）まで止むところを知らない。

会社組織に関するわれわれの記述はこうして十七世紀にまで下って来てしまっている。国家が資本主義の動きに多かれ少なかれ明示的、自覚的に関与し始める特許・独占会社、特権会社が優勢を占める時代である。それは中央集権が早くから達成され、重商主義的な政策の価値が経験的にも認められ始めたところ——特にイギリス——では、民間のイニシアティヴによる会社発展と前後しながら進行する。その系譜については次章で述べよう。

3　交換の拡充

交換をシステマティックに遮るもの、それは、政治的対立、戦争、災害などの不測・非常の事態を除けば、いつの世にも関税である。中世～近世においては無数の関税——大小の権力の数とほぼ同数ともいえる——がヨーロッパ全土を覆っていた。現代においてもなお関税問題は主要な国際経済マターである。まして本章で扱う時代のヨーロッパ経済は、雁字搦《がんじがら》めの縛りにより、窒息してしまっていたのではないかと想う向きもあろう。しかし特定の時空においてその障壁が魔法のように取り払われる交換の場面があった。定期市（週市と大市、とりわけ後者）である。あたかも水門と運河の関係のように、閉鎖体制は開放体制に一挙に転化される。利潤追求の動機に満ちた人びとは、この限定的な自由貿易の空間と時間を見出しつつ、それらを縫うようにしてヨーロッパ中に商品を行き渡らせたのである。ただし商品も商人も一時《いちどき》に動くという形式は、取引量の増大、交易軸の環大西洋へのシフトに伴い、非効率性を露呈することになる。こうして取引所が生まれる。また行商は中世～近世の交換装置の穴を埋める機能以上のものをもっていた。

関税

関税には収入そのものを目的とするもの（財政関税）と産業政策・貿易政策の一環と見なされるもの（保護関税）がある。近代関税史はおおまかには前者から後者への移行の過程――もちろん両者相並んで進むことも逆転することもあるが――として考えることができよう。経済史の観点からは、それは関税の数、関税領域の広さ、障壁の高さの調整――そしてやがて長期的・世界的には障壁の縮小――の歴史にほかならない。

関税に関する認識と実践の過程は具体的には関税領域の発展と再編の過程としてとらえることができる。関税は定義上一つの政治権力とその領地があって、その境界線を商品が通過する場合に発生するものである。従ってその存在はもちろん古今東西においてあまねく確認しうるものである。概していえば、関税が所領の一部や諸施設（道、川、橋、港、市門、倉庫、市など）の使用手数料ないし反対給付と混同されうるような時代がある。あるいは同じものに対して当該権力（大小領主、教会諸機関、都市など）が多かれ少なかれ恣意的に徴収する通行料（＝通行税）の時代がある。さらに絶対王政の発展とともに、これらの多元的な徴収体系が一本化されて単一の関税領域が明示化されていく時代がある。このように関税領域が拡大してついには国境関税が成立する。関税史上の近代化とは、内国関税の整理による、国境関税の成立にほかならない。このことは当該国内での商品流通の改善、つまりは国民経済体系の確立に直結するのである。しかし国境関税が成立したからといってヨーロッパ全体としての交換の便宜は必ずしも改善しはしない。むしろ閉鎖性は一層大きくなるはずである（これが十九世紀以降の関税問題である）。

中世ヨーロッパは通行税的な関税の時代、徴収事務所（＝税関）乱立の時代といっても間違いはなかろう。十四世紀におけるヨーロッパ諸河川の通行税徴収事務所の数は次のとおりである。ドーナウ川七七、ロワール川七四、ガロンヌ川七〇、ライン川六四、ローヌ川六〇、エルベ川三五、セーヌ川九。ライン川では都市同盟により通行税緩和を画策したが結局失敗に終わっている。ドイツ・ハンザ加盟諸都市間でも通行税は徴収されていた。通行税は徴収権をもつ者の重要な収入源であったため、外地商人に対して特定の道路の通過を強制したり、所領内で落とされた商品（接地物・漂着物）の先取権を行使したりした。中世から近世にかけて関税が網の目のように張りめぐらされていたこと、そして基本的には通行税として徴収権所有者の財政関税の様相を帯びていたことは、とりもなおさずヨーロッパの政治構造、安全保障体系の反映にほかならない。内国関税から国境関税への転換期として描かれる近世・近代の関税史については次章で述べたい。

定期市

F・ブローデルは十五～十八世紀の交換の構造を二つに分けて考察している。下部構造（週市、商店、行商）と上部構造（年市、取引所）がこれである。前者から後者への自動的な移行が発展の道筋であると考えられているわけではない。これらのうち定期市（週市、年市）は近代において、地域差こそあれ、中心的な交換形式であることをやめ、突出してくるのはむしろ商店と取引所である。従って両構造の重層的な併存状態を当時のヨーロッパで実践された交換の形として想定しておきたい。

さて中世の、そして中世から近世にかけての交換の主要な場所（および場面）は定期市であった。定期市は週市（特定曜日ごとに週一回開催される日用品や生鮮食品類の市）、年市（年に一日ないし二日のみ開催される家畜など特定商品の市）および大市（キリスト教の祭日などに合わせて年に数日間ないし数週間開催される遠隔地商品・金融決済を含む市）に分けられる。ここでは大市も年市――しばしば大市は年市の発展したものである――に含めて考える。

交換の構造

上部構造（年市、取引所）
下部構造（週市、商店、行商）

まず週市（market, marché, Markt）は最も基本的な交換の場である。A・スミスの時代にも「交換の最も大きな部分」であったし、現代においてもヨーロッパ各地に原風景に近い形でしっかりと存続している。農民であれ、都市手工業者であれ、生産者と消費者の姿は相互によく見えている。従って「公正価格」から大きくはみ出せない交換の領域である。ブローデルによれば週市参加者の移動半径でつくられる生活領域の境界線は分水界のようにヨーロッパ全域を網の目のように細かく区切っている。週市は村からは十五世紀あたりから消え、きわめて都市的な現象となるが、この週市開催都市を核として無数の細胞が息づいていたのである。都市と農村の商品交換の場として機能する週市は、人びとを貨幣経済に馴染ませ、財産の商品化の動きを助長する。ときに週市は常設市場（hall, halle）として週二、三日（ただし十八世紀からは毎日）開かれるようになる。週市の競合者は「私的な市」（商人による市場迂回、先買い）、商店、行商人である。

大市

年市（fair, foire, Messe）は「広場」（forum）、「祭日」（feriae）、「ミサ」（missa）などを語源とし、キリスト教と深いつながりをもって発達した。ここではそのうち規模の大きな大市について見てみよう。大市では一年のうちの特定期間（場所によってまちまち）に通行税その他の税が免じられ、商業の安全が保障される自由交換の場面となる。大市に出入りする商人は公権力によって旅行滞在許可証を授けられた。中世で最もよく知られていたシャンパーニュの大市は、実際には近接し合うトゥロワ、プロヴァン、ラニー、バール＝シュル＝オーブの四都市で一年間にのべ六回開かれた。それぞれの開催期間を合わせると年間およそ二五〇日以上となる。ある意味では常設市場に近いといえよう。リヨンの大市は同じところで年四回開催された。そのほかヨーロッパ的に有名な大市開催都市は、シャンパーニュに替わって発展するジュネーヴ、ブリュッヘ、アントウェルペン、イタリアではジェーノヴァ、ピアチェンツァ、ドイツではフランクフルト、ライプツィヒ、ロシアのノヴゴロト、スペインではメディナ＝デル＝カンポなどである。商人たちは年間の大市カレンダーに従って——さらにこれに週市、年市を組み合わせながら——渡り歩いていくわけである。大市の特徴は何よりも大市が地域間交易のみならず国際的交易の場であり、生産者と消費者の関係、売り手と買い手の関係において匿名性が入ってくるという点である。週市的機能を含みながらも、ヨーロッパ内外の遠隔地商品の売買が中心となる。決済はしばしば為替手形で行われるようになり、大市の日付けが決済期日となった。一種の自由貿易主義がいわば点と線で確保されているわけである。最後に、大市は情報交換の場である。人やモノの移動時間が長かったこの時代にあって、国王の代替わり、教皇の病、近づく戦争、甲の地の凶作と乙の地の豊作などビジネス・チャンスにつながる材料は大市の商人のひそひそ話のなかにころがっている。情報に疎いものは商戦からはじかれる。

大市の研究は特に前工業化時代の経済活動の実態と特徴を知るのに直接・間接的にきわめて重要である。大市に集まる商人、商品、貨幣の違い、その移動半径、輸送手段などの分析は通商圏の特定化・類型化に役立つ。大市の開催される都市は大・中規模都市であり、しばしば司教座がおかれている場所である。そして週市よりずっと大きな円周をもつ細胞としてヨーロッパ全土に遍在した。開催権、課税権、裁判権の所在、売買・為替の形態を追うことで、ヨーロッパ経済の空間的多様性や時代的な変容のようすを窺い知ることもできよう。ちなみに定期市の社会史的側面も見逃せない。週市より大市においてその重要性は大である。まず大市は特定期間中、都市・農村間の商品の交換とは別の次元の結び合いの場として（宗教的儀式や諸団体の慣習的儀礼、刑の執行、見せ物・娯楽の場）も現れる。大市はこのように交換の場として制度的に中世的な共同体的日常生活のなかに組み込まれているだけではなく、都市・農村共同体の非日常的な祝祭空間、ハレの空間である。遠隔の地の異人・異文化や珍しい商品と出会う情報センターに早変わりするのである。

大市の衰退

大市は近代が進むにつれて衰退に向かう。なぜか。大市の隆盛は政治・経済の分権的構造を反映するものであり、力をつけた王権が内部関税の撤廃や対外的な自由主義を採用するにつれて、一時的特権解除の空間は存在意義を失ってしまうからだ。ただしもちろん王権の伸長は必ずしも大市の破壊につながるわけではない。フランス国王はブリュッヘやアントウェルペンの大市に対してルーアンやカンのそれを、ジュネーヴに対してリヨンを手厚く支持してさえいる。むしろ特定の期間、特定の場所に大量の商品と商人を移動させるコスト高そのものが、時代の与件の変化とともに、欠陥として露呈する。十六世紀以降の交易軸の大西洋岸への移動に伴って顧客や港町に近い場所に倉庫業が発達したこと、そして大市と併存していた取引所という別の交換の場が次第に有効性を発揮し始めたことが大きい。商人が集まる会所のようなものは地中海諸都市に十四世紀にすでにあった。だがブリュッへの貴族ヴァン＝デル＝ブルス（Van der Burse）の館が本来的な取引所の嚆矢となった（十五世紀初頭）という説が有力である。広場に面した同館の正面に三つの財布（Burse）をあしらった紋章が飾られていたところから取引所をブルスというようになったという。取引所の機能は、ブローデル流に言えば「大市の最上階」にあたり、卸売業者と仲介業者が雑多に入り込んで商取引、手形交換、出資分担、海上保険の設定を行っている商品市場（ただし見本取引であり、商品は別送される）、金融市場、証券市場にほかならない。アムステルダムにおいて文字通りの証券市場ができあがる十七世紀以降になると、中核的な交換の場としての大市の存在が急速に色あせていく。ただし局地的なレヴェル（たとえば大革命前夜のフランスに大市はなお大小合わせて約五〇〇〇もあった！）、ないしは世界システム的な環から外れているところ（たとえばロシアのニジニ・ノヴゴロトなど）ではなお十九世紀ないし二十世紀までも大市はその役割を全うするのである。一方、大市衰退の過程で、中世来融合していた卸売と小売が分離し始める。小売店の増加はめざましい。十九世紀の百貨店の出現はこの延長線上にある。だが飾りつけ、ショウウィンドウなど独自のスタイルをもって登場する百貨店は、その百貨性（多様性）、非日常的、文化的空間としての意義を大市から継承している。常設の大市ともいえなくない。

商店、行商

定期市がその名のとおり非連続性をもつのに対して、連続的・恒常的性格の強い交換の場が他方で商店と行商によって提供される。もとより中世の手工業者（パン屋、肉屋、靴屋、鍛冶屋その他）は生産者であると同時にその生産物の小売店主であり、軒先の窓は小売台に早変わりしていた。これも商店に変わりはない。また卸売商人、各種商人、雑貨商、薬屋、質屋、古着屋、金融業者、そして近世では宿屋、居酒屋などはある意味では常設店舗の経営者であった。取引量の急速な拡大、交換スピードの加速化、第三次部門の拡大に伴い、この形式の交換の必要性が増大していく。しばしば信用（掛け売り）が用いられたこと、固定客との間あるいは顧客どうしの間のコミュニケーションの場、ソシアビリテ（社会的結合関係）の「小劇場」としての機能をもったことが商店の近代的成長を可能にした。近世には高級品を扱う商店が出現する。

一方、歩く店舗とでもいえるのが行商である。遍歴商人の名残、「かつて何世紀もの間正常な形態であったものの生き残り」（ブローデル）ともいえるが、中世から近世にかけてきわめて有力な売買機能を果たした交換形態（今日にも一部になお残る）である。多種多様な商品を首に抱えて供給網の間隙部分をゲリラ的に埋めるだけでなく、積極的な市場の開発・拡大の役割をも担っている。正規の市場形式をくぐり抜けるこの形態は定期市や商店など既存の媒体に脅威ともなりうる。ただし行商は後者と競合しただけではなく、ときにこれを補完する場合もあった。大商人・卸売商人から売れ残り品を捌くことを委託されることもあったからである。一方行商人は、社会史的にも興味深い存在である。それは農村など既成の共同体における「他者」へのまなざしとの関係で語られる。すなわち行商人は商品だけでなく、移動祝祭日の載った暦や大衆読物を農村にもたらす文化と情報の伝達人である。そのことは定住の人びとに流れ者に対する好奇と侮蔑の両義的な態度を生んだ。盗みや詐欺師――近世には路上の人びとが溢れるようになり、行商人はしばしばこれらと混同されるほどまでに放浪集団のなかに埋まっていた――の汚名が着せられやすかったのも同じ心性に起因する。

4　企業家の誕生

企業家と企業家精神の誕生をめぐっては、M・ヴェーバーの『プロテスタンティズムの倫理と資本主義の精神』（岩波文庫）の影響力ははかり知れないほど大きかった。テーゼの斬新さはなお知的光彩を放っている。とはいえ宗教改革諸派の教義を支持し、実践した人々の間にどれほど資本家的な精神を見届けることができるかについては議論の分かれるところではある。中世はカトリックの世界である。企業家ないし起業家は中世にいたのか。いたとしたらその将来性についてはどう考えたらよいのか。というのもモノの生産と関連した企業家精神の発現に関しては経済史上ゴティックで強調さるべき厚遇を許してきたのに対して、商人や金融業者系列の実業家は工業化過程には連接していかない後ろ向きの存在として描かれることが多かったからである。中世ヨーロッパの実業家の系譜は途切れてしまうのだろうか。

実業家の出自とライフ・サイクル

われわれは拓かれた地平をもつ実業家（商人、金融業者）群にあえて企業家の名を冠しておきたい。かれらはどのような出自をもち、どのような一生を送るのだろうか。そのリクルートとフォーメイションは基本的には家族・同族の絆の枠内で行われる。手工業者の場合と同様、物心つく齢に達すると商人の子息は、商いについての様ざまな実習経験を積むために徒弟奉公に出される。徒弟契約が切れる頃になると、「思慮深い実業家ならその子供が一二ないし一四歳になったら絶対やらせたいと思うもの、すなわち旅の用意を整える」（J・ファヴィエ）。出発の年齢、行き先は様ざまであるが、少年期の子供は数十年間、草枕の旅を続ける。あるいはさほど長くない旅を頻繁に繰り返す。フィレンツェのブオナッコルソ・ピッティは一七歳（一三七二年）で人生のその道程に入り、アルプス以北の地（ロンドン二回、ブリュッヘに五回、パリに一五回、その他マインツ、ハイデルベルク、ミュンヘン、ブダ、ザグレブなど）を歩き回った。生地で身を落ち着けたのは四二歳である。モンゴルへの大旅行を行った有名なマルコ・ポーロは商都ヴェネーツィアにおいて突然変異として出てきたわけではなかった。父と叔父に同行したにすぎない（「ポーズ・カフェ」参照）。こうした長旅自体も平均的なヴェネーツィア商人の行動パターンから外れていなかった。一七歳で出発し、帰国したときは四一歳であった。

親が急死したような場合には、手工業者ギルドでは親方どうしの連帯によって子供の職業形成を最後まで支援する。これに対して商人の世界では、孤児のためには親の遺産が確実に教育に使われるようはかられるのみである。しかるべき年齢になると雇用機会は与えられたりするが、しかしかれはほかの若者と同じスタートラインに立っているだけであり、親の代の好位置を保障されたりはしない。自ら商いの新地を切り開くしかないのである。

さて若者の長旅は都市社会において一つの義務とさえ見なされていた。かれらは経験を積まされるだけでなく、駐在員、代理人、通信員としてしっかりと親元の企業組織に組み込まれていることが多い。また最も初歩的な会社形態において、上述のように、いわゆる能動的な商人として現実の経済に深く関与していた。外地にいるかれらはときに家元のみならず、もっと公の立場をもたされることもあった。たとえば一三八〇年にリューベックはドイツ・ハンザの外地商館であるベルゲンに向けて「ベルゲン旅行者」団を組織している。これは旅行参加者の一部に若輩の見習商人を組み入れている。商旅行、そしてある意味では人生の長旅が終わったとき、豊かな富と経験を積んだかれらは都市の政財界においてしかるべき役を果たし、多かれ少なかれ出資者として経済界にとどまるのである（ポーロは帰国後不遇の身となったが）。

他方、実業家はもちろん実業家の家系からのみ補充されるわけではない。奉公人として同族系の会社に入っていき、代理人、駐在員としての一定の資質、適性、実績を評価されて、自分の代かられっきとした実業家に転身する者も少なくなかった。下積み時代にたくわえた知力、人脈、情報、一定の資金力を背景に社会的上昇を果たすわけである。既存のコンパニーアも、たとえばメーディチ家のそれのように、系列会社に出自は取るに足りなくとも有能な若者を抜擢採用することにためらったりしない。偶発的とはいえ、結婚が上昇の近道を提供することも大いにありえた。

カトリック世界の企業家の群像

中世の企業家を語るときメーディチ家、フッガー家、ヴェルザー家などはあまりにも有名であり、しばしば教科書にもとりあげられている。ここではわが国ではあまり知られていない中世におけるカトリックの企業家または企業家的人士の例をいくつか挙げておこう。

フィレンツェ人グイーディ＝フランツェージ兄弟は十四世紀にパリで巨万の富を築いた。すなわちパリでビーシュとムーシュと呼ばれたアルビッツォとムッシャットはフィリップ美王のとき、国王のおぼえめでたき財務顧問となり、その地位を利用して造幣権の独占、シャンパーニュ大市の徴税請負、その他諸々の商業・金融上の好情報を手に入れる。「ビーシュ会計報告」と「ムーシュ会計報告」を提出したりして王国財政を牛耳るところまで進む。しかし十四世紀初めには内部競争の激化に伴い破産してしまう。フランスのブールジュ出身のJ・クール（一三九五頃―一四五六年）は、レヴァント貿易での利益や王国官僚筋との結婚を通じて社会的上昇を果たし、シャルル七世の政商にして経世家となる。エジプト、レヴァント地方、インドに三〇〇人もの代理人を配置し、種々の商品をそこからモンペリエ経由でフランスに輸入した。貸付を通じて国王に取り入り、財務官僚となった。財政改革（恒常的な王税の創設）、王国常備軍の創設、エジプト領スーダンやデンマークとの通商条約締結に一役買った。また製紙用水車や製塩場、銀鉱を購入し、生産者としても立ち現れた。貴族位を得たが、その後宮廷での嫉視から失脚する。ドゥーエ市民ジャン・ボワヌブロク（一二八五年没）は富裕な毛織物商で、後に同市の市参事会員となった。手工業者を組織的に働かせ、高利貸しも営んだ。かれの死後、その悪辣なやり方に対する手工業者や債務者の不平の声が上がった。北方ではリヴォニア地方のレーヴァル出身のヴェキンクフーゼン兄弟はソキエタース形態で事業を組織して、十四世紀末にリューベック、ブリュッヘおよびヴェネーツィアを拠点に北ヨーロッパの交易圏で活躍していた。かれらはリューネブルクの製塩所の一つを所有したり、神聖ローマ帝国皇帝ジーギズムントに貸付を行ったりしているのである。

イタリア人のモビリティ

中世末から近世にかけて商品の流通回路はヨーロッパ一円のものでなくなり、交易の磁場が変動する。金と香辛料を求める冒険のエネルギーは、東ローマ帝国がオスマン゠トルコに滅ぼされた一四五三年以降、ジブラルタル海峡を越えて西の大洋に向けられる。そして長く危険な大航海には当然高度な知識と巨額の資本が求められる。それを引き受けるのはもはや個人企業や都市国家の小さな商人団ではないだろう。ポルトガル、スペインの時代が到来するのである。だが中世の商業上の技術革新の主たる担い手であったイタリア人は十六世紀以降消えてなくなるわけではない。商業上の与件の変化に合わせて新たな地平で生きる者も数多くいた。

アメリカ大陸へのアクセス過程でもイタリア人が一役買っている。アメリカ発見のクリストーフォロ・コロンボ（＝コロンブス）がジェーノヴァ出身だったという事実だけではない。同じくジェーノヴァ出身のジョヴァンニ・カボート（＝カボット）はイギリスのヘンリー七世の特許により大西洋を渡り、アメリカ北東海岸沿いにニューファウンドランドやケープ・ブリトン島近くまで航海した。そしてこれをアジア北東部と思い込み、いま少し西南方面に行けばマルコ・ポーロのいうジパング（黄金の島）があると信じた。もっともヨーロッパ人たちはこれに勝るとも劣らないエルドラド（黄金郷）をやがて中南米において発見するのだが。フィレンツェ人のアメリーゴ・ヴェスプッチはカボートが北東アジアと信じたところを別の大陸だと主張した。アメリカの語源がかれの名にあることは有名である。また人のみならず、もちろん資本もモビリティを失しなかった。リスボンに定着したイタリア商人たちは、クレモナ出身のアファイタディ家のように、ヴァスコ・ダ゠ガマによって開かれた東インドとの香辛料貿易に食い込んでいった。

一方カトリック系イタリア人のライン川流域諸都市への進出も見逃せない。名前の語尾が-iや-oで終わる有力市民の数は多い。たとえばフランスの国境沿いのストラスブールでは十六〜十八世紀にユグノーやカトリック系の企業家的人士を多数輩出している。後者のうち政界にまで名を残したイタリア系有力市民をしばしば確認することができるのである。

宗教改革と資本主義——その一

北ヨーロッパ人の心性はカトリック的な南ヨーロッパ人のそれに対して謹直なプロテスタンティズムに関連づけて比較されることが多い。宗教改革→資本主義的企業家の誕生という図式より、むしろ逆に、既存の企業家こそが宗教改革を選び取り、受け入れたのだとする説もある。この主張は説得力がないわけではないが、フランス南部やイタリアにさえ多くのプロテスタントがおり、これらが大量に北に移動したという事実も忘れてはならない。またヴェーバー批判のなかには、プロテスタンティズムの属性である禁欲、節倹、勤労から出てくる資本蓄積の契機だけでは、ヨーロッパ近代の生産・消費の拡大均衡的な原理は説明できないとする立場もある（川勝平太・佐伯啓思『静かなる革命——ポスト近代の志』リブロポート）。十六世紀は消費性向や飽くなき欲望が解放される時代の幕開けでもあるというわけである。

いずれにせよプロテスタントのなかに、そして特にその亡命者のなかに多くの企業家的分子が含まれていたことに間違いはない。カルヴァンの祖国フランスでは激しい宗教戦争が内戦に近い形でたたかわれた。ナントの勅令（一五九八年）はユグノー（カルヴァン派信徒）の自由をいったん認めたがルイ十四世によってこの勅令は廃止された（一六八五年）。この一連の動きのなかで結局亡命者は夥しい数に上った。かれらはネーデルランド、スイス、ドイツ方面へ移動した。またスペインの宗教迫害は当時のヨーロッパ経済の首都アントウェルペンに及び、北ネーデルランド、イギリスへの大量亡命を引き起こした。亡命を通じて北方に移った人的資源はたしかに商業や生産の組織の仕方、対象品目に新奇物をもたらしたのである。

〈参考文献〉

諸田実『ドイツ関税同盟の成立』有斐閣、一九七四年
J・ル゠ゴフ「教会の時間と商人の時間」（新倉俊一訳）『思想』六六三号、一九七九年九月
朝倉弘教『世界関税史』日本関税協会、一九八三年
C・M・チポラ『読み書きの社会史――文盲から文明へ』（佐田玄治訳）御茶の水書房、一九八三年
C・ウォルフォード『市の社会史』（中村勝訳）そしえて、一九八四年
大塚久雄『株式会社発生史論』大塚久雄著作集第一巻、岩波書店、一九八五年
G・ハルダッハ、J・シリング『市場の書――マーケットの経済・文化史』（石井和彦訳）同文舘、一九八八年
Ph・ヴォルフ『近代ヨーロッパのあけぼの――中世の秋から近代の春へ』（山瀬善一・尾崎正明監訳）晃洋書房、一九九三年
E・グリーン『図説　銀行の歴史』（石川通達監訳、関哲行・長谷川哲嘉・松田英・安田淳訳）原書房、一九九四年
J・ファヴィエ『金と香辛料――中世における実業家の誕生』（内田日出海訳）春秋社、一九九七年
友岡賛『株式会社とは何か』講談社現代新書、一九九八年
金哲雄『ユグノーの経済史的研究』ミネルヴァ書房、二〇〇三年
須永隆『プロテスタント亡命難民の経済史――近世イングランドと外国人移民』昭和堂、二〇一〇年
山田雅彦編『伝統ヨーロッパとその周辺の市場の歴史』（山田雅彦・原田政美・廣田誠編『市場と流通の社会史　全三巻』第一巻）清文堂出版、二〇一〇年

Pause-café

◇ポーロとコロンボ◇

マルコ・ポーロ（一二五四―一三二四年）とクリストーフォロ・コロンボ（＝コロンブス、一四五一？―一五〇六年）。両者の生きた時代は二百年近く隔たっており、地球に関する認識は大きく変わっている。コロンボのとき地球は丸いことがすでに船乗りの常識になりつつある。この間航海技術も交換の規模も格段の進化を遂げている。だが二人の共有する部分がある。冒険心である。ポーロが動いたヴェネーツィア・北京間の距離も、コロンボが動いた西インドまでの距離も心理的・技術的な意味でそれぞれの時代の常人の感覚からすればはなはだしく大きい。この冒険心はどこから来るのか？二人ともイタリア人であり、海の心性、地中海の心性のなかで職業のフォーメイションを終えた。ポーロはヴェネーツィア、コロンボはジェーノヴァの出身だが、ちょうどイタリア諸都市の黄金時代の両端に居合せているところが興味深い。その間インドに長期滞在したイタリア人もいた。ジェーノヴァ人はアフリカ経由のインド行き――失敗に帰したが――をバスコ・ダ＝ガマより二〇〇年も早く試みている。冒険の糸はポーロとコロンボの間で切れてはいないのだ。

　さてポーロは、父と叔父に伴って四半世紀間（一二七一～一二九五年）の長きにわたって中国への「旅」をし、汗（ハーン）に厚遇を受けた。出発のときマルコは一七歳であった。修行の旅に出る齢である。父と叔父は二度目のモンゴル行きであり、ある意味でこの種の長旅はヴェネーツィア商人にとって少しも珍しくない行動である。冒険的商業はこの都市の商人のルーティンのなかにセットされ

ていた。コロンボは十五世紀後半からヨーロッパ人の心をとらえた探検と長距離航海の流れに棹さしている。スペインのイサベラ女王に取り入ったかれは一四九二年八月に三隻の船でパロス港を発ち、翌年三月に帰港した。コスト高となった大航海のためにイタリア人の多くが西ヨーロッパの諸王にスポンサーを求めている。そういう時代である。

ポーロは相対的に進んでいるとかれ自身思った文明に触れ、コロンボは反対にかれ自身後れていると感じた文明に触れた（真の文明に触れ、これらを滅ぼすのは後のコルテースやピサロである）。ポーロが過ごした四半世紀間は飛躍的進歩を遂げた宋代文化を継承した中国文明との接触、そして帰路とした海路は当時世界で最も豊かであった東南アジア交易圏（イスラーム商人と中国商人が活躍する）の実見の機会となった。その記録は『東方見聞録』と的確に訳されているが、実題は『世界の実話』である。驚きは誇張した修飾語を着せられている。この書が『百万』（イル・ミリオーネ）と呼ばれた所以である。一方コロンボの見た「インド」はまさしく後れた地域の「発見」であった。ポーロが見聞のみを伝え、財産は盗難に遭って結局何一つもち帰らなかったのに対して、コロンボは将来のヨーロッパ人のアメリカ支配を暗示する珍品もさることながら、何よりも中世的宇宙観をくつがえす思想的転換のきっかけをもたらした。西へ西へと進んで「インド」へ到達したと信じることにより、地球が文字通り一つの球であることを実証した形となったのである。

他方、人とモノの地球的規模でのモビリティの高まりは、皮肉にも、もう一つの思いがけないモビリティを生んだ。疫病である。アジアから黒海北岸の港町カッファ経由でヨーロッパに入ってきたというペスト（黒死病）はイタリア商人の踏み固めたルートを伝わってきていないだろうか。一方、コロンボのアメリカ到着後に続いたスペイン人征服者たちは、戦闘とは別のやり方で、既存の帝国先住民の大量死――ペストに対するお返しというにははるかに規模が大きかった――をもたらしたという。天然痘をはじめとするヨーロッパの疫病が免疫のない先住民に襲いかかったのである。

第四章　ヨーロッパの「分裂」
——国民経済の胎動

中世の生産システムはその経済的与件——生産技術の水準、需給均衡の規模——においては多かれ少なかれ合理性をもっていたが、中世後期から近代への移行期における新たな次元と組織原理をもった企業にとって、むしろ規制体系として立ちはだかる。ヨーロッパ的地平、世界的地平に目覚めた実業界の一部はこれを少しずつ突破するしかない。ヨーロッパ各地に澎湃と起こるこれらの新しい企業の波はそれ自体ヨーロッパの分裂を惹起するどころか、むしろ後者の全体的躍進のための前衛的な任務を帯びているようにさえ見えた。

ところが十六世紀以降特に明確になる王国財政の国民化の過程と並行して、重商主義というもう一つの規制体系が現れる。たしかにそれはしばしばギルドに代わるもう一つの障害ともなった。もとより、経済的自由主義を唱道するアダム・スミス以来の古典派経済学者たちが挙って批判の対象とした結果、重商主義は絶対王政とともにアンシアン・レジームの一セットとして政治経済史上否定的な語り口で扱われることが多かった。ところでそれはある意味では二十世紀の統制経済主義（計画経済さえも含む）や開発独裁——それらの功罪はここでは論じないとして——そのものだともいえる。強烈な富国強兵のイデオロギー、次いで国民経済的再生産装置の構築に

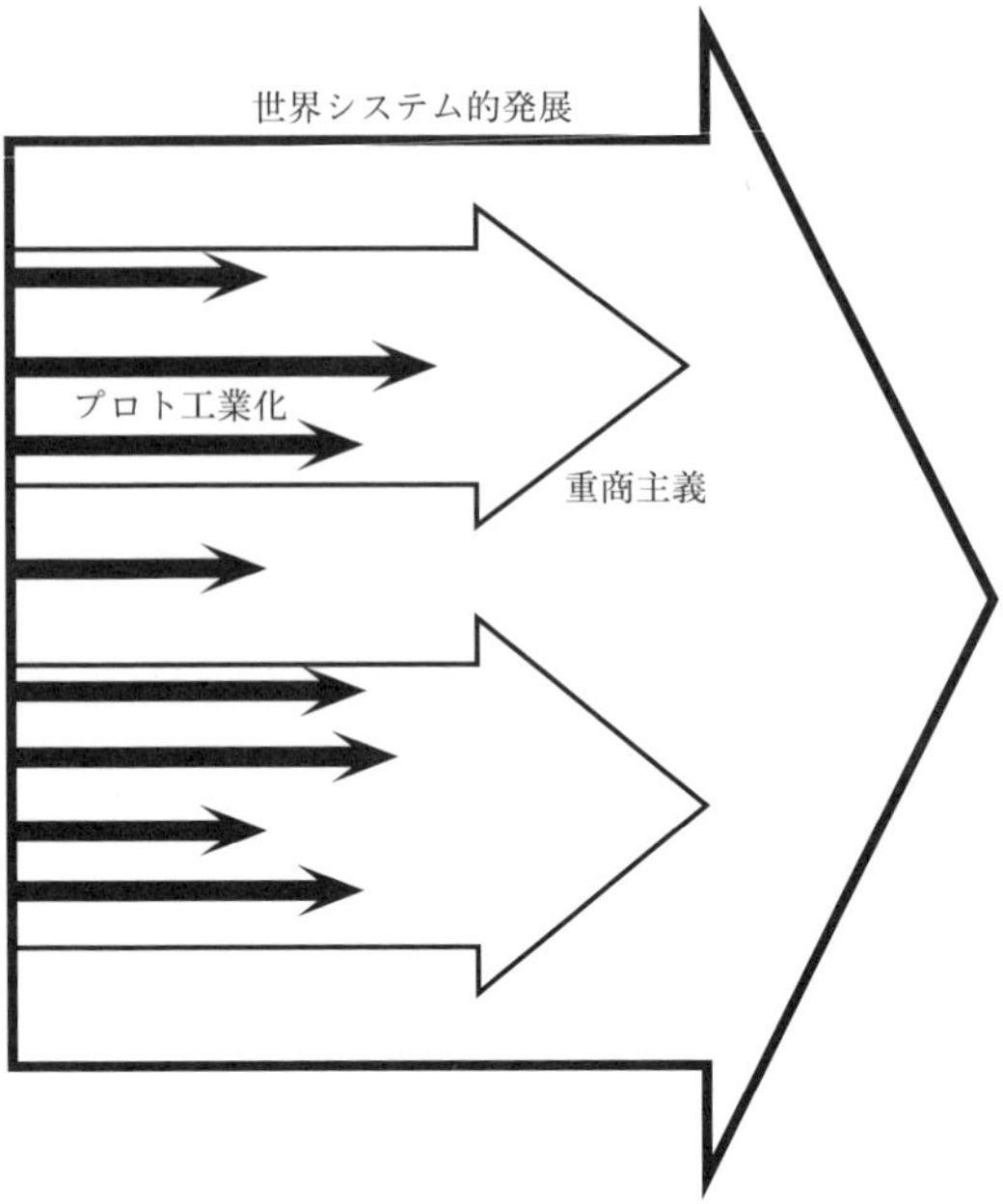

図3　工業化に向かう三つのヴェクトルのイメージ

対する願望がヨーロッパ中を席巻し、ヨーロッパ経済の「分裂」の種となっていく。しかし実のところ国家内部においては、その規制体系は必ずしも否定的にのみはたらくわけではない。それはしばしば民間の経済的なイニシアティヴをあるいは吸収し、あるいは阻害しつつ、最終的には国富増進の大義の下に工業化に向かうすべてのエネルギーを束ね上げてしまうのである。

他方、ヨーロッパはいわゆる大航海時代以来世界の地域経済にアクセスすることになる。それまで非ヨーロッパ世界との貿易収支が入超であり、消極的な立場に立たされていたヨーロッパが、いまや世界経済を再編成するという積極的な役割を演じることになる。システムとしての世界経済においては集団核としての地位におさまりつつ、その集団の内部では競争が激化する。一方世界経済の方も目に見えない力で自己増殖運動を繰り返していく。

本章では工業化の三つのヴェクトルを考え、

十六世紀から十九世紀初頭までのヨーロッパの経済進化のパノラマを描き出したい。すなわち、地域、国家そして世界という枠組みを工業化の三つの次元として措定し、それぞれの次元で作動するミクロ・システム、マクロ・システムそしてグローバル・システムという三つのヴェクトルの相互作用・合成の総和としてこの「分裂」開始の時代をとらえるわけである（図3参照）。基本概念はそれぞれプロト工業化、重商主義、世界システムである。工業化、産業主義への道はサン＝シモンの時代のみならず初発から分裂と再編成の連続なのである。

1　プロト工業化の始動

十六世紀頃から、否、中世末期からすでに、工業部門に新たな生産組織が生まれる。工業化過程における生産組織面での進化は普通、ギルド制手工業→問屋制家内工業→マニュファクチャー（工場制手工業）→工場制（機械制工業）という筋道で語られる。そのうち最も重要視されているのはマニュファクチャー→工場制の部分であり、その転換点は産業革命によって画される。それは技術革新の目覚ましさ（機械とそれを中心とする生産ラインの可視的なプレゼンス）と、その結果としての生産性ならびに生産高の急激な数量的増大に目を奪われるからである。従ってそれは経済史上の一大事件であり、経済近代化の終着駅にも等しいものとして扱われてきた。しかしわれわれにとっては、ギルド制→問屋制家内工業の変容過程もこの変容過程と同じほどに、いや場合によってはそれ以上に、重要である。なぜならギルド制はより安定的な需給構造のなかで合理性を発揮できる規制体系に属するのに対して、問屋制は、その「前期資本」的、商人的性格が常に強調されてきたものの、本来的には利潤追求を行動原理とする開放体系に属するからである。最初の変容を内包的（＝質的）発展、最後の変容をむしろ外延的（＝量的）発展とするのは暴論だろうか。いずれにせよ工業化の初期の部分を問題にするのがプロト工業化論である。

初期工業化論の系譜

農村がより自給自足的であった頃、工業（より正確には手工業）も農村にあった。中世都市の成長とともに農工分離、農村・都市による分業関係が進み、工業は都市的な生業となる。そして中世末から近代にかけて今度は再び農村工業が浮上してくる。人口増加に伴う工業製品需要の増大にもかかわらず、ギルド規制が厳然と継続された場合、都市においては親方になれない職人の数が増加する。かれらは職人ギルドを結成して地位保全と労働条件の改善を要求するようになるが、いずれにせよ中世的な生産装置のなかで相対的に過剰な存在となってしまう。都市の企業家（しばしば商人、そして一部の親方）は早くも十三世紀からこのような多かれ少なかれ熟練度の高い労働力（親方、職人、徒弟、場合によっては女性労働力）をいわゆる前貸問屋制（putting-out system）の形で組織化し始める。一方、ギルド的禁制の及ばない非特権地帯である農村部において、従来の半農半工と都市からの逃亡職人を中心に自立的に、または問屋＝商人のイニシアティヴの下に、農村工業が発達する。この現象は、場所が都市であると農村であるとを問わず、そして企業主体が誰であるとを問わず、モノの生産に関する既存の常識を打ち破る動きであった。初期資本主義と呼ばれた所以である。

もとより資本主義は伝統的経済のなかでいつどのように胚胎し、成立するか、といった問題は一世を風靡するプロブレマティクであった。それは中世からあったということは不可能ではない。たとえば十四世紀からすでにフランドル地方やフィレンツェ、そしてライン川を南へ遡りつつスイス方面へと拡大する毛織物地帯には、輸出向け生産を前提とする商人＝企業家とそれを支える手工業者（ギルド成員あるいは親方になれない職人を含むいわゆる出来高払工）ないし半農半工の農村の人びとが有機的に結合している。「地方的市場をもつだけの小規模の工業にあっては、工匠［＝同職］ギルドによる経済統制が資本主義的発展を阻止したけれども、都市により、また工業によっては、工匠ギルドの存在の有無にかかわらず、資本主義はつとに発展を開始できた」（小松芳喬『西洋経済史講義』）。都市当局の役割も品質維持や価格安定化などの経済的な安寧秩序の指揮者から、場合によっては、都市の困窮層や浮動人口の救済、犯罪者予備群の事前チェックという社会政策的観点に立つ企業誘致者に変化することがある。もちろん、新たな組織形態は制度疲労の色濃いギルドの反抗に遭ってつぶされてしまうことも多かった。しかし場合によっては後者の寛容な対応に恵まれたり、その規制の枠内で外延的に発展する余地も与えられる。ストラスブールにおけるように、近世になると市の特権を付与した形で輸出工業とギルド制が再結合される場合もあったのである。最近の研究では問屋制とギルドは必ずしも対立的にのみとらえられるべきではないとする見解が有力である（たとえば佐久間弘展氏「同職組合と問屋制度」『史観』第百三十二冊）。

局地的市場圏モデル

新生の企業家は従ってたしかに初発からきわめて都市的で、商人的な特徴をもっている。他方、そのような規制的な土壌からは本来的な資本主義は生まれないとする立場もある。近代資本主義の胚芽はむしろ非特権地帯から、すなわち農村部において自由な工業活動を保証された中産生産者層から出てくるのだとする考えである。わが国では大塚久雄氏のいわゆる局地的市場圏モデルがあまりにも有名である。これはイギリスにおける農村工業の広範な発展を例にとり、これを産業資本の歴史的形成過程、つまりは原始的蓄積の基礎過程としてとらえようとしたものである。この発展には一部の農民の営む手工業が副業から本業に転化していく場合、農村に逃れた都市の手工業者や小親方が問屋制支配から解放されて自由に生産を行う場合の二通りがあった。こうして中世から近世にかけて「ほぼ数カ村を含むような局地内に、諸種の手工業者たちが農民たちと混在し、彼らのあいだで生産物の売買が行われ、互いに販路を提供し合っている」空間が現れる。これが局地的市場圏である。これがやがて地域的市場圏、国内市場へと分業空間を拡大して産業資本の全面的な展開となるわけであった。このモデルについては種々の批判が行われてきたが、特に本節との関連で重要なのは商人ないし都市経済の脱落、問屋制の軽視である。これらはまずもって中世経済的な要素であるとして資本主義発達史の後景に押しやられている。

プロト工業化モデル

プロト工業化モデルは同じ農村工業を問題にし、やはり地域的分業の空間モデルを呈示しているが、商人資本の叙述に関して禁欲的ではない。逆に商人＝企業家の存在はモデルの前提となってさえいる。これはむしろ大陸での史実に即したモデル措定といえるかもしれない。「プロト工業化――工業化過程の第一局面」という論文（一九七二年）で同モデルを最初に提唱したF・メンデルスはそのケース・スタディをフランドル地方においていた。そこでは市場や情報を把握し、有機性の低い資本構成（原料・半製品・受取勘定）をもって十分に農村工業による生産の企画力をもつ商人＝企業家は不可欠の存在であった。

すなわちプロト工業化の指標は次のようなものである。第一は手工業が家内工業の形態で農村に広く展開しているということである。第二は、この農村工業はその製品販路先として地域市場のみならず、域外市場ないし外国市場をも前提としてもつ。市場向け生産、従って生産者と消費者の相互の匿名性がこの生産形態を中世の単なる顧客向け生産から隔てるものである。第三にその市場の性格上、数量化・情報収集に長け、拡がった地平で物事を決する企業家（しばしば大商人）の介在とリーダーシップが必要となる。第四にプロト工業は新たな雇用創出を通じて慢性的な過少雇用の問題を解決する。すなわち中世来の伝統的な人口の自動調節システム（人口増加↓相対的な土地不足↓食糧と人口の不均衡↓人口減少）を崩壊させ、自立的な家計数を増やして不可逆的な人口増加局面を招来する。人口指標として具体的には結婚年齢の低下、出産率の上昇が確認される。そして第五はプロト工業化に固有の地域的な分業の成立である。すなわちプロト工業が展開するところでは近傍に生産性の高い商業的農業地域（原料・食糧の供給地）が存在し、補完・統合関係が確認される。

プロト工業化と本来の工業化

こうして大塚モデルと同様に局地的な規模で伝統的な生産システムとルーティンを打ち破る核が、十七世紀以降――あるいは十六世紀からすでに――ヨーロッパのあちこちに細胞をつくり始める。このプロト工業化モデルは時間的には工業化の第一局面として考えられる。第二局面（＝本来の工業化過程）の前史にほかならない。営利追求の性格という観点からこのモデルは、あるいはむしろ、中世にすでに存在した前貸問屋制から連続する形態としてとらえられるべきである。一種合理的な経済社会システムである中世都市は最も発展した段階に到達した瞬間に危機を迎える。零落した親方、相対的に過剰となった都市人口をどうするか。これらを一部吸収していく前貸問屋制は一面、システムの危機の救済者として出てきているのである。一方空間的には、プロト工業化は国家（王国、諸邦）の内部、周辺または複数の国家にまたがって――あるいは国家とは無関係、無媒介的に――地域的に展開する。

ところでこの動きは本来の工業化の必要条件であっても必要十分条件ではない。ヨーロッパのこの時期に叢生したプロト工業化地域のうち、場合によっては挫折するところもあった。プロト工業化はある意味では中世の規制システムをかいくぐるところから出発している。企業主体の観点からいえば、民間のイニシアティヴから湧き上がってきたものである。だが十七、十八世紀には重商主義というもう一つの規制システムに遭遇せざるをえない。なぜならこの時期、次節に見るように、国家が最有力の経済主体となっていくからだ。民間の、地域における工業化に向かうイニシアティヴは国家の、中央における経済政策のスタンスとは必ずしも相容れない。たしかにイギリスの毛織物工業は、民間の意志と国家の意図がうまく合致して国民的産業として発展する素地を与えられた。あるいは、後述のように、工業界の利害が議会を通じて中央政府に指令を出す形にさえなった。だがフランスなどでは特権マニュファクテュールという独占会社をつくって民間の自由な参入を排除する政策もとられた。反対にきわめて分権性の強い国家体制をとったスイスにおいては、十八世紀までに叢生したプロト工業はむしろ民間ないし州レヴェルでのイニシアティヴの下に産業革命に連接されていった。

一方技術的な観点からは、本来的工業化が開始した後でも、プロト工業的な農村工業はなお強く残存することもありうる。織維工業において職布部門の機械化が紡績部門のそれに遅れた場合、職布部門の需要の相対的急増が家内的な手織機の集約的な稼働を一時的にせよ要請するからである。

2　経済主体としての国家

上述のように工業化へ向かう大きな流れのなかに国家（王国および多かれ少なかれ自治を保った都市＝国家）も経済主体として強く関与していく。宗教改革はこの傾向に拍車をかける。改革者の多くがそれぞれの帰属する王国に多かれ少なかれアイデンティティを抱懐していたことは重要である。経済主体としての国家は宗教改革と反宗教改革に伴う一連の政治的事件（フランスの宗教戦争、イギリスにおける英国国教会の成立、アウクスブルクの宗教和議、オランダの独立、三十年戦争など）を経た後にはっきりとその輪郭を整える。そして十七世紀後半以降は多少とも明確な自覚の下に国家が経営され始める。その基本理念は重商主義であった。市民革命も経済主体としての国家の政治的な衣替えとして見ることができる。

郵便はがき

恐縮ですが
切手をお貼
りください

112-0005

東京都文京区
水道二丁目一番一号

勁草書房
愛読者カード係行

(弊社へのご意見・ご要望などお知らせください)

・本カードをお送りいただいた方に「総合図書目録」をお送りいたします。
・HP を開いております。ご利用ください。http://www.keisoshobo.co.jp
・裏面の「書籍注文書」を弊社刊行図書のご注文にご利用ください。ご指定の書店様に至急お送り致します。書店様から入荷のご連絡を差し上げますので、連絡先(ご住所・お電話番号)を明記してください。
・代金引換えの宅配便でお届けする方法もございます。代金は現品と引換えにお支払いください。送料は全国一律100円 (ただし書籍代金の合計額 (税込) が1,000円以上で無料)になります。別途手数料が一回のご注文につき一律200円かかります(2013年7月改訂)。

愛読者カード

50233-2　C3033

本書名　改訂版　ヨーロッパ経済

お名前《ふりがな》　（　　歳）

ご職業

ご住所　〒　　お電話（　　）　－

本書を何でお知りになりましたか
書店店頭（　　書店）／新聞広告（　　新聞）
目録、書評、チラシ、HP、その他（　　）

本書についてご意見・ご感想をお聞かせください。なお、一部をHPをはじめ広告媒体に掲載させていただくことがございます。ご了承ください。

◇書籍注文書◇

最寄りご指定書店			
市　町（区）	（書名）	￥	（　　）部
	（書名）	￥	（　　）部
書店	（書名）	￥	（　　）部
	（書名）	￥	（　　）部

※ご記入いただいた個人情報につきましては、弊社からお客様へのご案内以外には使用いたしません。詳しくは弊社HPのプライバシーポリシーをご覧ください。

宗教改革と資本主義――その二

宗教改革は人びとの新たな心性と多かれ少なかれ呼応しつつ、資本主義発展と一定の連関をもった点はすでに指摘したとおりである。ところで十六世紀から十七世紀は、あたかも個人レヴェルにおけるカトリックかプロテスタントかという自問、そして生まれたばかりの「ヨーロッパ近代」の排他主義的原理が、国家のレヴェルまで引き上げられた時代である。宗教改革はヨーロッパの国家形成ないし国家的分裂の原因であり、結果でもあったのである。

中世において国王の役割が調停者のそれである点もすでに述べた。人びとの生活や諸活動に密着した政策決定の主体は基本的には分割された権力（大小領主ならびに都市）であった。そして分権的なシステムから起こる混沌《カオス》と無政府状態《アナーキー》をくいとめ、ヨーロッパの多かれ少なかれ統一的な秩序をもたらしたのはカトリシズムであった。中世末からすでに始まる王権の伸張は群雄割拠状態とは別の影響力をもった。すなわちそれはしばしば単に王国対王国の衝突にとどまらず、カトリシズムの総本山であるローマ教皇庁に対する抵抗の動きとして現れる。十六世紀の宗教改革はこの動きに弾みを与えることになる。もとより宗教改革の運動は、ローマ教皇庁の批判者であるその教導者と支持者の大なり小なりナショナリスティックな政治的立場と無関係ではなかった。ずっと前の「カノッサの屈辱」（一〇七七年）に象徴される聖職叙任権闘争も実は深いところでこれと通底している。J・ウィクリフは教皇に対してイギリスの政治上・宗教上の独立を主張していたし、前者に影響を受けたボヘミアのJ・フスも反教皇庁、反ドイツの基調を貫いていた。最も強い影響力をもったルター主義やカルヴァン主義もそれらが採用されたところでは国家的凝集、国家形成のための比類なきエネルギー源となった。一方、カトリック陣営における反宗教改革の力は植民地開発のイデオロギーとなって世界地図を書き換えさせる。

結局のところ新旧いずれの宗派を選定するかについては国家、領邦または都市の決定事項となり、住民はこの決定に従うしかなかった。従わない場合は安住の地へ亡命するしかない。またイギリスやスウェーデンでは修道院が解散され、大規模な土地所有の移動が見られた。三十年戦争は最後の宗教戦争であると同時に最初の国家利害の衝突する国際戦争だと位置づけられている。その帰趨は各国、各地域の十七、十八世紀の経済進化に大きく影響を及ぼすとともに、戦中・戦後に自覚された宗教的・政治的なアイデンティティの枠組みがおぼろげながら経済主体としての国家の覚醒につながった。ライン川の頭と尾に位置するオランダとスイス連邦の独立の国際的認知は両者の経済発展の基礎となり、逆にドイツという経済空間——あるいはライン川流域を軸とする経済圏——の分裂性は高まった。

重商主義とは

重商主義については複数の定義が存在しうる。マルクス主義的な立場からは、国家による「原始的蓄積（生産者と生産手段の歴史的分離）の政策体系」こそが固有の重商主義、典型的な重商主義である。この定義によると重商主義段階とはイギリスでは名誉革命以降十八世紀の産業革命まで、フランスではフランス革命〜第一帝政期、ドイツでは関税同盟期ということになる。もっと一般的かつ伝統的には、アダム・スミスが批判した十八世紀の議会主義的イギリスの経済政策体系、フランソワ・ケネーが批判した十七世紀の絶対主義的フランスのそれ（宰相コルベールが遂行したのでコルベルティスムと呼ばれる）、という定義の仕方がある。われわれは重商主義段階の厳密な歴史的措定にそれほど拘泥するものではない。従ってむしろもっと広い、たとえば小松芳喬氏の「十六〜十八世紀のヨーロッパ諸国に行われた経済的国民主義の傾向を持った理論、政策、実践」の総称（『西洋経済史講義』）といった定義をとりたい。ただし、フランス革命後のナポレオン大陸体制なども、イギリスの資本主義の強大な影響力に対する大陸の集団的防衛システムであったという点で、これを重商主義的な体制であるとするにやぶさかではない。

重商主義、それは要するに、国家の力と団結の自覚的な強化のための経済政策、あるいは十九世紀的な表現をすれば、自立的な国民経済の確立に向かう国家レヴェルの経済的ヴェクトルにほかならない。人びとは工業の育成が国力の増大に大きく寄与するという点にほどなく気づくが、当初において大事なのは工業そのものではなく、国力の方である。従って時代によって国によっては工業のみが重視される必然性はない。一枚岩の団結のためには経済力のみならず政治的・軍事的・宗教的・道徳的な諸力も動員される。そして富国の源泉として工業の価値がはっきりと認められるやいなや、国家は工業化に向けての最強の経済主体となる。従って、あらゆる規制体系の撤廃という歴史的意義を付される市民革命も、重商主義を必ずしも解体するものではない。市民革命を経て経済政策決定者が王国政府から国民国家政府へと交替した後も、本質的理念は不変である。すなわち、一方に存在する先進的諸力の側圧に対抗すべき保護主義体系を本来的に内包しているということである。十七世紀のイギリスがオランダに対して、十八世紀以降のヨーロッパ諸国がイギリスに対して構築したものこそがこれである。その政策はたしかに特許・独占付与などの政策によってときに自生的な民間の活力を奪ってしまう。だが資本主義という生き物がすくすくと成長するためのインフラストラクチャー（社会的基盤）を整備するのに一番近い位置にあり、最大の能力をもつのは国家にほかならない。前述のように十六世紀から十八世紀にかけてヨーロッパ諸地域に興ったプロト工業化がその後本来の工業化に順調に転じえなかった要因の一つはここにある。近代においてヨーロッパ的個人が解放されたように、国家も自己完結的な枠組みをもつ法人としてあたかも分子運動をするようになった。そういった時代――いわばヨーロッパの分裂の初期の時代――のイデオロギーと実践こそを重商主義の本質であると考えたい。

さて重商主義の実践的側面に関しては同時代人の所説を含めて数多くの要素が指摘されてきた。それらのすべてを同一の座標で数え上げることはできないが、概略的に次のような諸点をもって特徴づけておこう。重商主義的国家においては、第一に、国家は多かれ少なかれ中央集権的であり、国内の諸々の権力や利害を抑制ないし調整する能力をもっている。第二に貨幣ないし貴金属こそが富であり、その絶対量は地球上一定であると考えられた（少なくとも初期においては）。従って一国の富の増大は重金主義（金銀流出の禁止、内外における貴金属鉱山の開発）、次いで貿易差額主義（輸出産業の育成、再輸出の奨励）によってはかられる。貿易差額の増大のために、第三に、多かれ少なかれ独占的な形式による国内産業の育成、そのための租税（特に関税）政策や規制的な産業政策、インフラ整備などが希求される。さらに第四に、航海条例などによって海運力をつけること、そして特に軍事力を強化することはもちろん必須の条件とされた。国によって重商主義の性格は様ざまであるが、おおまかにいって、小松芳喬氏が述べたように、イギリスの重商主義が「実業家の利害が国家の政策に指令を与えた」というイメージが強いのに対して、大陸諸国のそれは「上から」の有無をいわせない命令として発現する。

独占会社の系譜

重商主義的な政策のうち工業化への道筋と最も関係が深いのは産業の保護・育成の領域であろう。ここでは前章に見た会社発達史との関連から特に特許会社ないし独占会社の系譜をたどっておきたい。多かれ少なかれ国家の息のかかった会社は、当然のことながら中央集権の度合の強い国から順に生まれてくる。そしてその背景として恒常的な遠隔地取引のエリアが手に届くところに存在しなければならない。その遠さやリスクの高さに由来する高コストのビジネスは私人では難しいからである。排他的特権の付与に基づく大量資金の調達や商業防衛の能力ゆえ、そこでは国家が重要な任務を帯びるのである。

国家の商工業活動への介在という点では、古くはヴェネーツィアのガレー船団システムが想い浮かべられる。十四世紀から十七世紀までこの共和国は政府の造船所で造船・艤装をし、船を貸し出していた。リューベック市政府についても同種の介在が指摘される。また対アジア・アメリカの貿易を独占したポルトガルのインド商館、スペインの西インド商館にも資本主義と国家の親和性が見てとれる。

イギリスには、公権力が特定商品の交易に対する特許授与と引き換えにその取引を特定地に封じ込めて規制する独自の組合ないし共同企業組織があった。「ステイプラーズ」（指定市場公認商人）と「マーチャント・アドヴェンチャラーズ」（冒険商人）がこれである。これら特許会社は商人たちの一種の同業組合であるが、もっぱらそれぞれ羊毛、毛織物の対大陸輸出の独占体＝特許会社の体をなしている。ステイプラーズは大陸のステイプル（＝指定市場、すなわち特定商品に関して取引が強制的に指定された交易地）にイギリス産羊毛を売り捌く特権を国王から下付され、利益を独占した。マーチャント・アドヴェンチャラーズは毛織物の販売のほか、ネーデルランドの拠点（アントウェルペン、ベルヘン＝オプ＝ゾーム）で香辛料その他の商品の買付け、為替手形を通じたイギリスへの資金の還流の仕事に従事した。イーストランド会社、ロシア会社、レヴァント会社と並んでこれらは、企業参加者が貿易を個別に行うギルドのような性格をもつという点から、制規会社または制規組合（regulated companies）とも呼ばれる。合本会社として出発（一六〇〇年）したイギリス東インド会社もやがて株式会社の形態をとる（一六五七年に改組）が、特許会社の性格を失っていない。世界最初の本来的な株式会社とされるオランダの東インド会社（一六〇二年設立）も、その前身は特許会社であった。

この種の会社は貿易独占を与えられっ放しというわけではない。進出先での外交、要塞の構築、海賊に対する武装・自衛を国に代わって自前で行わざるをえない。会社の成功如何は、F・ブローデルによれば、組織としての優劣というより進出先における利潤機会の多寡にかかっていた。もとより十六世紀から始まるヨーロッパ人の海外進出に関しては、アジア方面ではかれらは既存の交易ネットワークに入り込んで中継商人になるだけでよかった。これに対して、アメリカ方面では物質主義的、貨幣経済的なシステムに馴染まない先住者たちを駆り立てて生産の組織者とならざるをえなかったといわれている。イギリスのモスクワ会社、レヴァント会社、アフリカ会社などの特許会社、オランダの西インド会社はことごとく失敗した。だがイギリスやオランダの東インド会社は東アジアおよび東南アジアの豊かな商品群（香辛料、絹、漆器・磁器、インド更紗、茶、銀など）のパイプにいわば穴を穿《うが》ってそこから抽出してくればよかったのだ。

国家が特許と引き換えに何らかの見返りを期待するという点では、総徴税請負会社も独占会社の一つに数えることができるかもしれない。ジェーノヴァの聖ジョルジオ銀行の前身にも似たこの組織は複数名から成る金融業者の団体である。国庫租税収入を請負額の前払いによって肩代わりし、しかる後に王税の徴収を代行する。前述のようにこれは請負団による国庫収入の割引行為とみなすこともできよう。請負額と徴収額の差がかれらの収益であり、収益増大はそのまま納税者負担に転化されるため、総徴税請負人とその手代に対する庶民の不満は大きかった。国王にとっては徴税者としての自らのマイナスのイメージを隠蔽するのに役立っている。財政の前近代的システムである。ときにたばこや塩の専売権をもった。フランスではもう一つの特許会社であるインド会社と合併したことさえあった。

以上のように、十七、十八世紀における国家のお墨付きの会社は、種々の部門で特権的地位を利用して多かれ少なかれ巨利を貪った。ただしこれに対して民間部門は完全に圧倒されてしまったわけではない。通商利益の独占は、市民革命によって原理的に廃棄される前から、あまたの批判と違法行為の実践によって揺るがされ、私的部門への部分的な開放が実現されることもあった。

最後に国有銀行の歴史を一瞥しておきたい。銀行業の萌芽的発展については既述のとおりである。公共銀行の機能のうち預金・振替業務を中心とするものに限ってはその歴史はかなり古い。スペインのバルセローナ銀行（一四〇一年設立）をはじめ、バレンシア、サラゴーサ、ヘローナなどで、イタリアではジェーノヴァの聖ジョルジオ銀行（一四〇八年設立）、ヴェネーツィアのリアルト銀行（一五八七年設立）、ミラーノのサン・タンブロージョ銀行（一五九二年設立）などがこれである。銅本位制をとり、最初に銀行券に当たるものを発行した——失敗に帰すとはいえ——のはスウェーデン銀行（一六六一年）である。産業融資と多少とも直接的に結びついた最初の公共銀行はイングランド銀行（一六九四年設立）——発券をはじめすべての銀行機能を具えていた——である。

国境関税への努力、市場の再編成

中世の関税が基本的に複雑で、分散的、多元的、財政関税的であったのに対して、近世以降のそれは簡素化・統一化され、貿易関税的・保護関税的な性格を帯びる。重商主義的な国家による税制一本化は、内国関税収入の国家による接収、国内流通の円滑化とコスト削減、さらには国内産業の保護・育成という三重の効果を狙ったものであることはいうまでもない。

対アジア・アメリカ交易を展開した最初の王国ポルトガル、スペインでは、残存する内国関税とは別に、国境関税的な内容をもつ関税を制度化したが、基本的にはなお財政関税的な関税であった。これよりもっと早い時期からイギリスでは国境関税が成立（一五〇七年には最初の関税率表を制定）し、財政関税を部分的に残しながらも、保護関税の積極的な採用も他国より早く進んだ。自由主義的なオランダ、初発から保護主義的なフランスがその対抗国であった。反対に関税障壁の緩和努力も見られる。十七世紀以降は毛織物に対する財政目的の輸出税のマイナスの効果が認識され、早くも一六九九年には毛織物（および特定食料品）に対する輸出税が廃止された。

一七二二年にはイギリスの輸出税は全面撤廃された。一方輸入関税については、海外物産の中継貿易の奨励のための戻し税（再輸出品に対する輸入税の払戻し）が設けられたほかは、原則として高い水準であった。その後の関税収入の増加はまさに輸入税引き上げと輸入量の増大によるものであった。

イギリス以外での中世的秩序からの変革ははるかに緩やかである。フランスでは革命前まで私的な通行税があまた残存していた――その数実に約一六〇〇！――ほか、国内に三つの関税領域（五大徴税請負区、外国とみなされる諸州、および事実上の外国州）が現存する。その間ルイ十四世治下に宰相コルベールが二次にわたる関税改革を行ったにもかかわらずである。対外的には明確な保護関税が設けられ、オランダやイギリスの報復関税を招来し、前者とは戦火を交える原因ともなった。ドイツでは一七九〇年頃一八〇〇もの関税が存在したという。その障壁の撤廃への動きは十九世紀のドイツ政治史の展開とオーバーラップしている。

二つの革命

市民革命と産業革命はヨーロッパ近代の誕生の画期をなす双璧である。そして市民革命は産業革命に先行するという理解が普通である。市民革命によって打倒されるべきアンシアン・レジームの経済的キー・ワードである重商主義は、しかしながら大筋においては、市民革命や産業革命の対立概念ではない。工業化の観点ではむしろ親和性をもつ。いずれにせよ近代化に向かいつつある国家的装置はその本格的な始動のために政治・経済・社会面での一切の障害や夾雑物を除去する必要に迫られた。かくして市民革命により人間と人間の関係、国家と個人の関係のなかの経済外的な部分がとれて、純粋に経済的な関係がもたらされる。もちろん経済外的なものの存在には中世的な社会システムに固有の意義がある。前述のようにそれは中央権力が欠如していた時代、領主＝貴族が社会・経済・政治装置の要にあった時代の遺物にほかならない。王政の下での経済運営が現実のものとなったとき、旧い器は産業革命ないし工業化に向かう新たな経済事象の展開に合わなくなるのである。ただし市民革命の課題の達成度と産業革命のそれは必ずしも一致しない。徹底的な市民革命は必ずしも徹底的な産業革命につながらない（フランスの場合）し、不徹底な市民革命を経た国がかえって急速な工業化に成功することもある（ドイツの場合）。それは、次節に見るように、一国の経済的な進化は対外関係を抜きにしては考えられないという点に関連する。二つの革命の遂行が同時に要請される国（ロシアや日本の場合）も現れるのである。

市民革命の歴史的意味

市民《ブルジョワ》革命と呼ばれるのは普通十七世紀のイギリス革命（清教徒革命、名誉革命）、十八世紀末のアメリカ独立戦争、フランス革命である。そのほかの国では市民革命の課題が多かれ少なかれ段階的、部分的に解決されていくにすぎない（ドイツ三月革命、第一次ロシア革命など）。逆に一国の市民革命の成功は、経済的・政治的側圧を加えることによって、別の国の市民革命ないし市民革命的改革を誘発すると考えるべきかもしれない。ここでは歴史概念としての市民革命について一般的に付与されている歴史的な意味を確認しておこう。

まず市民革命によって政治史的には絶対王政的な意志決定機構が国民参加のそれによって置き換えられた。市民革命はいずれも財政問題をきっかけに勃発する。なぜか。それは、すぐ後に述べるように、この種の革命が根底には財政の近代化、すなわち王室家計から近代的な国家財政への転換の仕上げという課題を政治的にはらんでいたからである。絶対王政下でも経済装置としての国家は近代化に向かっていたのである。一国の運命の舵取りは独裁ないし寡頭専制によらず、共和政または立憲王政に基づく合議に委ねられることになる。その大前提として個人の自由や人権が宣言された。

経済史的には成長しつつある新たな諸力の解放ということに尽きる。私有財産権や営業の自由の原則が確立され、少なくとも国内においてはすべての特権や規制（国家規制、ギルド規制）が撤廃されるか、あるいは大幅に緩和される。最も激しくたたかわれたとされるフランス革命について見れば、財政面では税負担の平等が達成され（免税特権身分、地方特権の廃棄）、税制が刷新され（営業税、不動産税、動産税の設置）、封建的な諸税が廃止された。また経済一般についていえば、ギルドや内国関税が廃止され、職人組合やストライキが禁止され、さらに教会財産・亡命貴族の財産が没収・国有化され、売却処分に付された。

最後に社会史的には身分制的・社団的に編成されていた社会構成が分子化された一人ひとりの個人たる市民の集合体に転化されたということである。しかしこの個人の解放は革命のスローガンにうたわれているような平等を約束するものではなかった。それはわれわれ近代人が暗黙のうちに前提としている出発点での平等にほかならない。富の偏在は逆に固定化する。富者と貧者、持てる者と持たざる者の階級構図が一層鮮明になった。これは第二章で触れたようにすでに革命前に、あるいは中世からすでに確認しうる傾向である。

要するに、国力の増進という当為理念は市民革命によって一層強まった。この点では市民革命の連続説的なとらえ方が可能である。市民革命は人権や自由という普遍的な価値をうたい上げたが、経済的・政治的にはヨーロッパ内にむしろ複数のナショナリズムを生む。そして外圧を被りながらの一国単位での産業革命、工業化の推進へと向かわせるのである。

王室家計から国家財政へ

市民革命の前後での連続性の例を財政について見てみよう。王室家計から近代的な財政への移行については、鋭い観察力を必要とするが、その問題はすでに英仏間の百年戦争時に象徴的に顕現していた。戦争に伴う王税の徴収の問題が海峡を挟んだ両国で起きた農民一揆の遠因であることは既述のとおりである。構造的変化としては安全保障のシステムが中世から近代にかけて根本的に変化する。人びとの安全はもはや領主所領の境界線上ではなく、いまや王国という地平で問題になってくる。争いは局地性を減じ、王国対王国の次元に少しずつ変わってくる。戦闘形式も「戦う人」を糾合した騎士道的なものから、秩序をもった常備軍どうしの大規模なぶつかり合いになっていく。「戦う人」への税に替えて（あるいはそれに追加して）王国への恒常的な税負担がこうして必然化される。中世の封建王政から十六世紀以降の絶対王政への移行とともに、国王は社会の調停者としてではなく、経済の積極的な運営者に転身するわけである。

絶対王政国家というものは知らず識らずに、上述のような重商主義的な関心をもって、近代国家運営の基本的要素である軍隊と官僚機構を築き上げていく。強力な統一国家の建設のために、財政の恒常的な拡大的均衡が至上命題となった。問題は、王国の財政がこれほどの公共性を帯びたにもかかわらず、王室家計と王国臣民のための財政が意識的に、あるいは無意識に混同されていた点である。税の徴収の仕方（徴税請負制度、免税特権の存在など）や税収の使途について、より公平なありようが切望されるにいたった。つまり、納税者自身がその代表を通じて、かれらが最も公平で一般的利益に合致すると考える財政の形態を選び取ろうとする。その政治過程が市民革命の重要な一側面となって表出するのである。

3　ヨーロッパの分裂、世界システムの凝集

ヨーロッパの近代的な経済発展を突き動かす力として国家という枠がきわめて重要となっていく事情は前節で強調したとおりである。工業化の進む十九世紀には競走者は明らかに各国経済である。しかしだからといって、各国経済は相互に閉ざし合ったままというわけではない。意図的に強調される閉鎖性は逆に目に見えない一定の

圧力、その浸透を表現しているといえないだろうか。そしてそれはヨーロッパ諸経済どうしのものだけではない。十五世紀末以来ヨーロッパにつなげられた世界諸地域との間にも強い経済的な絆ができあがっている。ヨーロッパは一見分裂している。だがもっと大きな視座に立って見るとその分裂は実は世界経済の統合性の反映なのである。資本主義はある意味では国家の枠を越えて世界の舞台を跳梁するのではないか。工業化はある意味では世界全体のパースペクティヴのなかで歴史的に進行するといえるのではないか。つまりここで扱うのは一国資本主義か世界資本主義かという問題領域である。

世界資本主義と従属理論

一国資本主義か世界資本主義かというテーマに関しては、一九七〇年代以来、先に触れたI・ウォーラーステインの「世界システム」論が世界で多くの関心を誘っている。だがわが国でももっと早く一九六〇年代から河野健二・飯沼二郎氏らの説く「世界資本主義」をめぐる議論が別個にあった。この世界資本主義は諸国民経済を規定する「主体的で優位な構造であり、それ自体が歴史的構造をもつ」ものと定義された。国民経済とは別の、独自の構造と発展様式をもつ複合的な全体構造にほかならない。この世界資本主義論はウォーラーステインの所説を先取りしている。イギリス資本主義がその中核であり、後発の資本主義国はその外圧におされてイデオロギーとしての国民経済の確立に邁進する。構造の下位に植民地・従属国が配置されている点もきわめて重要である。

一方、この最後の観点について同じ一九六〇年代にA・G・フランクやS・アミンが南北問題をめぐっていわゆる従属理論を展開した。これは南の国に関して、未開発の宿命論を退け、その低開発状態が北の国の発展により強制された結果であるとする。つまり世界経済は中枢‐衛星構造としてとらえられ、衛星諸国の低開発ないし従属的状態は中枢諸国の繁栄の裏面においてそれを支えるべく歴史的に再生産・再強化されてきたというわけである。

世界システム

ウォーラースティンの「世界システム」はこの従属理論――およびF・ブローデルの「世界経済」概念――に強く影響を受けている。しかし従属理論においてはその登場のいきさつからしてすぐれて当為的、政策的な視点が貫かれていたのに対して、前者はもっと広く人間の社会行動を分析する基本的立場に立つ。つまりは中枢と衛星の分析のいずれにも偏せず、その全体に対する体系的・総合的なアプローチから措定されたシステムである。そういった視点から有機体としての世界システム論が導き出された。ウォーラースティンは社会システムの枠を国家におくことを峻拒しており、従って一国資本主義論は最初から排除されている。

世界システムはそれ自体、「世界帝国」→「世界経済」→「世界政府」という形で発展する。われわれが本節で問題にしている時期はこのうちの「世界経済」段階（十五世紀半ばから今日まで）であり、それは市場経済が貫徹する資本主義的なシステムとして特徴づけられている。すなわち「世界経済」とは「極大利潤の実現をめざす市場むけ生産のために成立した、世界的分業体制」である。「世界経済」（＝「近代世界システム」）段階はさらに第一期＝成立期（一四五〇年頃―一六四〇年）、第二期＝確立期（一六四〇年―一八一五年）、第三期＝再編成期（一八一五年―一九一七年）および第四期＝再確立・革命的緊張期（一九一七年〜）に分けられている。さらに空間的にはこのシステムは河野・飯沼説のように三つの地域に分けられ、分業的編成をなしている。すなわち「中核」「半辺境」「辺境」がこれである。「中核」に対する後の二者の従属は固定化される。前者の工業的発展は後者の食糧・原料・地金供給なしには不可能であった。一方、「半辺境」は「辺境」に対して「中核」として立ち現れる。

十七世紀の時点でこのシステムを見ればまず「中核」にはオランダ、フランス、イギリスがある。「半辺境」はイタリア、イベリア半島を中心とする地中海地域および北アメリカのイギリス植民地である。そして「辺境」は東欧（オスト・エルベ、ポーランド、ボヘミア、ハンガリーなど）、ラテン・アメリカ、西インド諸島などである。地中海地方に残存する分益小作制、オスト・エルベに見られる別名「再版農奴制」とも呼ばれた農場領主制（グーツヘルシャフト）、ラテン・アメリカのエンコミエンダ、アシエンダそしてプランテイション（そして南北戦争期まで残るアメリカ合衆国の黒人奴隷制も）といった不自由労働を使った生産組織形態は停滞的で一見歴史の流れに逆行する事象のようであるが、これらも資本主義的システムの重要な環としてとらえられるのである。

「中核」「半辺境」「辺境」のそれぞれの構成国・地域は流動的である。「中核」にはやがてドイツやアメリカ合衆国が入ってくる。十五世紀まで先進経済地域であったイタリアはやがてこのシステムのなかでは「半辺境」の地位に落ち、逆に「辺境」として後れてシステムに組み入れられたロシアや中国は社会主義革命を経た後「半辺境」の地位に引き上げられる。社会主義革命も資本主義の止揚ではなく資本主義的な世界システム内部での地位向上をめざす努力にほかならなかったというわけである。

世界システムのなかの集団核

「辺境」はしかしそのすべての構成地域が一かたまりとなって「中核」や「半辺境」と向き合っているわけではない。むしろ「中核」をなす西ヨーロッパ各国民経済のなかに個別的に編成されつつ世界システムにつながっているのである。反対に「中核」をなす諸国も一枚岩であるどころか、何度も繰り返すように、むしろ分裂し、角逐の状態にある。国民国家、国民経済の枠組みはたしかに上記「世界資本主義」論や世界システム論においては後景に退けられている。システムの経済的統合性・補完性とは裏腹に政治的にはむしろ分裂が基調である。ただしウォーラーステインは国家機構の役割を無視するわけではない。世界システムの発展とともに「中核」では国家機構は強化され、「辺境」では弱体化されると説いている。ある国または地域の経済的支配階級はこのシステム内で有利な地位をもつべく国家形成への強いイニシアティヴをとる。一方、経済的支配階級が世界システムの差し出す開放的な市場に身を任せる別の国または地域は、反対に国家的凝集力を失い、植民地化され、あるいは分割される。そして世界システムが発展すればするほど「中核」諸国家は反発し合うという逆説的な展開が見られたのである。ときに一国が「中核」の地位をほとんど独占することがある。パークス・ブリタニカ時代のイギリス、戦後のパークス・アメリカーナ時代のアメリカ合衆国がそれである。しかし一般的には近代ヨーロッパ経済は一体性のない、分裂し合った混成の先進国家群、いわば集団核を内包するのである。また「辺境」「半辺境」を非ヨーロッパ圏のみならずヨーロッパ内部にも再構築していく。世界システム論については種々の問題点、敷衍すべき論点がある——ことに国家の扱いをめぐっては柴田三千雄『近代世界と民衆運動』を参照されたい——が、少なくとも本章との関連においては、前節に見た国民経済をめざす重商主義的、保護主義的な政策体系が実は世界経済レヴェルでの構造的変化と無関係ではなかったという点を理解するうえで大きなメリットがある。

世界商品

経済の世界化はヨーロッパ経済に商品革命を引き起こした。まず商品移動のバランスシートは次のようである。まずアメリカから新奇作物としてヨーロッパに入っていったのはたばこ、トマト、かぼちゃ、いんげん、じゃがいも、とうもろこしなど、一方ヨーロッパからアメリカにもたらされた新奇物はコーヒー、オレンジ、レモン、マスクメロンそして毛織物などであった。アジアからは茶や陶磁器が定期的にヨーロッパに入っただけでなく、中国趣味（シノワズリー）、日本趣味（ジャポネズリー）などの文化的エグゾティシズムをかきたてた。葡萄栽培は十六〜十七世紀間にヨーロッパから南北アメリカ（ペルー、チリ、メキシコ、ヴァージニア、フロリダ、カリフォルニア）、南アフリカ、オセアニアに伝えられた。

技術的理由により相互に定着しなかったものは世界商品として世界システム内に流通する。そして世界商品は時代とともに世代交代する。長らく世界商品の花形であった南東アジア（東インド）の香辛料の需要が十八世紀頃において減退する。新鮮な食肉の供給が可能になり、胡椒その他の存在理由が少なくなったのである。他方、麝香（麝香猫からとる）、竜涎香（まっこう鯨の腸からとる）、白檀香（同名の常緑喬木からとる）などの香料は、入浴の習慣が普及するまで、体臭防止剤として使われ続ける。香辛料や香料に替わって世界商品として登場するのはインドの綿布、中国の茶、アメリカのたばこ、砂糖などである。また奴隷も長い間一種の世界商品であった。これらすべての商品に独占的に関わったのが「中核」国イギリスであったことに注意したい。もう一つの重要な世界商品は銀（地金）である。銀は一貫してヨーロッパの非ヨーロッパ圏との交易の対価とされてきた。十六世紀は反対にアメリカの銀が大量にヨーロッパに流入し、資本蓄積に結びつくいわゆる価格革命が起きた。

〈参考文献〉

諸田実『ドイツ関税同盟の成立』有斐閣、一九七四年
P・デーヨン『重商主義とは何か』（神戸大学西洋経済史研究室訳）晃洋書房、一九七五年
河野健二・飯沼二郎編『世界資本主義の形成』岩波書店、一九六七年
I・ウォーラーステイン『近代世界システム　I・II』（川北稔訳）岩波現代選書、一九八一年

柴田三千雄『近代世界と民衆運動』岩波書店、一九八三年
浅田実『東インド会社――巨大商業資本の盛衰』講談社新書、一九八九年
J・K・ガルブレイス『バブルの物語――暴落の前に天才がいる』(鈴木哲太郎訳) ダイヤモンド社、一九九一年
F・メンデルス・R・ブラウンほか『西洋近代と農村工業』(篠塚信義・石坂昭雄・安元稔編訳) 北海道大学図書刊行会、一九九一年
L・A・クラークソン『プロト工業化――工業化の第一局面?』(鈴木健夫訳) 早稲田大学出版部、一九九三年
黒澤隆文『近代スイス経済の形成――地域主権と高ライン地域の産業革命』京都大学学術出版会、二〇〇二年

Pause-café

◇近世ヨーロッパの「バブル崩壊」事件◇

投機の歴史は古いが、全国的な規模の集団的熱狂は近世以降の産物である。最も有名な三つのバブル崩壊の実例を紹介しよう。オランダのチューリップ恐慌(一六三七年)、フランスのミシシッピ・バブル崩壊事件(一七二〇年)およびイギリスの南海バブル崩壊事件(一七二〇年)がこれである。

第一のバブルは東インド会社という株式会社の隆盛から派生したオランダでの投機過熱と崩壊の話。一六三三年頃チューリップの球根に対する売買熱が急速に高まり、市場参加者は一般大衆にまで拡がった。相場は一個の球根で「新品の馬車一台と馬二頭および馬具一式」に匹敵するところまで進み、なかには数十倍にまでいたる騰貴を経験した。ところが一六三七年二月には反転して大暴落。きっか

けは例によって一部の売りが、殺到する全面売りを惹起したことである。これはヨーロッパでおそらく最初のバブル崩壊の経験であり、オランダ経済の最初の挫折となった。

株式市場の崩壊という形をとったのはフランスでの出来事。ルイ十五世の摂政オルレアン侯フィリップ二世は、スコットランド出身の金融専門家ジョン・ローに、火の車になった王国財政の建て直しを任せた。ロー（来仏前にその人物像にはいかがわしい部分もすでにあったが）は企画においてはまったく大胆かつ斬新なシステムを考案した。国の累積債務を銀行券（かれ自ら設立した王国銀行による発行で、建前上は兌換可能）によって償還し、流出した銀行券はミシシッピ会社（後にインド会社に改組）の株式購入に向かわせて吸収するというものである。株価は急上昇し（額面五〇〇リーヴルが最高値一八〇〇〇リーヴルへ）、紙幣は増刷され（一七一六〜一七二〇年五月に銀行券の発券高は倍増）株式購入者に貸し付けられた。異変は、一七二〇年にコンティ公が金への兌換を試みたところから始まった。買い支えにもかかわらず、銀行券を株券ではなく金と交換しようという取付けはおさえ込みようがなかった。五月にローは失脚して、国外へ逃亡した。

はからずも同じ年、イギリスでは南海バブル崩壊事件が発生。一七一九年に政府債務の整理を引き受けた南海会社（サウスシー・カンパニー）の株価上昇が人びとの幻想と狂気を呼び起こし、ほかの百以上もの「泡沫《バブル》」会社の株価に波及してバブル状態を現出した。最後は翌年八月から一二月にかけてお決まりの投げ売り、そして崩壊。南海会社は額面上は金額の少ない自社株と引き換えに市中の国債を回収しようとしたものであるが、もとより活動自体に実体のない会社であった。それにつられてできた泡沫会社のなかにも「四角い弾丸をつくる会社」とか「事業未定会社」とか「馬に保険をつける会社」といった荒唐無稽のものが多かった。投機そのものが目的の幽霊会社群である。

ガルブレイスが述べているように、バブル崩壊の責任追求の目はいつも、投機ブームにのった人ではなく、会社責任者、仕掛人、政府の監督筋に向けられる。仏英でほぼ同じ年に狂乱的な投機ブームが発生したことは興味深い。そこにわれわれは中央銀行を巻き込んだ、経済主体としての国家の成長、株式会社の装置に対する人びとの実感を伺い知ることができる。市場《しじょう》の学習にとって高い授業料だったともいえよう。いずれにせよフランスにおいてはこの体験は株式会社そのものよりも銀行に対する人びとの猜疑心を根づかせてしまった（王国銀行はインド会社としまいには合併されていたのである！）。一方イギリスではイングランド銀行のバブルへの関与と被害が比較的少なく、従って産業革命期における金融機関として枢要な役割を担うことができたのである。

第五章　パークス・ブリタニカ

――十九世紀諸国民経済のヒエラルキー

ヴィーン体制の頃のヨーロッパははっきりと個々の国家に分裂している。これらはまず政治文明的に三つの国家群に分けることができる。第一は西ヨーロッパ諸国群。大陸から独立した存在であるイギリスとこれを追いかける工業諸国（フランス、ベルギー、オランダ、スイス）、そして比較的後進のスペイン、ポルトガル、イタリア（国家形成は遅れるが）、バルカン諸国、スカンディナヴィア諸国である。第二の国家群は東ヨーロッパである。専制的・農奴制的なロシアとオスト・エルベ地域、海洋と土地経営に活路を見出すバルト海沿岸地方、西ヨーロッパの経済秩序からいくぶん隔たったポーランド、ハンガリーなどがこれである。そして第三は上の二つのヨーロッパ文明に挟まれた、均質性を欠き、まだ国家建設まで当分は流動的な動きを示すドイツ諸地域ならびにオーストリアである。

しかし経済面ではこの分類とは輪郭をいくぶん異にする世界システム的構造が確立していく。すなわち十九世紀が進むとともに、三つのゾーン（「中核」「半辺境」「辺境」）から成る、「勝ち組」と「負け組」の経済的階層秩序として再編成される。あるいは二極構造の顕現といってよい。十九世紀前半まで、あるいは少なくとも一八六〇年頃までは一方の極をなす集団核内部での角逐の連続である。すなわちこの世紀は「世界の工場」となって最初に自由貿易主義を採用するイギリスと、これに対抗して保護貿易主義を唱える大陸諸国との間の激しいつば競り合いの歴史なのである。

1　イギリスの産業革命とそのインパクト

最初に市民革命を経験したイギリスで最初に産業革命が起きたという点については異論の余地はないだろう。ここではまず「最初の工業国家」となった要因、産業革命の内容について簡単にふりかえってみよう。

イギリスはなぜ「最初の工業国家」となったか

その要因については多くの点を挙げることができる。まずは第四章で触れたように十七世紀の市民革命によって封建制的な経済関係（土地所有や経営に対する領主制的・共同体的な規制体系）が廃棄されて営業の自由、産業の自由がいち早く達成されていたこと、そして産業界の利害が比較的直接的に国策に反映されうるような政治体制ができあがっていたことである。また次項に述べる農業革命はこの政治過程とは別にイギリスに典型的な形で展開して産業革命の前提ないし一側面をなした。さらに資源の賦存状況が技術革新や機械化を呼び込んだ。必要は発明の母というが、製鉄用燃料や安価な労働力の不足はむしろ産業革命ではプラス面（作業工程の機械化、蒸気機関の応用、石炭——これは反対に埋蔵量が豊富であった——そしてコークスの使用など）にはたらいたのである。

しかし最も根本的な要因は、前章で強調したように、近世開始期とともに国富増大と工業化に向かう種々のエネルギーがどこよりも早く強く国家レヴェルに束ねられていったという点であろう。つまり工業化に向かう三つのヴェクトルの合成が極大化されたのはこの国においてなのである。海外市場や商品の開発とこれに対する依存度の増大（需要の急増）、海運・河川水運の推進、港湾整備、公的金融制度の確立、宗教政策（プロテスタント国家に固有の人的資源と一般的な寛容政策）、等々は重商主義国家としてのイギリスの特性である。イギリスの産業革命は突発的な事件ではなく、いってみれば十分な期間（およそ二〇〇年間！）あたためられ、準備されてきたさなぎのメタモルフォーゼ（変身）にほかならない。

農業革命の存在

さて産業革命そのものを語る前に農業部門については特筆する必要がある。増加する非農業人口への食糧供給、工業労働力の創出（＝労働力の農工再配分）は農業革命によってはじめて可能であった。中世盛期のそれに対してこれを特に第二次農業革命と呼ぶことがある。

資本主義的な経済発展は農村を貨幣経済で覆いつつ、中世の農業システムに対して自給自足から商品生産へ、共同体的生産から個人的経営へ、生産物地代・労働地代から貨幣地代へと変容をせまっていく。イギリスでは特に農村における旧体制が都市のギルド制とともになし崩し的に弛緩していく。十八世紀にいたってこの変化は決定的な段階に入る。それは土地制度と技術の面ではっきりとしてくる。第一の点は共同体的強制の弛緩と農地個人主義の前進であるが、この過程は囲い込み《インクロウジャー》の一層の進展によって集約的に表現される。つまり十五世紀に共有地から始まった囲い込みの対象はやがて保有地へと移っていき、恣意性、暴力性は影をひそめ、「議会インクロウジャー」と呼ばれるより合法的なプロセスをとるようになった。十八世紀の「A局面」には小麦価格の上昇を当て込んでこの種のインクロウジャーが増加する。こうして共同体的な保有・経営形態が崩れ、土地の私有化、商品化の方向性が明示される一方、農民層は両極に分解し始める。こうして一部に地主−借地農−農業賃金労働者という資本主義的なシステムができあがり、他方無産者層の一部は離村の余儀なきにいたる。

第二の技術的な側面は三圃制に替わる、より合理的な輪作システムの導入である。すなわち休耕に付されてきた土地に飼料用作物（クロウヴァーや蕪）を植え付けて土地を集約的に利用することによって、家畜の増産を可能にした。そしてこれらの作物は肥沃度を回復させたから、連続的な輪作によりむしろ土壌は改善された。また効率的な農機具（撒播という粗放性からイギリス農業を解放した条播機、除草のための馬力中耕機など）の発明や家畜の品種改良も進んだ。

こうして工業化の進展のための客観的条件は整った。以上はしかし主としてイギリスとオランダ——農業改善に関してはイギリスに先行してさえいた——で起きたことである。大陸では一般に旧い農業システムが根強く残った。イギリスでは土地制度上の変革がイギリス革命に部分的に先行しさえしたのに対し、大陸ではフランス革命や「上から」の土地政策を待たねばならなかったのである。他方、工業化がいったん立ち上がってしまうと、やがて農業は一般的に危機を迎える運命にある。長距離輸送手段の飛躍的な向上を背景に、次節に見るように、農業的比較優位をもつ非ヨーロッパ圏を巻き込んだ国際分業システムが進展するからである。

産業革命

産業革命とはほぼロストウの「離陸」、メンデルスの「工業化の第二局面」に相当すると考えてよいだろう。だが今日その革命性はイギリスの場合でも二重の意味で否定されることがある。まず革命というわりにはそのプロセスが長すぎる点（一七八〇年代〜一八三〇年代）、そして成長率（工業生産、農業生産、一人当り国民所得、貿易額）についてもその増大速度はたとえばフランスなどと比べて特に勝っているわけでもない（貿易額ではむ

表3　工業化の比較

	イギリス	後発工業諸国
工業離陸における農業の役割	大	限定的
工業成長のリズム	きわめて緩やか	しばしばかなり急速
基幹部門	消費財（初期段階では）	生産財
対外依存度（技術、資本）	きわめて小	しばしば大
国家の役割	限定的	大
銀行の役割	限定的	大
集中度（企業）	低い、後期	高い、早期

J.-Ch. Asselain, *Histoire économique de la France du XVIIIe siècle à nos jours*, 2 vols., SEUIL, 1984, t. 1, p. 10.

しろ劣ってさえいた）点においてである。単に工業化という一般的な語を使う方が無難であるかもしれない。イギリス以外についてはもっとそうである。従ってあえて産業革命というとき、それはまず何よりも技術革命（経営組織と生産設備の同時刷新）であり、社会革命である。すなわち先端部門において工場制度または機械制工場が誕生するとともに、資本・賃労働関係が成立する。生産者は生産手段から分離され、生産と労働が旧来とは異なった固有のリズムを受け取るのである。あるいはもっと緩やかな定義として、国民経済に占める工業の比重が急激に増大した局面ということもできよう。産業革命が完了している十九世紀半ばにイギリスの工業生産は世界のそれの四〇%を占めるにいたるのである。

生産の効率性はイギリス製品の現実の国際競争力の飛躍的上昇によって証明しうる。機械化による労働の非熟練化（老弱男女の雇用）、標準化された安価な商品の大量生産がこれを可能にしたのである。イギリスについて見ると機械化は三つの次元で進んだ。まず繊維工業における作業機械（織布、紡績）の導入、次いで水車に替わる蒸気機関という新たな原動力の機械や交通手段（鉄道、蒸気船）への応用、そして製鉄・金属加工部門における新方法の採用である。この機械化過程において産業革命は消費財生産部門から生産財生産へと深化していく。イギリスの産業革命は大陸諸国に大きな側圧となって影響を及ぼすことになる。

工業化のパターン

イギリスとこれに追随する大陸諸国では工業化の条件、方法、プロセスが対照的に異なっている。表3に示されているように、イギリスの工業化が普通いわれているように自生的な性格が強いのに対して、大陸の後発工業諸国（ドイツ、イタリア、ロシアなど）では「上から」の指導的性格が強い。ただし十八世紀末にイギリスと肩を並べていたフランスは、アスランが強調するように、その中間的な位置を占めている。つまり、成長のリズムは緩やかで、基幹部門は消費財（繊維）部門であり、さらに工業融資に関して銀行は決定的な役割を果たさなかったという点でイギリス型であった。また企業の集中の度合いもドイツに比べて低かった。一方、技術に関してはドイツ同様イギリスからの移転に依存した部分も大きく、また国家の役割は明らかに大きかった。

アスランはイギリスにおける国家の役割を限定的としているが、これについては一考を要する。国家の強さと役割については区別して考える必要がある。十八世紀後半の英仏を比べてみると、絶対王政のフランス国家が立憲王政のイギリス国家より強大なイメージがある。しかし現実には七年戦争では後者が勝利者であるし、その経済的な機能、役割という点でも明らかにイギリスが勝っていた。フランス国家は経済の求心力の弱さを顧みずに国家の規模拡大を急ぎすぎたのである。要は、繰り返しになるが、経済的なエネルギーを束ねる能力の大小なのである。

2　インフラストラクチャー

次にこの時代のヨーロッパ経済の飛翔の背景をインフラストラクチャーの観点から探ってみよう。十八～十九世紀の二つの「A局面」（一七三〇―一八一五年、一八四九―一八七三年）を支えたのは、シュンペーターによれば、二つの技術革新（紡績・職布の機械化、鉄道建設）であった。先進地から後進地への商品の移動は関税障壁で多かれ少なかれくいとめることができたが、技術移転に歯止めをかけるのは困難であった。二番目の「A局面」において大陸諸国の一部が離陸を果たせた一因はこれである。そして技術の進歩と普及が人、モノ、情報の輸送に関連するインフラストラクチャーの改善に資するとき、十九世紀の経済的躍進は決定的なものとなった。距離の縮小は輸送コスト、商品価格、利潤の面で比類ない改善をもたらした。

汽　船

十九世紀初め以降、帆船から汽船へ、木製の船から鉄製の船への移行がゆっくりと進む。最初の汽船の実験的成功はフランスである（一七八三年ソーヌ川上）。一八一九年にはアメリカ人が帆と蒸気機関を併用した船で大西洋を渡る。しかし一八二一年にドーヴァー海峡に汽船による英仏間定期航路が開かれるまでは、河川・運河または沿岸の航行に限られていた。蒸気力を使った船は、外輪船からスクリュー船へ（一八三九年に実用化）、さらに後者は二段膨張機関から三段、四段へと改善されていった。また一八四三年には鉄製のスクリュー船がはじめて大西洋の横断に成功した。史家J・ヴォルフによれば一八三五年にフランスのル・アーヴルからニューヨークまでクリッパーと呼ばれる快速帆船で往きは三五日、帰りは二五日（追い風の影響で）であった。これが一八六五年には、積載量五〇〇〇トン、速度一三ノット（時速約二四キロメートル）のスクリュー船で、大西洋横断の所要時間が片道わずか一週間程度のものになっている。また輸送コストは、たとえば一八六九年から一八八九年にかけてマルセイユからインドシナまで片道一トン当り九五〇フランから八六フランにまで急減したのである。

汽船の進歩は海運業の形態をも一変する。貿易業者と海運業者が分離・独立し、後者が定期的に貨物と旅客を運ぶ利益を独占した。スエズ運河の開通（一八六九年）は海運の将来性を一層高めることとなった。海運業は自由貿易によって最大の利益を確保されるはずであるが、世紀末の「B局面」と保護主義の台頭はイギリスの独り舞台（保有船舶数、新規造船数の点で）という状況に終止符を打つことになる。

鉄道の時代の到来

鉄道の発展はさらに重要である。その前史についてまず触れておこう。早くも一七七〇年にはフランス人技師J・キュニョが蒸気で車を走らせる実験に最初に成功し、翌年には重量貨物用のモデルを考案している。レールの上に蒸気機関の車を走らせるという発想はイギリスからやってくる。鉱山用トロッコにはすでに大陸で十五世紀に木製の、次世紀には鉄製のレールが使われていた。イギリスではR・トレヴィックが鉄製のレールの上に蒸気機関車を走らせようとした。一八〇四年のことである。営業用に走り出すのは一八二五年のストックトン・ダーリントン間の鉄道である。この機関車の発明者はG・スティーヴンソンである。だが、この鉄道では蒸気機関車より馬が車両を引っ張ることが多く、鉄道の最初の実用化は一八三〇年のリヴァプール・マンチェスター間のそれ（機関車の製作者は同じくスティーヴンソン）だとするのが有力である。後者はこの棉花輸入港と綿紡績・職布基地の三一マイルを平均時速一四マイルで走った。所要時間を三六時間から実に四〜五時間へと短縮したのである。輸送コストが低下しただけではなく、さらに輸送の定期性が保証された点、そして何よりもその成功が機関車と車両の需要を喚起した点も重要であろう。イギリスでは当初より私鉄中心にいくぶん野放図に路線が拡大するが、総キロ数は一八四〇年に二〇〇〇キロ、一八五〇年には一〇六五六キロにも達した。

大陸での鉄道の普及

フランスでも開発は並行して進んだ。一八二四年、サン＝テティエンヌ・リヨン間に鉄道会社が設立され、一八二八年に鉄道が開設されたが、まだ馬とロープによる牽引であった。一八三二年が真の鉄道時代の開幕であり、蒸気機関車が石炭と旅客を運び始める。一八四四年に、同区間を二時間三五分（動物で引っ張れば五時間のところを）で走った。

ベルギーでは政府の肝煎りで一八三五年にはブリュッセル・マリーヌ間（一七キロ）に最初の路線が敷かれ、一〇年後には六二五キロに伸びている。そのほかの地でも次々に線路が開かれていく。すなわちアントウェルペン・ケルン間（一八三三年）、ニュルンベルク・フュルト間（一八三五年）、ドレスデン・ライプツィヒ間（一八三六年）、デュッセルドルフ・エーベルフェルト間（一八三八年）、ペテルブルク・パブロフスク間（一八三八年）、アムステルダム・ハールレム間（一八三九年）、トリーノ・モンカリエリ間（一八四八年）、バーゼル・チューリヒ間（一八四七年）、バルセローナ・マタロ間（一八四八年）、ペテルブルク・モスクワ間（一八五二年）などである。

オーストリアでロートシルトが個人で鉄道株を発行してドーナウ川を北部の炭鉱地方と結んだ以外は、鉄道建設は大陸では基本的に国家主導のものであった。全体的に民間資本は十分ではなく、それでいて鉄道の軍事的必要性は急を告げていたから、建設から運営にいたるまで国家が関わらざるをえなかったのである。大陸の鉄道建設に必要な資本、技術、資材（機関車、車両、レール）は当初はイギリスからもたらされた。やがて十九世紀後半にはイギリス資本と並んでフランス、ベルギー、オーストリアの資本も鉄道投資に向けられるようになる。広大なロシアの距離を縮小するシベリア鉄道（一八九一年着工、一九〇四年竣工）の鉄道公債を支えたのは特に露仏同盟で絆の深まったフランスであった。経済効果は疑いようがない。輸送コストは下がり、販路と原料の供給経路が延長される。従来もっぱら船舶の方に有利であった重量貨物の長距離輸送の可能性が拡大された。同じ頃起こった冷蔵・冷凍技術の革新も相乗効果をもった。そして急速に需要を増大させた資材部門の生産は工業化の深化を意味すると同時に、後発資本主義経済の起動力の役割を果たしたのである。

電信

中世ヨーロッパにおける経済的成功の重要な秘訣が情報の収集能力にあったことはすでに見たとおりである。情報の移動も、人やモノと同様、時間と距離の征服によって中世来着実に速度を増してきた。そして今日情報通信は国家、社会階級、宗教などあらゆる制度的・物理的な要害を越えていわゆるグローカリゼイション（世界的規模に拡大・延長しつつ、かつ局地的・個別的な端末に向かって細分化して進む）のリズムで前進し、革命的な産業部門になりつつある。電気通信の時代である。ところで中世と現代の間にあって情報伝達の質的・量的な発展を一挙に成し遂げた瞬間が十九世紀に訪れた。すなわち電信の登場である。

イタリア人A・ヴォルタが一八〇〇年に永続的電流源である電池を発明したのが電信の出発点である。その後、電信機作製のために磁針の自差の利用を考えたフランス人A・アンペール――電流の単位アンペアはその名にちなんでいる――、電信機の原理を明らかにした同国人F・アラゴの学問的貢献を受けて、最初の電信線は一八三七年にイギリスのユーストン・カムデン間に開設された。アメリカ人S・モールスが考案した電磁石と継電器を使った信号式の方法は一八四六年にヨーロッパで採用された。受信機の改良、地上線の設置、海底ケーブルの絶縁、銅の使用とともに技術的な改善が進み、世紀後半はさらにパンチテープの開発、同時通信・多重通信システムの実用化を見た。

こうして世紀半ば頃にはヨーロッパの主要都市間を電信が行き交うようになった。J・ヴォルフによれば、一八五三年にフランスでは年間一四万本（一日四〇〇本）の電報が発せられた。また植民地を含めて海外との電信サーヴィスもただちに開始された。南北アメリカをはじめ、海底ケーブルが一八六九年にボンベイ、一八七三年にコロンボ、サイゴン、シンガポール、上海、横浜に、そしてやがてオーストラリア諸都市、そして世紀末にかけてアフリカ諸都市に設けられる。所要時間はたとえば一八八〇年にはロンドン・メルボルン間で三八分であった。料金も漸次低下していく。

通信社

電信による定期的な情報（ニュース）の通信もただちに商品化される。だが数社の寡占事業として展開する。情報の伝達と配給に関しては、外国新聞の翻訳業務を行っていたフランスのアヴァスが一八三五年にパリで通信代理店を旗揚げする。外国に通信員のネットワークを張りめぐらせ、ほかの事務所を吸収しつつ通信サーヴィスを行う独占的事業体となった。アヴァス社で経験を積んだドイツ人P・J・ロイターは一八四九年にアーヘンに電信院を設置し、ブリュッセルとアントウェルペンに金融情報を供給し始める。そして一八五一年にはロンドンのシティに電信による通信社を設立した（本人は後にイギリスに帰化）。また同じくパリで学んだドイツ人B・ヴォルフは一八四九年にベルリンに、ステファーニは一八五四年にトリーノにそれぞれ通信社を設立した。

コストの面から草創期の通信社は棲み分けをせざるをえない。一八五九年、ロイター通信、ヴォルフ通信およびアヴァス兄弟通信の三者はまず相互にそれぞれの独占的区域を保証し合い（ロイター社はイギリス、アヴァス社はフランス、スペイン、イタリア、レヴァント地方、そしてヴォルフ社はドイツ、ロシア、スカンディナヴィア諸国、オランダ）、ニュースを交換し合うことで合意した。ただし縄張り争いがないわけではなく三社はそれぞれ拡張路線を敷く。アヴァスはラテン・アメリカ諸地域へ、ロイターはアメリカ合衆国と南アジアへの展開の意図を隠さない。ヴォルフはコンティネンタル社という株式合資会社となる。一八六七年にはオーストリア＝ハンガリー帝国にコールビューローという非公式の通信社が出現する。一八七〇年の棲み分けは、アヴァス社がポルトガルを、ロイター社がオランダを獲得、コンティネンタル社はドイツ、ロシア（ペテルスブルク、モスクワ）、スカンディナヴィア諸国を確保しているといった状況である。一方アヴァス社とロイター社でベルギー、エジプト、オスマン・トルコを分かち合っていた。ステファーニ社とコールビューロー社は国内規模にとどまっている。一八七〇年以降はニューヨークのAP通信社、ロシアのロシア通信社が参入して寡占状態に若干の変化が現れた。

インフラ（特に鉄道、電信）の拡充は「分裂」期に入ったヨーロッパの経済を理論上は再結合するはずのものであった。しかし事態はそのようには進まない。競争の土俵はヨーロッパ域内外にある。だが競技者は各国民経済である。格段に大きくなった、財とサーヴィスの輸送の便宜は不経済にも切り分けられて、どちらかといえば各国で費消された形である。しかし当面は競争の結果増大する効率性がこの不経済を相殺してなお余りあったのである。

3　保護貿易主義の存在理由

再び十八世紀末の時点から始めて、ヨーロッパ経済の分裂的側面を自由貿易主義対保護貿易主義の構図でたどってみよう。産業革命をいち早く遂行するイギリスでは、国内外の経済政策における政府干渉のシステムである重商主義に対抗する経済学者が現れる。自由放任主義（レセ・フェール）を標榜するA・スミス、次いで比較優位説をうち出すD・リカードウはそれぞれ国内の経済的自由主義、対外的な自由貿易主義の価値を説いてイギリス産業資本の自由な活動と展開を正当化する論陣を張った。しかし大陸諸国ではまず国内の自由化こそが優先課題であった。そして対外的、特に対英的には保護主義をとらざるをえなかったのである。

十八世紀末のヨーロッパ経済地図

七年戦争の終息（一七六三年）から十八世紀末にかけてのヨーロッパ経済を横断的に眺めてみよう。「分裂」の時代に入ったヨーロッパ各国は、イギリスを除いて、多かれ少なかれ重商主義的・権威主義的な諸改革を試みている。その半面、国によっては、かすかな傾向としてではあるがイギリスの思想的・実践的影響を受けて自由貿易主義的な施策をとりつつあるところもある。地主的自由貿易主義の立場を擁護するF・ケネーの国フランスではじめて国内外の穀物取引の自由が相次いで確立された。さらにケネーの知的影響を受けたテュルゴー、ネッケルらのうち出す自由主義的な経済政策は失敗に帰するが、理念そのものは航海の自由（一七八四年）、対英通商条約（一七八六年）に結実していく。この期間フランスの貿易額は四〇％前後の増大をみせ、黒字を達成する。介入主義との軋轢を伴いながらも、大なり小なり自由主義の風が吹いてはいたのである。

ほかの多くの場合、当面は内なる自由主義と対外的な自由主義は両立しない場合が多い。十七世紀の経済的覇者オランダでは英仏との競争により東インド会社が衰えたが、ジャヴァ島の植民地経営によりこれを補償しつつ――金融部門への傾斜を強めながらも――なお西ヨーロッパの経済的核の地位を保っている。十八世紀の西ドイツ経済は分裂的イメージがさらに強く、全体的な上昇は認められない。ただし一部（ハンブルク、ケルン、フランクフルトなど）はイギリス経済と結びついた隆昌を経験している。スペインではアメリカの植民地経営の合理化、両インド貿易への個人参入の許可、中央銀行の設立、内国関税の廃止を通じてある程度の健在ぶりを示している。デンマークではコペンハーゲン銀行が設立され、スウェーデンでは鉱業を通じてイギリス経済との結びつきが強化されていく。プロト工業化のいわば純粋培養地帯となっていたスイスでは、綿工業、絹工業、リボン工業、時計工業などが好調である。強力な中央権力の不在が多少ともハンディキャップになろうとしつつあったが、連邦国家成立（一八四八年）をまたずに、繊維部門で産業革命の胎動が始まった。

一方、新たな経済的流儀を求めてイギリスを首尾よく追走できない諸国もあった。アイルランドはイギリスのいわば植民地状態であった。ポルトガルは重商主義的政策で過去の栄光の維持をはかることで精一杯であった。イタリアでも、ミラーノやフィレンツェなどを除けば、昔日の繁栄の面影が薄れてしまうか、農業的な色調が一層強くなっていた。他方、東ヨーロッパ（プロイセン、オーストリア、ロシア）はこれら「負け組」の列には入らず、「上から」の改革を通じてむしろ何とか西ヨーロッパの新しい経済秩序に適合していくのに懸命であった。しかし角逐するこれら三国はポーランド分割にいたる併合主義に色濃く染まっている。その分自らを経済的自由主義の対極に位置づけていかざるをえない。

イギリス資本主義と大陸封鎖体制

フランスの大革命、ナポレオン第一帝政に伴うヨーロッパ政治の撹乱は、ヨーロッパ各国の経済戦略をも大きく転換させることになる。特に一七九二年から始まる英仏間の戦争は数年前の通商条約の精神から逆行して、フランス側の保護主義措置を惹起する。革命に対する反応はまちまちである。イギリスは当面は非軍事的な態度を維持している。オーストリア、プロイセン、ロシアでははっきりとした反革命の動きが現れ、スペイン、ポルトガル、オランダ、シチーリアでは改革への動きが停止する。革命干渉戦争期にはこうして、政治的には自由主義的フランスと絶対主義的ないし保守的なヨーロッパ諸国、経済的には自由主義的イギリスと保護主義的大陸という対決の構図ができあがっている。そうしてそれぞれの中心的存在であるイギリスとフランスのヨーロッパ的あるいは世界的覇権をかけた確執がこの時期の政治経済を規定していく。すなわち経済的にはイギリスが産業革命という商品の衒示を伴いつつ、開放システムを迫っていく。だが政治的には、フランス革命という商品の輸出

（ライン左岸では領主制の廃止、十分の一税・賦役・封建的諸税の廃止、教会財産の没収・売却などが部分的に実施された）を伴いつつ、ナポレオン主導のヨーロッパ統一への動きが凌駕していく。大陸でナポレオンに支配されなかったのはほぼ中・東欧（オーストリア、プロイセン、ロシア）のみであった。これを除く大陸諸国は「大帝国」（Grand Empire）と呼ばれ、政治・司法・財政上の制度改革を受け入れた。

ナポレオンの大陸封鎖体制は当時のヨーロッパのこのような政治状況を背景にしていた。イギリス資本主義の圧迫に対抗して、大陸的政治体制が経済的な集団的防衛体制へと拡大援用されたのである。英仏間の経済封鎖合戦は一七九三年に起こり、ナポレオンによる一八〇六年のベルリン勅令（大陸封鎖令）によって最高潮に達する。この勅令はイギリス・大陸間のあらゆる通商ならびに通信を禁じ、イギリスとその植民地から大陸への入港を認めないなど、大陸を徹底的に閉ざす。要するにイギリス商品を大陸から締め出し、イギリス国内における過剰生産と失業、ポンド信用の失墜を狙っている。イギリスはこれに対抗してただちに逆封鎖を宣言する。

大陸封鎖は結局最後までうまく機能しなかった。大陸内で単一関税領域をつくりあげることもできただろう。だがナポレオンはフランスならびに各国の国境関税を残し、あたかもヨーロッパ大陸の内国関税のようなものとしてこれらを維持するしかなかった。密輸は対英の領域のみならず大陸内でも頻発し、システムを弱体化させた。封鎖システムはそれ自体を自立した経済空間として存立させるために工業製品の自給力（フランスは旧オーストリア領ネーデルランド、ルール地方とともに封鎖体制のなかの工業生産基地）と、植民地物産（砂糖、コーヒー、藍など）の代替商品を確保する必要に迫られた。大陸封鎖体制は一面戦時経済体制であり、もとより軍事費の圧迫によるシステムの機能不全を内包していた。結局のところフランスは貿易量を減じた一方、イギリスは新大陸との固有の貿易で苦境を凌ぐことができた。大局的に見れば自由貿易主義的なイギリス側の勝利というべきか。一方、諸制度のフランス化ないしナポレオン化を半ば強制された諸地域では、反ナポレオン的でナショナリスティックな心性が経済的自立主義と連動して、個別的な国民経済構築への欲求が高まっていく。

国境関税の展開

ドイツはそれ自体として、ゲーテをはじめとする文学・思想界のナショナリズムの運動にもかかわらず、一八七一年（いわゆる第二帝国の成立）まで国家の体をなしていない。プロイセン、オーストリアの対抗関係を軸にそれぞれ小ドイツ主義、大ドイツ主義の統合理念はあるが、結局、一八三四年におけるドイツ関税同盟の成立がドイツ統一の大きな弾みになった。それはあたかも今日のヨーロッパ統合が、先に経済統合において比較的早期に合意に到達し、しかる後に少しずつ譲歩しながら政治統合に進んでいるごとくである。

十八世紀末における通行税の多さについては先に触れた。ドイツ全域での関税同盟に向けては、従ってまずは各領邦内部で内国関税が整理され関税領域がつくられることから始まった。重商主義的な課題が各領邦で提起されていたわけである。このプロセスに続いて、今度はいくつかの領邦から成るより広域の関税同盟ができあがる。北ドイツ関税同盟（プロイセンとヘッセンの間に成立）、南ドイツ関税同盟（バイエルン、ヴュルテンベルクの間）および中部ドイツ通商同盟（ハノーファー、ザクセン、クアヘッセン、ナッサウ、フランクフルトなど一八か国間）——反プロイセン同盟という政治的な意味合いも強いが——がこれである。この三者がやがて合体して約二三〇〇万人の人口をもつ経済統合体ができあがり、こうしてプロイセンを中核とするドイツ第二帝国建設への足掛かりとなっていったわけである。関税同盟の大きな柱は、対英的配慮から、内なる自由主義と対外的保護貿易主義ということになる。その立場は『経済学の国民的体系』（一八四一年）を著したF・リストの所説に集約されている。

十七〜十八世紀にマニュファクチャーの地であったスイスもやがてイギリスの大きな経済的な脅威を受ける。

だが全体で四〇〇か所もあった関税障壁が撤廃されたのは一八三五年、そしてスイスの統一関税（連邦関税）が完成したのは漸く一八四八年のことである（内国関税の廃止には農業利害に立つ諸州の反対があった）。イタリアでも内国関税の事情はさほど変わらない。対オーストリア間では不利な立場に立たされた。オーストリアに入るイタリア商品は課税され、イタリアに入るオーストリア商品は免税であった。総じてトスカーナ地方以外は保護主義的な土壌のままである。南欧・中欧・東欧でも基調はつねに保護主義である。

経済的自由主義の価値は疑うべくもない。だが国際経済史上の実態に身をおけば、結局いつの世にも自由貿易主義は強者のイデオロギー、保護貿易主義は後発資本主義国のイデオロギーにほかならない。十七世紀の世界経済の覇者オランダは自由貿易を国是としていなかっただろうか。下って第二次世界戦後のアメリカの世界経済戦略のキー概念は通商の自由と公正ではないだろうか。十九世紀の後発国においてはイギリスの「工場」に対抗して国内において「上から」産業を興し、幼稚産業を保護・育成し、もって経済的離陸を速やかに達成するというのが至上命令なのであった。

4　自由貿易体制の成立と後退

ある国が自由貿易主義か保護貿易主義のいずれかを採用するとき、その決定は必ずしも満場一致で行われているとは限らない。イギリスでさえも古典派経済学者たちの標榜する自由主義は全階級の心を即座にとらえたわけではなかった。自由貿易主義対保護貿易主義の利害の衝突・抗争は、国対国として現れる前に、まずは各国内において繰り広げられたのである。一八六〇年はこの対立の流れにおいて一つの分岐点をなす。それ以降たしかにヨーロッパ各国経済間に宥和的な場面が一時現出する。世界システムの集団核内部での産業構造上の開きが大なり小なり埋められたのである。しかしそれは自由貿易主義の束の間の勝利にすぎなかった。世界の経済覇権を掌握したイギリスが頂点にいる状況（パークス・ブリタニカ）は一八七〇年代までは不変である。だが激しい競り合いの再開、今世紀前半におけるヨーロッパの二つの内戦に通じる帝国主義時代はすぐそこまで来ている。

国内での対決の構図

イギリスについてまず自由貿易主義にいたる過程を見てみよう。もとよりこの国の産業資本家が保護を真に必要としていたのはもっぱら自由貿易大国オランダに対してのみであり、それも十七世紀末まで、遅くとも十八世紀半ばまでのことである。重商主義の打破・解体過程は、まずはアメリカ合衆国の独立の承認（一七八三年）、自由主義的な財政政策（一七八四〜八六年）、英仏通商条約（一七八六年）においてはっきりとした方向が与えられた。十九世紀にいたっては穀物法の廃止（一八四六年）および航海条例の廃止（一八四九年）——沿岸貿易を除く——によって完了する。しかしこの過程は必ずしもすんなりとはいかなかった。特に国内の農業資本家＝地主階級（貴族・ジェントリー）の利害は強力な圧力団体を生み、産業資本家（新興の中産階級）との間に穀物法の扱いをめぐった論争がたたかわされた。前者の理論的支柱はマルサス、後者はリカードウである。産業資本家の陣営からすれば、十八世紀中頃にはイギリスはすでに穀物輸入国になっていたが、穀物法（一六八九年制定）は輸入穀物に関税をかけて農業利害を過度に保護していた。穀物価格はいきおい高価となり、これが工業労働者の高賃金→工業製品の高価格→イギリス工業の国際競争力の低下という連鎖を呼ぶ。従って穀物法を廃して輸入を自由化すべし、というわけである。一八三八—三九年の不況を機にマンチェスターに反穀物法同盟が結成され、これに対して一八四三年には反同盟が結成されたが、最後は一八四六年に前者の勝利で決着がついた。

このようにイギリスでは政策イデオロギーと社会層の関係は、自由貿易主義を唱えるのが産業資本家、保護貿易主義を唱えるのが農業資本家＝地主階級という図式である。これに対してフランス、ドイツ（そしてアメリカ合衆国）などの後発の資本主義国では、逆に自由貿易主義を唱えるのが農業資本家＝地主階級、保護貿易主義を唱えるのが産業資本家という図式になる。特にフランスでは農業生産に関しては一貫して輸出余力を保持していたからである。フランスでは復古王政期には関税が引き上げられたが、七月王政期の国内産業の顕著な発展を背景により広範な層を巻き込んだ自由貿易主義への緩やかな運動が見られた（ただし北西部繊維産業資本家は一貫して保護主義を訴えるが）。

一八六〇年の通商条約

一八六〇年はヨーロッパ経済史上きわめて象徴的な年である。英仏間において自由貿易主義的な通商条約（コブデン＝シュヴァリエ条約）が結ばれ、ほかの大陸諸国も対英関係においてこれに追随していくのである。国民経済樹立という至上命令に対して各国でひとまず答えが用意される年だともいえよう。フランスではなお反対者も多く、ナポレオン三世にうまくはたらきかけたシュヴァリエのいわば政治的勝利であった。この条約においてフランス側では輸出入禁制が解かれ、低率関税（段階的減税）が施行された。ほとんどすべての原料・食料品は無税、その他に対しても低率関税であった。イギリス側ではフランスに対して、そのアクセサリー、絹物、服飾、葡萄酒などについて優遇関税率を認めた。また石炭、金属、繊維、とりわけ鉄製品については大幅な関税引き下げが実現した。

フランスはその後ベルギーならびにトルコ（一八六一年）、プロイセンおよびドイツ関税同盟（一八六二年）、イタリア（一八六三年）、スイス（一八六四年）、スウェーデン、ノルウェー、旧ハンザ諸都市、オランダ、スペイン（一八六五年）、オーストリア（一八六六年）との間に協定を結んだ。諸国は相互に最恵国待遇を認め合うことになった。関税同盟のドイツでも世紀後半以降は少しずつ関税引き下げの動きが見られた。そして普仏戦争を勝利に導いたビスマルクの指導の下、新たに成立したドイツ帝国の成立とともに急速な工業躍進を経験し、その経済力を背景にやがて自由貿易主義の陣営に加わっていった。一八七七年までに全輸入品の九五％は無税となったのである。

保護貿易主義への回帰

この全面的に自由貿易主義的なヨーロッパの時代は比較的短いものであった。早くも一八七〇年代の不況局面（世紀末のこの「B局面」については第一章の表1を参照）の開始とともに後退し始め、あちこちで保護主義の復活が見られる。自由貿易主義後退の要因は深層においては時代の思潮と関連している。ナショナリズムの覚醒と昂揚は抑えがきかず、防衛・糧食自給の考えが支配的となった。国際経済関係は必要最小限にとどめ、軍備の必要から財政関税の観点が再浮上してくる。しかし直接的な要因は経済的なものである。ヨーロッパの穀物は一八七三年頃からアメリカ産穀物の大量流入により急に価格を下げ始めた。大量輸入の背景にはもちろん輸送手段の効率化と貨物運賃の低下がある。農民の購買力の相対的な低下は、すでに兆候のあった工業生産物の不況に拍車をかけた。自由貿易主義の危機である。また先進諸国間のダンピングに対抗する政策としても保護主義が台頭せざるをえなかった。

こうして関税政策にも新たな一ページが開かれる。すなわち重商主義的な、単なる育成関税（幼稚産業の保護）や維持関税（弱小産業の保護）から、帝国主義的な、より攻撃的・積極的なカルテル関税にシフトしていくのである。ドイツにおけるビスマルクの関税改革（一八七九年）、フランスのメリーヌ関税（一八九二年）に保護色は鮮明である。イギリスも、反保護主義的措置（報復関税、植民地優遇など）をとりながらも、公正貿易同盟

（一八八一年）、連合帝国貿易同盟（一八九一年）、オタワ会議（一八九四年）などを経て、自治領・植民地との経済連合体を構築し始める。世紀末以降の一連の保護主義的な動きについては次章に改めて詳しく述べよう。

〈参考文献〉

高橋幸八郎編『産業革命の研究』岩波書店、一九六五年
小松芳喬『英国産業革命史』一条書店、一九七一年（再訂新版）
P・マサイアス『最初の工業国家』（小松芳喬監訳）日本評論社、一九七二年
荒井政治『国際経済史』東洋経済新報社、一九七三年
D・S・ランデス『西ヨーロッパ工業史』全二巻（石坂昭雄・冨岡庄一訳）みすず書房、一九八〇－八二年
安部悦生『大英帝国の産業覇権』有斐閣、一九九三年
P・J・ケイン&G・ホプキンス『ジェントルマン資本主義と大英帝国』（竹内幸雄・秋田茂訳）岩波書店、一九九四年
M・ボー『資本主義の世界史――1500-1995』（筆宝康之・勝俣誠訳）藤原書店、一九九六年
原輝史・工藤章編『現代ヨーロッパ経済史』有斐閣、一九九六年

Pause-café

◇早すぎた通貨同盟――「ラテン通貨同盟」の実験

ユーロ誕生に先立つ一〇〇年以上も前にヨーロッパ内で、政治の壁を超えた通貨同盟の小さな実験が行われていたことを読者はご存知だろうか。十九世紀の通貨制度に関しては、金銀複本位制と単本位制（金本位制または銀本位制）の併存、ないし前者から金単本位制への転換の歴史として見ることができる。金本位制導入の嚆矢となったのはここでもイギリス（一八二一年施行）であり、七〇年代以降世紀末までにドイツその他も相次いで金本位制に転じる。ロシアは一貫して銀本位制を続けた。

いずれの制度をとるかについては金と銀の供給に依存している。複本位制は金銀の市場比価の変動に影響を受ける不安定な制度であるが、金本位制で通貨需要を満たしえない限りにおいてヨーロッパの多くの国が採用した。さて「ラテン通貨同盟」とは複本位制をとるフランス、ベルギー、イタリアおよびスイスの間に結ばれたものであった。もとよりフランスに接するベルギーとピエモンテ地方（イタリア北西部）は久しい以前から金貨・銀貨に関してフランスと共通の通貨単位を採用しており、一八五〇年にはスイスがこれに加わった。十九世紀半ばのカリフォルニアとオーストラリアでの金鉱の発見に伴い、金の価値が相対的に低下したため、銀流出と金流入を招いた。銀貨の防衛、複本位制の維持が至上命令となる。

こうした状況下、まずスイスは一八六〇年、フランスの五フラン銀貨より少額のすべての銀貨の品位を二〇%落とした。イタリア、フランスがこれに続く。こうして銀一キログラムはベルギーで二〇〇フランに相当するのに、フランスとイタリアでは一八五・五五フラン、スイスでは一七七・七七フランにしかならないという事態に陥り、相互の通用性が困難になった。そこで一八六五年の末、ベルギーのイニシアティヴの下、複本位制を維持したまま、四国の補助通貨の品位の再統一をうたう同盟が結ばれ、これにもう一国、ギリシアが加わった。加盟国はこうして金銀造幣比価を定め、すべての金貨ならびに五フラン銀貨に関して発行の自由と同盟国間での通用を認め合ったのである。

同盟の目的は第一には共通の通貨流通の維持であったが、同盟の中心にいるフランスには別の思惑もあった。中長期的には同盟関係を五国間にとどまらずほかのラテン系諸国、果てはほかのヨーロッパ諸国にまで拡大して単一通貨制度の利点を引き出そうとしたのである。しかし同盟は一八六七年以降暗礁に乗り上げる。原因はまたもや銀の需給変動である。普仏戦争に始まる七〇年代は修正の連続であり、一八七八年にはついに銀貨の鋳造が停止された。それはもはや覇権主義の道具にすぎなくなってしまった。ラテン通貨同盟には一時期、別のヨーロッパ諸国（ルーマニア、スペイン、フィンランド、オーストリア゠ハンガリー）や南米諸国（コロンビア、エクアドル、ベネズエラ、ペルー、チリ）の通貨政策も大なり小なり影響を受けていた。だが今日の通貨統合の目的とは違い、十九世紀で一般に問題になったのは、通貨同盟そのものの利益如何よりむしろ複本位制か金単本位制かということだったのである。

第六章　帝国主義時代と二つの大戦
——国民経済理念の挫折

産業革命によって誕生した近代資本主義は、十九世紀から二十世紀の初めにかけて、独占資本主義の段階に移るが、それに伴ってヨーロッパ列強間の勢力争いが激しくなり、新たな世界経済秩序へと構造転換が進む。列強間の対立は、漸く二大ブロックの争いに集約されていくが、いきつく先は第一次世界大戦であった。ヨーロッパを主戦場とした戦争は、ヨーロッパ経済に大きい損害を与えずにはおかなかったが、大戦後もヨーロッパに真の平和が訪れることはなかった。しかし、そのようななかでも、戦火を避けるためのヨーロッパ統合の動きは芽生えていた。本章では、二度の大戦に見舞われた波乱に富んだヨーロッパ事情について述べる。

1　後発資本主義国の追い上げに揺れるヨーロッパ

イギリスの退潮とドイツの伸張

十九世紀末の大不況から第一次大戦に至る間のヨーロッパ経済の特徴としては、(1)後発資本主義国、特にドイツ（および米国）の追い上げ、⑵世界の工場として資本主義を確立させ、世界経済に君臨してきたイギリスの退潮、および⑶穀物大不況を契機として各国に見られた保護主義の高まり、特に高関税の導入を挙げることができよう。

⑴の後発主義国の追い上げと⑵のイギリスの退潮は、一つの事象として捉えられるが、これは、イギリスの産業革命がヨーロッパ大陸諸国および米国に波及し、イギリスが世界経済における独占的地位を失っていく過程を示すものにほかならない。十九世紀前半の英国は、機械化と鉄道の普及などによって、鉄鋼と石炭の生産は大幅に伸び、世紀初頭から一八五〇年代にかけて、工業生産は四・五倍に膨れ上がった。しかし、その後は、イギリスの工業生産の伸びは鈍化し、後発資本主義国の追い上げが厳しくなる。十九世紀末の二〇年間（一八八〇―一九〇〇年）の工業生産の成長率は、イギリスの一・七％に対し、ドイツは五・三％、米国が四・五％、イタリアが四・五％と、後発資本主義国が高い成長率を示している。また、二十世紀に初頭から第一次大戦直前までの一三年間（一九〇〇―一九一三年）における工業生産成長率は、イギリスの二・二％に対し、イタリアが五・六％、米国が五・二％、ドイツが四・四％と高い成長率を示し、イギリスに次ぐ先発先進国であるフランスでさえも、イギリスよりは大分高い三・七％の成長率を示している。これはとりもなおさず、イギリスが最早、世界の工場の地位を維持できなくなったことを物語っている。

一方、この時代に、世界の主要国が世界の工業生産に占めるシェアにも大きな変化が見られている。ビスマルクのドイツ帝国が建国される前年の一八七〇年において、各国が世界の生産に占めるシェアは、イギリスが三二％、米国が二三％、ドイツが一三％で、イギリスの圧倒的な優位が目立ったが、世紀末の一八九六年から一九〇〇年にかけては、米国が三〇％、イギリスが二〇％、ドイツが一七％と、イギリスと米国の順位は逆転し、また、ドイツがイギリスを急追する。さらに、第一次世界大戦直前の一九一三年には、米国が三〇％、ドイツが一六％、イギリスが一四％と、イギリスは遂に第三位に転落した。十八世紀の産業革命以来、世界経済のなかで圧倒的な優位を保ってきたイギリス経済は、十九世紀後半、特に大不況期以降目立って後退した。

貿易においても、イギリスの後退は顕著であった。一八八〇年の世界の工業製品輸出に占めるイギリス、ドイツ、米国のシェアは、それぞれ四一・一％、一九・三％、二・八％で、イギリスが群を抜いたシェアを示しているが、第一次大戦直前の一九一三年におけるこれら三国のシェアは、イギリスが二九・九％、ドイツが二六・五％、米国が一二・六％と、ここでも、イギリスの後退とドイツの急追が目立っている。

保護主義の復活

前章でも触れたが、このような情勢を背景に、ヨーロッパ各国には再び保護主義的動きが見えてくるが、その代表的なものとして、産業革命以来自由貿易主義に徹してきたイギリスにおける帝国特恵関税創設の動きおよび一八七九年のドイツの関税法が挙げられよう。

イギリスの帝国特恵関税導入の動きは、一八九五年末保守党内閣の植民大臣の座にあったジョゼフ・チェンバレンによるものだが、閣僚辞任後自由の身になると、彼は敢然として、「大英帝国主義」を提唱した。チェンバレンの主張は、簡単にいえば、ドイツや米国などの後発資本主義国の追い上げと農業不況に苦しむ英帝国が、永遠の繁栄を確保するためには、本国と植民地とが互恵的にその利益の優先を認めなければならないとするものであった。これによって、自給自足が可能な大英帝国特恵関税地域を構築しようとするものだった。

チェンバレンは、帝国特恵関税の導入を大きい柱とする関税政策の路線変更を求めて大キャンペーンを展開するが、一九〇六年の選挙で敗退し、イギリスの自由貿易体制は、第一次大戦まで辛うじてもちこたえることができた。しかし、チェンバレンの大英帝国主義構想は、第一次大戦後に息を吹き返し、後年、ヨーロッパの地域統合にも大きい影響を及ぼした英連邦特恵制度の構築に重要な動機を与えたものとして注目される。

この時代の保護主義的な動きのもう一つの例として、一八七九年のドイツの保護関税法に触れておこう。

ドイツの関税制度の確立には、ドイツ関税同盟以来の長い道程があったが、最初の関税法は、ドイツ帝国の新帝国宣言に先立つ一八七〇年に制定され、七三年に改正されている。ドイツには、関税についてのノウハウが乏しく、イギリス関税制度の模倣だといわれていたが、基本的には自由貿易主義に基づく関税率が設定されていた。鉄の関税は撤廃され、一八七七年までに、全輸入の九五％が無税になったといわれている。この時代に、イギリスの関税は、財政目的の限られた商品以外のものについては無税だったが、ドイツも帝国設立当初は大きく自由貿易に傾斜していた。ドイツの関税水準は、ヨーロッパ大陸のイタリア、フランス、オーストリアよりも低く、米国やロシアよりは大幅に低率だったといわれる。

そのドイツが保護関税を志向するのは、従来、自由貿易主義の立場に立っていたユンカー（地主層）が、大不況下の農業恐慌と交通革命による安価な外国穀物の輸入によって、大きい打撃を受けたこと、およびダンピングなどによって競争が激化する対英貿易に対し、関税によって自国産業を保護する必要が生じたことによる。このような背景のなかで、ドイツの製造業は、幼稚産業保護論にも護られて一層の伸長を見せることになった。

しかし、この時代の保護主義の台頭は、イギリスやドイツに限ったことではない。フランスは、一八八八年から九八年にかけて、イタリアとの間に、相互に最高税率を適用し合う関税戦争をおこし、その結果、両国間の貿易額は、紛争前の半分に縮小した。フランスは、スイスとの間でも、一八九三年に関税戦争をおこし、スイスからの輸入品に最高税率を課したりしたが、九五年に妥協が成立した。この時期のフランスの保護関税で有名なものは、一八九二年のメリーヌ関税法であるが、これは、ヨーロッパ諸国の中で最も高い水準にあったといわれている。

ヨーロッパの二極化――三国協商対三国同盟

イギリスの退潮とドイツの追い上げのなかで、資本主義が独占段階に移行する一九世紀末から二十世紀初めにかけてのヨーロッパ諸国は、市場分割の激しい競争を展開する。

この間のヨーロッパ諸国の国際関係の動きは複雑であるが、市場分割、植民地獲得競争の代表的な例としてアフリカの分割が挙げられよう。まず、中央アフリカの利権をめぐって、英仏両国が対立すると、ドイツのビスマルクは、欧米一四か国をベルリンに招いて、ベルリン会議（一八八四―八五年）を開催し、アフリカ分割の原則が定められた。これを契機に、各国はアフリカに殺到することになる。

イギリスは、一八九九年には、エジプト＝スーダンを征服、また、一九一〇年には南アフリカ連邦を建設して自治領とした。フランスは、一八八一年にチュニジアを保護国としたが、さらに南下してサハラ砂漠を占拠し、大陸を横断してジブチ、マダガスカルとの連絡を目指した。ドイツは、八〇年代のなかば、カメルーンなどを植民地として獲得したが、さらに植民地の拡大を狙い、モロッコを巡ってフランスと衝突した。イタリアは、エチオピア侵略には失敗したものの、一九一一―一二年には、トルコと戦ってリビアを獲得した。また、コンゴは、一九〇八年にはベルギー領になった。その結果、二十世紀のはじめのアフリカは、エチオピアとリベリア以外は、すべてヨーロッパ諸国の植民地として分割された。

しかし、植民地の獲得競争は、しばしば帝国主義国間の対立と衝突を招いた。その典型的な例に、イギリスの3C政策とそれに対抗するドイツの3B政策がある。イギリスは、エジプトのカイロ（Cairo）から南アフリカのケープタウン（Cape Town）を結び、さらにインドのカルカッタ（Calcutta）に及ぶ広大な地域をイギリスの勢力下におさめようとする3C政策をたてるが、これに対して、ドイツは、ベルリン（Berlin）からトルコのイスタンブール（古代名ビザンティウムBizantium）、イラクのバグダッド（Bagdad）を結ぶ地域をドイツの勢力下に置こうとする3B政策をたてて、イギリスの3C政策に対抗した。

このような情勢のなかで、ヨーロッパの列強は漸く二つの勢力にグループ化されていった。一つは、イギリス、フランス、ロシアの三国協商であり、他の一つは、ドイツ、オーストリア、イタリアの三国同盟であった。帝国主義同士のこの二つのグループの対立は、世界の領土的分割と再分割の過程でエスカレートしていくが、やがてヨーロッパを主戦場とする第一次世界大戦が勃発して破局を迎える。

2　第一次世界大戦と国際連盟の設立

戦後処理の失敗と国際連盟の無力

ヨーロッパ列強の植民地再分割をめぐる帝国主義戦争として始まった第一次世界大戦は、米国や日本も巻き込んで、大規模で長期の戦争となるが、結局、ドイツ、オーストリアを主軸とした同盟国側が敗北し、イギリスとフランスを中核に、米国や日本も加わった連合国側の勝利に終わる。

その結果、一九一九年一月、パリで講和会議が開催され、同年六月ヴェルサイユ宮殿で、ドイツと連合国の間に講和条約（ヴェルサイユ条約）が締結された。その他の敗戦国、オーストリアやハンガリーなどとの間には、それぞれ別個の講和条約、すなわちサン＝ジェルマン条約、トリアノン条約が結ばれるが、最重要講和条約は、いうまでもなくヴェルサイユ条約であった。

ヴェルサイユ条約によって、ドイツは、すべての海外植民地を喪失し、アルザス・ロレーヌ地方の割譲などによって多くの領土を失い、ライン川左岸の保障占領などのほか、多額の賠償金の支払いを義務づけられた。ドイツに対するこの苛酷な賠償の要求は、イギリスおよびフランスのドイツに対する積年の恨みの報復ともいうべきものだが、この報復の精神がヨーロッパに、そして世界に、真の平和をもたらす大きな妨げとなった。ヨーロッパは、ヴェルサイユ講和条約締結後わずか二〇年ほどで再び戦乱の地となるが、その原因の一つに、報復主義が先行した第一次世界大戦の戦後処理の失敗を忘れることはできない。

ヴェルサイユ体制の成果の最も重要な一つは、世界平和を維持するための国際機構として、国際連盟が設立されたことである。しかし、国際連盟には、経済的に最大の強国だった米国が上院の反対で参加できず、また、当初は、ドイツやソ連邦なども除外したので、イギリスとフランス主導の非力な国際機関に終わった。一九三三年に、日本がリットン調査団による満州事変の調査報告を不満として、国際連盟を脱退した後は、ドイツやイタリアも連盟を脱退し、もともと軍事力を何一つもたない国際連盟は、世界の恒久的平和の維持と国際紛争の防止の面での無力さをさらけだすことになった。

しかし、このことは、国際連盟がまったく手をこまねいていて何もしなかったということではない。国際連盟は、国際貿易から保護主義をなくし、自由貿易によって世界の貿易を拡大するために努力を払った。一九二七年には、ジュネーヴで、国際連盟の国際経済会議が開催され、保護主義によって引き上げられた高い関税の引き下げなどが勧告された。

大恐慌とファシズムの台頭

一九二九年一〇月、ニューヨークの株式市場の大暴落に端を発した大恐慌は、たちまちヨーロッパにも伝播し、世界中を産業の衰退、貿易の縮小、失業の激増という深刻な不況に陥れた。

米国のフーヴァー大統領は、ドイツの賠償や連合国の戦債を一年間延長することによって恐慌を切り抜けようとしたが成功せず、国民の信頼を失って、大統領の座をフランクリン・ルーズヴェルトに明け渡した。

大恐慌を背景に、ヨーロッパ諸国は、ますますガードを固め、保護主義への傾斜は増大した。一九二七年の国際連盟の国際経済会議の勧告に反して、各国は関税引き上げに走るが、こうした保護主義に歯止めをかけるために、関税引き上げを停止させるための措置、いわゆる「関税休日案」が、二九年の国際連盟総会でベルギーとイギリスにより提案された。

しかし、この関税休日案は、折からの世界大恐慌のなかで、実質的な効果を見ることはなく終わった。そして、翌三〇年には、米国で、極めて保護主義の色彩が濃い一九三〇年米国関税法（ホーレー・スムート関税法）が成立する。

このような情勢のなかで、ヨーロッパ諸国の一部では、ファシズムの台頭が目立ってくる。ファシズムの台頭は、イタリアとドイツで顕著であった。

イタリアは、第一次世界大戦で連合国側に立って参戦したが、南チロルなどの、いわゆる「未回収のイタリア」の領有が認められなかったこと等によって、ヴェルサイユ体制に対する不満がくすぶり、北イタリアを中心に共産主義勢力が増大した。この共産主義勢力の打倒を掲げてファシスト党を結成し、また財政難で弱体化していた政府に反対して、政権獲得に登場するのがムッソリーニであった。ムッソリーニは、ファシスト党を中心とする内閣を組織し、一党独裁の政治体制を確立した。大恐慌でイタリア経済が悪化すると、国民の目をそらすべくエチオピアを侵略し、三六年にはエチオピアを征服した。

一方、ドイツでは、三〇年頃からヒトラーのナチス（正式名称は、国家社会主義ドイツ労働党）が、急速に勢力を伸ばして行った。ヴェルサイユ条約の破棄と植民地の再配分を提唱し、また、ドイツ民族の優秀性を強調するナチスの主張は、ヴェルサイユ条約による苛酷な賠償の重圧と恐慌による生活不安に悩むドイツ人の心をとらえた。三二年の総選挙によって、ヒトラーのナチスは第一党に躍進し、三三年にはヒトラー内閣が成立した。ヒトラーは、三四年にヒンデンブルグ大統領が死ぬと、「総統」と称して最高権力を握るが、これに先立ち、ヒトラーは共産党を弾圧し、社会民主党などを解体させ、「第三帝国」と称される強力な一党独裁体制を確立させた。

ドイツは、一九三三年に、日本のあとを追うように国際連盟を脱退するが、三五年には、ヴェルサイユ条約の規定に基づく住民投票を実施して、ヨーロッパ大陸随一の炭田地帯を抱えるザール地方を併合した。また、三六年には、四か年計画によって、大規模な土木工事や軍需工業をおこして失業者を急速に減らすことに成功した。

ドイツは、さらに、一九三五年に、義務兵役制を復活させ、再軍備を宣言した。また、同年行われた仏ソ援助条約調印を理由に、ヴェルサイユ条約によって非武装化されていたラインラントに兵力を進め、ヴェルサイユ体制の無効化を武力により印象づけさせた。

こうして、第一次世界大戦後のヴェルサイユ体制は崩れ、ヨーロッパは戦争への道を転落していく。

イギリスの転向――自由貿易から英連邦特恵へ

アダム・スミスによって代表される自由貿易主義の旗手イギリスは、十九世紀に入って、自由貿易に向けて種々の貿易障害を撤去していく。前章でも触れたように、まず、十四世紀以来の制度といわれた航海条例（自国船舶優遇措置）は、一八二二年、および二五年に改正され、五四年には沿岸貿易に従事する船舶を含め全廃された。また、地主の利益擁護を意図した一七七三年の穀物法は、一八一五年になって、一段と地主保護の色彩が強いものになったが、イギリスの自由貿易運動は、この穀物法の廃止を最大の目標として展開された。そして、ついに、一八四六年に穀物法は撤廃された。

イギリスの貿易政策が最も端的に表現され、貿易政策の変遷を明確にトレースできるのは、イギリス関税の動向である。

イギリスの自由貿易政策完成のために大きい影響を与えたのは、グラッドストン蔵相による一八五三年および六〇年の関税改革であった。これによって、殆どすべての物品の関税は六〇年には撤廃され、議論を呼んでいた木材関税および砂糖関税も、それぞれ、一八六六年および七四年には廃止された。一八七〇年のイギリス関税は、わずか八品目（二五税目）の財政関税を除けば、すべての輸入品について無税であった。これは、関税政策から見た英国自由貿易主義の完勝であり、その絶頂期でもあった。

しかし、歴史は皮肉である。前にも述べたように、イギリスの凋落とドイツをはじめとする後発資本主義国の追い上げは、この頃から速度をはやめる。そして、自由貿易、自由競争の旗を振り続けるだけの経済力が伴わなくなったイギリスは、第一次世界大戦勃発後の一九一五年、ついに自動車、自転車、板ガラス、腕時計等の輸入品に三三・三％の関税を賦課した。これは、完全な自由貿易主義から保護主義へと、イギリスの政策大転換を示す第一歩であった。

イギリスの保護主義は、第一次大戦後も引き継がれていく。一九二一年には、産業防衛関税の設定、二五年には産業防衛関税の対象物品の拡大が行われ、イギリスは保護主義の道を明確に歩みだした。これに追い撃ちをかけたのは一九二九年の世界大恐慌だった。大恐慌の影響は、三一年にピークに達するが、イギリスの溶鉱炉は、半数が休止せざるをえず、鉄鋼や石炭の輸出は大幅に減少した。さらに問題だったのは、対二四年比で、イギリスの輸出は二四％減少したが、輸入が一四％増加したことであった。

イギリス経済は大ピンチに立たされ、貿易政策を大きく転換すべく、三二年に英連邦諸国によるオタワ会議が開催された。ここで、イギリスは、⑴連邦外からの小麦、とうもろこし、銅、亜麻布の輸入に関する関税の賦課、⑵多数品目の関税引き上げ（連邦内からは無税）、⑶特恵マージン減少の抑制等を約束するが、その結果、イギリス、オーストラリア、カナダ、インド、ニュージーランド、ニューファンドランド、南アフリカおよび南ローデシアから成る英連邦特恵制度を柱とした一大経済圏が形成された。これは、それより三〇年近く前、チェンバレンが提唱し、それによって彼が敗退した「大英帝国主義」と同じ路線上のものだが、これによってイギリスは、自由貿易主義から、ブロック経済による自給自足体制へと完全な転向を遂げた。

イギリスの全輸入に占める連邦からの輸入のシェアは、一九三〇年二九％、三五年三八％、三八年四〇％と増え、一方、全輸出に占める連邦への輸出のシェアも、一九三〇年四四％、三五年四八％、三八年五〇％と年を追って増大した。その限りにおいては、英連邦特恵制度は成功であったかもしれない。しかし、英連邦特恵制度が、世界経済のブロック化を先導した役割を見逃すことはできまい。日本の大東亜共栄圏構想も多分にこの特恵制度に影響されるところがあったのではなかろうか。いずれにしても、それは、国民経済理念の挫折にほかならず、世界経済ブロック化への危険な第一歩であった。

3　汎ヨーロッパ運動とその挫折

クーデンホーフ＝カレルギーの汎ヨーロッパ運動

一つの大陸の上に、数多くの国家が国境を接して存在するヨーロッパでは、統合の動きが昔から見られていた。たとえば、十八世紀初めのサン＝ピエール神父のヨーロッパ統合案や先に触れたように十九世紀初め、ヨーロッパ社会の再編成についての議論を惹き起こしたサン＝シモンの提案など種々の主張が見られた。

しかし、ヨーロッパは、こうした統合の動きにほとんど影響されることなく、国民国家とその連合間の勢力争いのうちに第一次世界大戦へと突入した。ヨーロッパの各地で多数の人々が死傷し、ベルギーのイープルでは、新兵器の毒ガスによる犠牲まで出た。それは、黙示録のハルマゲドン（最終戦）を想起させるものでさえあった。

この悲惨な体験が平和への願いを呼び、第一次大戦後の汎ヨーロッパ運動の原動力となった。加えて、ヴェルサイユ条約によって設立された国際連盟も、世界の平和維持のためには、およそ弱体であるという認識が浸透して、汎ヨーロッパ運動の必要性を増幅させた。

一九二二年には、経済関税行動委員会が、また、二六年には欧州経済関税同盟がパリに設置され、当時、最大の関心事の一つであった関税問題を研究した。同じく、二六年には、フランスのルイ・ルシュールが、『国際経済協力の諸問題』という著書のなかで、ヨーロッパの石炭、鉄鋼、小麦のカルテルを提案している。第二次世界大戦後の欧州石炭鉄鋼共同体の設立に先立つ二五年も前のことであった。そして、一九二〇年代の終わりから三〇年にかけて、「ヨーロッパ合衆国」を主題とする本が続々と刊行された。

第一次世界大戦後の、このような一連の汎ヨーロッパへの動きのなかで、最も注目を集めたのは、リヒャルト・クーデンホーフ＝カレルギー伯爵の汎ヨーロッパ運動であった。リヒャルトはもちろん名前、クーデンホーフは父方の姓、カレルギーは母方の姓であるが、かれは、オーストリア＝ハンガリー帝国の伯爵家の次男として、明治二七年一一月一六日、日本で生まれた。父親が、代理公使として日本に赴任中、日本人女性と結婚し、そこで生まれたためである。リヒャルトは、日本の出生届では青山栄次郎と名付けられている（「ポーズ・カフェ」参照）。

リヒャルトは、幼少時代をクーデンホーフ家のボヘミアの居城で過ごすが、第一次世界大戦の勃発は、かれがちょうど二十歳の時であった。青春を、第一次世界大戦の戦場であるヨーロッパで過ごしたかれの心のなかで、平和への願いは大きく燃え上がっていった。

第一次世界大戦の結果、ボヘミアはチェコに属することになるが、一九二一年、二六歳のクーデンホーフ＝カレルギーは、チェコの大統領に会見し、汎ヨーロッパ論を披瀝している。一九二三年には、『パン・ヨーロッパ』

を出版し、ウィーンを根拠地として欧州連合運動を展開した。クーデンホーフ＝カレルギーの思想に共鳴した文化人のなかには、バーナード・ショウ、マリア・リルケ、アインシュタイン、トーマス・マンなどがいる。

かれの考え方の基本は、世界は、欧州、ソ連、大英帝国、東アジアおよびアメリカという五大勢力に分割されるべきであるというものであり、従って、かれの汎ヨーロッパ構想には、イギリスとソ連は入っていない。一方、ヨーロッパにおいて、もし汎ヨーロッパ連合が失敗に終われば、ヨーロッパで再び戦争が起こり、大量殺戮は避けられないと予見している。ソ連を除外したのは、ロシア革命の結果誕生したソヴィエト政権は、ヴェルサイユの平和会議にも招かれなかったし、イデオロギー的にも異質と判断したためであろう。イギリスをヨーロッパから外したのは、地理的ヨーロッパの外に、南アフリカやオーストラリアという帝国の自治領をもち、また、インド亜大陸に広大な領土をもつイギリスを汎ヨーロッパ連合に組み入れることの実際上の難しさによる。かれは、本来、汎ヨーロッパ連合からイギリスを外すことには抵抗を感じていた。かれは、「当面、汎ヨーロッパ連合は、イギリスなしで建設されるが、しかし、イギリスと敵対するものであってはならない」ことを強調し、また、イギリスがその気になるときには、汎ヨーロッパ連合は、イギリスを迎え入れるべきだとしている。

クーデンホーフ＝カレルギーの汎ヨーロッパ運動は、多数の文化人や政治家の支持を集めたが、それがヨーロッパ諸国の大衆のなかに浸透して、大衆の力となって燃え上がるには至らなかった。結局、かれは、ナチスに追われて米国に亡命することになる。

アリスティード・ブリアンの覚書

リヒャルト・クーデンホーフ＝カレルギーの汎ヨーロッパ運動が、一民間人の、今流にいえばＮＧＯの活動であったのに対し、アルスティード・ブリアンの汎ヨーロッパ運動は、フランス政府の公式な活動だった。

クーデンホーフ゠カレルギーとブリアンはこの点で異なるが、ブリアンは、クーデンホーフ゠カレルギーの汎ヨーロッパ運動のよき理解者であり、支持者でもあった。ブリアンは、一九二七年にパリで開催された汎ヨーロッパ連合の中央理事会で、名誉総裁になることを受諾している。

ブリアンは、フランスの大政治家である。かれは、首相として一一回組閣を行い、一二回の外相就任を含めて二五回大臣になったといわれるから、フランス政界でも稀な政治家であった。第一次世界大戦中の一九一五年―一七年の間も首相の座にあり、戦争の悲惨さを十分過ぎるほど味わった。かれのヨーロッパ平和への希求は、そんな体験に基づくものであろう。二四年に外相に就任したブリアンは、国際連盟のフランス代表となったが、そこでかれはロカルノ条約締結のために活躍した。ロカルノ条約（一九二五年）は、ドイツに国際連盟加入の道を開き、国際的和解の精神に基づく地域的集団安全保障を追求したものであった。

ブリアンのヨーロッパ平和と汎ヨーロッパ連合への傾斜は、その後、年を追って強まるが、ハイライトは、何といってもブリアン覚書（ヨーロッパの連邦秩序に関するフランス政府の覚書）であった。

ブリアン覚書は、一九三〇年五月にフランス政府からヨーロッパ各国政府に送付された文書である。起草者は、当時首相の座にあったブリアンの官房長アレクシス゠サン・レジエであったが、一般にブリアン覚書として知られている。

この覚書は、西はポルトガルから東はポーランドまで、ソ連邦を除くヨーロッパ全域で広域経済連合を設立することを狙ったものだが、同時に、「経済連合に至る過程における進歩のあらゆる可能性が、安全保障問題によって厳しく支配される」として、政治連合の重要性を強調している。覚書は、さらに、連合の機構や将来研究すべき分野（経済一般、財政、通信・交通、労働者等）などにも言及している。なお、ブリアン覚書のヨーロッパ連合構想は、国家の主権を十分尊重するものであり、従って、ヨーロッパ諸国の統一ではなく、あくまでも連合の理念に基づく連邦であることが強調されている。

このブリアン覚書を受け取ったヨーロッパ各国の反応はどうだったろうか。残念ながら、反応は全体として極めて冷ややかであった。ドイツでは、ブリアンの強力な支持者であったグスタフ・シュトレーゼマン外相が、覚書がだされる約半年前の二九年一〇月に死去し、ヒトラーの時代を迎えようとしていた。イギリスは、ブリアン構想にとって極めて重要な国であったが、クーデンホーフ゠カレルギーによれば、「ブリアン覚書への公式回答のうち、イギリスのものが最もひどかった」ということだった。

ブリアンが、国際連盟総会に出席したヨーロッパ二六か国の代表を招いて、ヨーロッパ連合構想を発表したのは二九年九月であり、ブリアン覚書が発送されたのが三〇年五月であったが、この八か月の間に世界は大恐慌（二九年一〇月）という大激震に見舞われていた。ヨーロッパ諸国も、自国経済の防衛に追われ、ヨーロッパ連合構想どころではなくなったというのが実情であったろう。一言でいえば、ブリアン覚書は、天の時を得ていなかった。ブリアンは、失意のうちに一九三二年に世を去った。

破滅への道を進む

クーデンホーフ゠カレルギーをして、「もし、ブリアンが成功していれば、ヒトラーは首相にならず、ヨーロッパも別の方向へ進んでいたろう」と嘆かせたブリアンのヨーロッパ連合構想は失敗に終わったが、ブリアン覚書がヨーロッパ諸国の政府に送られて間もない三〇年九月、ドイツでは、それまで一二議席しかなかったナチスが、一〇七議席を獲得して一躍大衆政党となった。二年後の三二年は、ナチスはドイツの第一党に躍進した。

フランスの大政治家ブリアンが死去し、ドイツではナチスが第一党に躍進する一九三二年は、イギリスにとっても重要な年であった。この年、カナダのオタワで英連邦経済会議が開かれ、連邦内に特恵関税制度が設けられ、ポンド・スターリング地域が形成された。イギリスは、ブリアンの意に反し、ヨーロッパ連合の設立より、英連邦特恵地域の形成により大きい魅力をもっていたことが明らかになった。しかし、これは、他の列強によるブロック経済化を促し、国際的対立と緊張を高めることになった。

ヒトラーのドイツは、三八年、オーストリアを併合し、さらに、英、仏、伊との間で結んだミュンヘン協定によってチェコスロヴァキアのズデーデン地方を併合した。翌三九年になると、ドイツはチェコスロヴァキアを解体させ、さらに、ポーランドに対して、ダンツィヒ（グダニスク）の割譲と旧ドイツ領のポーランド回廊を横切って東プロイセンに至る鉄道と道路の建設を要求した。

イギリスとフランスは、ポーランドに援助を約束するが、ドイツとソ連は、三九年八月に独ソ不可侵条約を締結し、九月一日、ドイツは電撃のポーランド侵入を開始した。九月三日には、イギリスとフランスがドイツに宣戦し、こうして第二次世界大戦の幕は切って落とされた。一方、ソ連は東方からポーランドに侵入し、ポーランドは、瞬く間に独ソによって領土を二分割された。

その後の戦争の経緯をここで詳述する必要はあるまい。戦争は、翌四〇年の独ソ戦と四一年の太平洋戦争の開始によって大きな展開を見せるが、結局、米、ソ、英、仏を中心とする連合国側と日、独、伊を中心とする枢軸国側とに分かれて死闘が演じられる。戦争の結末は、一九四五年五月七日のドイツの無条件降伏と同年八月一五日の日本の無条件降伏であったが、第一次世界大戦に続き、再び主戦場となったヨーロッパは、勝者も敗者も大きい痛手を蒙った。

クーデンホーフ＝カレルギーやアリスティード・ブリアンが、その実現に向けて必死に努力したヨーロッパ連合が芽を吹くのは、第二次世界大戦で焦土と化した荒廃したヨーロッパのなかからだった。

〈参考文献〉
北野大吉『英国自由貿易運動史』日本評論社、一九四三年
行沢健三『世界貿易論』筑摩書房、一九七六年
毛利健三『自由貿易帝国主義』東京大学出版会、一九七八年
デレック・ヒーター『統一ヨーロッパへの道』（田中俊郎監訳）岩波書店、一九九四年
金丸輝男編『ヨーロッパ統合の政治史』有斐閣、一九九六年

Pause-café

◇汎ヨーロッパの母は日本人◇

今日の欧州統合の始祖ともいうべき人物が、オーストリア＝ハンガリー帝国のリヒャルト・クーデンホーフ＝カレルギー伯爵であることに、異論をはさむ余地はなかろう。リヒャルトが、第一次世界大戦直後の荒廃したヨーロッパのなかを東奔西走して、汎ヨーロッパ運動を展開したことはすでに述べたが、かれの名は、ヨーロッパ統合史のなかに大きく刻まれ、広く知られている。

しかし、リヒャルトに栄次郎というれっきとした日本名があることはあまり知られていない。リヒャルトは、オーストリア＝ハンガリー帝国の代理公使として日本に赴任中の父、ハインリッヒ・クー

デンホーフ＝カレルギー伯爵とかれが東京で見初めて結婚した母、青山光子との間の二男として、明治二七年一一月一六日に誕生した。

明治二七年といえば、百年以上も昔の話だ。今日のように国際結婚が手軽にできる時代ではなかった。光子（本当の名前は、「みつ」で、光子は当世風に後でつけたものだろう）の結婚も、周囲の猛反対にあった。それを押し切って結婚し、夫と二人の子供と共に、ボヘミアの伯爵の居城に向かったかの女は、シンデレラにたとえられもしたが、いずれにしても並の女性でなかったことは確かだ。

しかし、戸籍ひとつをとっても苦労のあとがよくわかる。リヒャルトの日本名は「青山栄次郎」だが、当初、戸籍には、「青山みつ私生児　男　青山栄次郎」と記入されていた。だが、父親のハインリッヒは極めて誠実な人柄で、かつ、光子を深く愛していた。驚くべく煩雑な手続を経て、光子との結婚許可を内務大臣から正式に得、それによって光子はクーデンホーフ伯爵夫人となり、栄次郎（リヒャルト）も伯爵家の御曹司となった。

光子は大変な美貌だったが、当時、鹿鳴館と並ぶ社交場として知られた紅葉館のホステスだったというから、才色兼備の女性だったことに間違いない。紅葉館といえば、尾崎紅葉の「金色夜叉」のお宮のモデルも、ここのホステス中村須磨をとり入れたものといわれている。光子は、ウィーン時代に、社交界の花と讃えられたが、当時の光子の写真を見ても、さもありなんとうなずける。

かの女は、生涯一度も日本に帰国していない。しかし、日本の新聞や雑誌に接することを無上の楽しみにしていた。二男リヒャルトの名声が高まるにつれ、かの女は「汎ヨーロッパの母」と呼ばれるようになった。日本人が誇ってよい明治の女である。

第七章　経済統合とヨーロッパの再生

三分の一世紀にも足りない短い時間のなかで、二度の世界大戦を体験しなければならなかったヨーロッパでは、第二次世界大戦後、平和を求めて漸く新しい動きが高まる。二〇年代、三〇年代に、リヒャルト・クーデンホーフ＝カレルギーやアリスティード・ブリアンらの統合運動にポジティブな反応を示そうとしなかったヨーロッパでは、戦後の荒廃のなかで、経済統合の気運が静かに進行した。統合の最初の具体的成果は、欧州石炭鉄鋼共同体の設立だった。これは、それまで戦争の火種となってきた石炭と鉄鋼の生産を独、仏をはじめとするヨーロッパ諸国の共同管理下に置き、それによって、ヨーロッパから戦争の芽を摘み取ろうという構想に基づくものであった。

欧州石炭鉄鋼共同体に続いて、欧州経済共同体および欧州原子力共同体が設立されるが、三共同体の設立に伴って、共同体の加盟国であるフランス、ドイツ、イタリア、ベルギー、オランダ、ルクセンブルグという六か国の経済は順調な伸長を見せ、ヨーロッパは戦争による破壊から再生していく。

第七章では、三共同体の設立と、特に欧州経済共同体の発展を中心に述べる。

1　ヨーロッパの復活とアメリカの援助

ヨーロッパの疲弊と実り薄い二国間援助

死者、行方不明者一七〇〇万人を数え、直接戦費一兆一〇〇〇億ドルを費やさせた第二次世界大戦は、ヨーロッパの広い範囲を焦土と化して一九四五年に終結した。

当時の一兆一〇〇〇億ドルという金額がどの程度のものだったかを想像することは易しくないが、後年、一九四八年に成立した対外援助法による米国の五一年度末までの援助総額が、一二五億ドルだったことを思えば、第二次世界大戦の戦費の桁外れの大きさがよくわかる。

日本と同様に、ヨーロッパでも、ドイツをはじめとする敗戦国の経済が壊滅的打撃を被ったのは当然だが、戦勝国のイギリスやフランスも、簡単には立ち直れないほどの痛手を被った。世界の主要国のなかでは、ひとり米国経済のみが健在であった。

戦前の一九三八年を一〇〇として、戦後の四八年の鉱工業生産指数を見てみると、米国は二一六・六%で、戦後の米国経済の順調な発展ぶりを示している。イギリスとフランスの指数も僅かに一〇〇を超えるが、ドイツは五二・五%、日本は四三・一%と、両敗戦国経済の苦しい状況がよくわかる。

さらに、貿易の面では、米欧間の格差は、一層はっきりしたものになっている。同じく、戦後の一九四八年と戦前の三八年との輸出額を国別に比較してみると、米国は一九七・五%と倍増だが、イギリスが九〇・九%、フランスが八四・二%と、いずれも戦前の水準に達していない。ドイツに至っては、三四・二%と、戦前の水準の三分の一という低迷ぶりである（日本は、僅かに八・二%で、戦後の日本貿易の壊滅状態がよくわかる）。

一九四八年における英、独、仏、伊、ベルギー、オランダ、ルクセンブルクおよび米国と日本という九か国の合計輸出額をとって、そのなかの各国のシェアを見てみると、米国のシェアは、ざっと五〇％で、貿易面でも米国の強さがはっきりと読み取れる。一方、ヨーロッパ勢では、イギリスのシェアが二五％に近く、健闘しているが、フランスは一〇％にも満たず、敗戦国の独、伊のシェアは、せいぜい数パーセント止まりというところだ（日本も独伊並みだ）。

このような状態の中で、米国の貿易収支は大きい黒字を重ね、四六年六七億ドル、四七年一〇〇億ドル、四八年五五億ドルと、恒常的に大きい黒字を計上している。他方、ヨーロッパ諸国は、恒常的な貿易収支の赤字を抱え、外貨不足、ドル不足に苦しんだ。戦争による破壊からの復興を叫んでみても、復興に必要な物資を購入する資金の調達もままならぬ状態にあった。

米国は、もちろんヨーロッパに援助の手を差しのべた。早くも、終戦の年の四五年一二月には、米英金融協定が締結され、米国は、三七億五〇〇〇万ドルという多額の借款をイギリスに供与した。この借款の返済条件は、五二年以降五〇年間の年賦、利率二％という好条件であった。

翌四六年には、米仏金融協定が締結された。米国はフランスに六億五〇〇〇万ドルの借款を供与した。返済条件は、五二年以降二〇年間の年賦、利率は二・三七五％という、これまた好条件であった。さらに、第二次世界大戦以来の米仏間の貸借が清算された。

米国は、英仏のほかにも、多数の国に対し、戦時中の武器貸与を清算し、輸出入銀行などによる借款を供与している。これは、借款の供与によって、英仏をはじめとするヨーロッパ諸国が戦後の壊滅的な経済状況から立ち直ることを期待してのことであった。

しかし、このような米国の援助にもかかわらず、ヨーロッパの復興は遅々として進まず、ヨーロッパでは経済的にも社会的にも、極めて不安定な状態が続いた。そのうえ悪いことには、一九四七年のヨーロッパは、冬は厳冬で燃料が不足し、夏は干ばつで穀物は不作だった。このような状況のなかで、たとえばイギリスは、米英金融協定で得た借款を四七年にはすっかり使い果たしていた。

個々のヨーロッパ諸国に与えられた米国の援助は、結果論として焼け石に水で、ヨーロッパの復興は遅れに遅れた。ヨーロッパに対する援助のやり方を再考すべしとする声が漸く高まった。

冷戦の進行とマーシャル・プラン

このような情勢のなかで、米国とソ連を、それぞれの中核とする東西冷戦は着実に進行した。冷戦の背景には、もちろん、東西間の政治体制、経済制度の違いがあったが、それぞれの勢力圏を拡大しようとする動きが相互の不信を増大させた。冷戦を決定的なものにしたのは、一九四八年のソ連によるベルリン封鎖だったといえるが、両陣営の確執はもっとずっと前に始まっていた。四六年には、核兵器の排除に関する米ソ協議が物別れに終わり、チャーチルは、西側とソ連圏の間には、「鉄のカーテンがおりている」と指摘した。東西間の意思の疎通は漸く難しくなっていった。

このような情勢のなかで、米国のトルーマン大統領は、ギリシアやトルコの共産化を防ぎ、ソ連圏の膨脹を防ぐためには、ソ連圏の封じ込め政策をとる必要があることを強調した、いわゆるトルーマン・ドクトリンを発表した。これは、冷戦の宣戦布告だったともいわれている。

米国にとっての緊急課題は、ヨーロッパの共産化を防ぎ、ヨーロッパへのソ連の勢力浸透を阻止することであった。そのためには、ヨーロッパの社会、経済が、一日も早く安定をとり戻す必要があり、それまで行ってきた効果の薄い二国間援助にかわる効果的な対欧援助を行わなければならなかった。

トルーマン・ドクトリンが発表された三か月後の四七年三月、トルーマン政権のマーシャル国務長官は、ハーヴァード大学で行った演説のなかで、ヨーロッパに対する新しい援助計画の構想を発表した。一般に、**マーシャル・プラン**として知られる構想である。

マーシャル・プランの主要なポイントは、⑴ヨーロッパの復興には、当初予想されたものよりはるかに長い時間と大きい努力が必要である、⑵米国の援助の目的は、自由主義経済を世界に復活させることである、⑶援助は、危機が発生する都度、断片的に行われるのではなく、計画的に行われなければならない、⑷援助を受けようとするヨーロッパ諸国は、共同の復興計画を作成し、援助の受け入れ体制を整えなければならない、というものであった。

マーシャル・プランを受けて、西ヨーロッパの一六か国は、翌七月にパリで会合し、一八〇億ドルにのぼる援助の要求を米国に提出した。米国においては、マーシャル・プランを実施するための対外援助法が立案され、四八年四月に議会を通過したが、ヨーロッパにおいては、米国からの援助の統一的受け皿として欧州経済協力機構(Organization for European Economic Cooperation: OEEC)が発足した。マーシャル・プランによって、ヨーロッパに与えられた援助総額は、五一年末までに一二五億ドルだったがその大部は無償の援助だった。マーシャル・プランは、ヨーロッパの復興に大きく貢献した。

マーシャル・プランは、第二次大戦後のヨーロッパの復興という面で目的を達成したが、同時に次のような点でも重要な意味をもつものとなった。

第一に、それまで個別的に行われていた復興計画を一つにまとめ、ヨーロッパとしての共同行動をとらせることに成功した。とりわけ、援助を受ける共同の機構としてOEECを設立させた。OEECは、後に性格を変えて、OECD(経済協力開発機構)へと発展を遂げることになった。いずれにしても、マーシャル・プランは、援助を通じてヨーロッパの連帯を強めることとなった。

第二に、米国は、援助を通じて米国が描くヨーロッパのビジョンを明らかにした。一九四八年対外援助法では、援助の目的が、⑴参加国における工業生産および農業生産の発展、⑵ヨーロッパにおける通貨、予算、財政の健全性の回復および維持、⑶貿易障壁の軽減による貿易の拡大にあることが述べられている。

また、米国は、マーシャル・プラン援助の双務協定として、イギリスとの間に、米英経済協力協定を締結したが、このなかで、英連邦特恵制度のような独占的支配を助長するものに対して、欧州復興共同計画の達成が優先されるべきことが述べられている。

第三に、これが、西ヨーロッパに反共軍事体制確立の基礎となったことである。マーシャル・プランは、もともと西ヨーロッパの反共体制を固めることが狙いであったが、米国の援助の重点は、五〇年代に入ると漸く軍事援助へ移って行く。五一年には、相互安全保障法が成立したが、これを契機に軍事援助への傾斜が強くなる。四〇年代には全額経済援助だった米国の援助が、五一年から軍事援助の比重が増し、五三年には、軍事援助額が経済援助額を大きく上回った。

このような情勢のなかで、四八年には、英、仏、ベネルックスの三国の計五か国によって西ヨーロッパ連合条約が締結され、また、四九年には米国主導の地域的安全保障軍事機構であるＮＡＴＯ（北大西洋条約機構）が設立された。西ヨーロッパ一〇か国および米国とカナダの計一二か国が参加した。さらに、五〇年には、これまた米国の主導で、西ヨーロッパ諸国の相互の経済協力の決済を円滑にするために、信用供与機構として欧州決済同盟（ＥＰＵ）が設立された。全額米国の出資だった。

一方、東側では、四九年に経済協力機構としてＣＯ《コ》ＭＥ《メ》ＣＯ《コ》Ｎ《ン》（経済相互援助会議）が、そして五五年にはＮＡＴＯに対抗する機構として、ワルシャワ条約機構が設立された。ソ連邦、ポーランド、ルーマニア、チェコスロヴァキア、東ドイツ、ハンガリー、ブルガリア、アルバニアの計八か国が参加した。

2　パリ条約とECSCの設立

ヨーロッパの紛争の火種、石炭・鉄鋼産業

今日、中東や湾岸で緊張が続いているのもその一例だが、重要な資源や産業が存在する地域は、不幸にして、昔からしばしば紛争の地となってきた。産業革命による機械産業の発達と鉄道の普及によって、鉄に対する需要は飛躍的に高まったが、それに伴い、鉄鉱石をとかす燃料の石炭とそうして得られる鉄鋼は、一九世紀以降、ずば抜けて重要な戦略物資となった。幸か不幸か、ドイツのルール地方は、ヨーロッパ大陸随一の石炭の埋蔵量を誇っていたが、それによってルール地方は、紛争の危険な火種を抱えることになった。

第一次大戦後の一九二三年、フランスとベルギーは、ドイツが戦争の賠償支払いを履行していないことを理由に、ドイツ領に押し入り、ルール地方を軍事占領した。表向きの理由は、ドイツの賠償不履行だったが、実際には、ドイツがルール工業地帯を復興させ、再び軍事大国になることを恐れたためであった。

ルール地方は、第二次世界大戦の直前には、ドイツの石炭、鉄鋼の約七〇%を生産し、周辺地域には関連する重化学工業を集めて、世界経済にも大きい影響を及ぼし得る一大工業地帯を形成していた。だから、この地域をどう処理するかは、連合国側にとって大きい問題だった。

第二次大戦後のドイツ占領当初、連合国側はルールの生産能力を一定水準以下に抑えて、ドイツが軍国主義を復活するための経済的基盤をなくそうと考えていた。しかし、ソ連に対する脅威と冷戦の進行は、ドイツを西側陣営に組み込むべしとする意見を後押しし、占領軍によるルール地方の管理の仕方にも、漸く変化が見られてき

た。

一九四九年には、従来からの米国とイギリスに加えて、フランスおよびベネルックス三国を加えたルール国際管理機構が、ルールの生産管理を行うことになった。ドイツは、このような戦勝国の管理にもちろん反対したが、国際管理の目的は、(1)ルール地方の資源は、将来、侵略のために使われてはならず、平和のために使用されなければならない、(2)ルールの石炭、コークス、鉄鋼は、これまでドイツの独占的支配の下にあったが、将来は、共通の経済的福祉に協力する国々に公平な基盤に基づいて保証される、というものであった。

この国際管理機構によるルールの管理目的の中に、シューマン・プランの基本的構想の一端を見ることができる。シューマン・プランは、ペンと紙だけで作成されたものではなく、ルール地方の生産管理という現実の難問の上に築かれたものである。

シューマン・プランとジャン・モネ

占領国側がルールの管理に腐心している頃、東西の冷戦はさらに進み、アジアでは、もはや冷戦ではなく、朝鮮戦争という現実の熱い戦争が始まろうとしていた。

そのような情勢のなかで、フランスのロベール・シューマン外相は、一九五〇年五月、欧州統合にとって歴史的な幕開けとなった、いわゆる**シューマン・プラン**を発表した。このシューマン・プランは、ルールを含むヨーロッパの石炭と鉄鋼の全生産をプールしようとする構想であるが、次のような狙いを明確にしている。「フランス政府は、フランスおよびドイツの石炭と鉄鋼の全生産が、他のヨーロッパ諸国の参加を認める機構において、共通の最高機関の管理のもとに置かれることを提案する。……石炭と鉄鋼の共同管理は、経済発展のための共通の基盤を直ちに準備し、欧州連邦への第一歩となるだろう。フランスとドイツとの間の戦争は、もはや単に考えられないというばかりでなく、実際に不可能になることは明らかである」。ルールをはじめとする全ヨーロッパから、石炭と鉄鋼という戦争の火種を取り除こうとするこのシューマン・プランは、画期的な構想であった。シューマン・プランは、「数世紀にわたるフランスとドイツの敵対関係がまず解消されなければならない」と述べているが、戦争の回避こそが、短期間に二度の世界大戦を体験したヨーロッパの悲願であった。

一方、東西ドイツの分裂という状態が恒久化するなかで、西ヨーロッパは、ドイツ（西）を含めて、西側の結束を急速に固める必要があった。ソ連は既に原爆を開発し、ドイツのアデナウアー首相は、西側の防衛に積極的に参加する姿勢を見せていた。西ヨーロッパは、将来のドイツの脅威を取り除くと同時に、ソ連の脅威の前に結束しなければならなかった。シューマン・プランは、この両者を満足させる一石二鳥の解決策であった。

シューマン・プランを発表したフランスのロベール・シューマンとプランの実際の起草者であったジャン・モネについて簡単に触れておこう。

ロベール・シューマンは、蔵相、首相の経験を持ち、一〇の内閣で外相をつとめたフランスの政治家だが、ヨーロッパ統合をおし進め、独仏間の和解に努力した。彼はロレーヌ地方の出身で、ドイツの大学で学んだが、一貫したヨーロッパ統合論者であった。四七年の深刻な危機の当時、首相の座にあったシューマンが、「ドイツ野郎」とののしられたのも、彼の出身地のせいがあった。シューマン・プランは、彼の業績の最たるものだが、後年、五八年にストラスブールで開催された欧州議会で、議長に選出され、六〇年まで欧州議会議長として活躍した。

一方、シューマン・プランの実際の起草者として知られる**ジャン・モネ**は、コニャック地方の出身で、若くして家業のコニャック会社に入ったが、第一次大戦後、四年間、事務次長として国際連盟に勤務したといわれるから、傑出した人物だったことは間違いない。第二次大戦の勃発とともに、英仏経済調整委員会議長という要職について活躍し、また、ワシントンで軍需物資の供給を交渉した。第二次世界大戦後の一九四六年、フランス政府は、フランスの経済復興を企画する近代化設備企画院を設置したが、モネは、その長官に任命された。

独仏の石炭、鉄鋼産業を超国家的な一つの枠組みのなかで統合するというモネの構想は、一朝一夕の思いつきではなく、モネの卓越した頭脳によって練りに練られた構想であった。シューマン・プランは、シューマンとモネの二人三脚によって日の目を見た大構想であった。

ECSCの成立

シューマン・プランに対して、ドイツは、それが戦勝国による一方的な石炭、鉄鋼生産の管理ではなく、平等の基盤に立つ共同管理であることから前向きの反応を示し、また、ベルギーやイタリアなども構想を積極的に支持した。イギリスは、フランスの働きかけにもかかわらず、シューマン・プランを支持するに至らなかった。結局、シューマン・プランは、フランス、ドイツ、イタリア、ベルギー、オランダおよびルクセンブルクの六か国によって支持され、構想を実現するために「ECSC（European Coal and Steel Community――欧州石炭鉄鋼共同体）を設立する条約」が起草された。条約は、一九五一年四月一八日に、上記の六か国によってパリで調印された。パリで調印されたので、一般にパリ条約とも呼ばれている。翌五二年七月、条約は各国の批准を終えて発効した。なお、「ESSCを設立する条約」の有効期限は、条約によって発効後五〇年と定められているので、条約は二〇〇二年七月に失効し、共同体はその任務を終えた。

ECSC設立条約は、前文、一〇〇か条の条文および附属書から成るもので、条約第二条は、「ECSCの任務は、加盟国の一般経済との調和を保ちつつ、共同体を設立することによって、加盟国における経済の拡大、雇用の増大および生活水準の向上に貢献することである」と述べ、ECSC設立の目的を明示している。

また、第四条では、共同体の設立に伴って廃止されるべきものとして、⑴石炭・鉄鋼に対する関税およびこれと同等の効果をもつ課徴金ならびに物品の移動に関する数量制限、⑵生産者、購入者、消費者に関する差別的措置、⑶国家による補助金、および⑷市場の占有を意図する制限的慣習が挙げられている。

いずれにしても、ＥＣＳＣ設立条約によって、たとえば、フランスの鉄鉱石輸出制限やドイツの自国産原料に対する石炭の優先割当て等の差別的措置は廃止され、ＥＣＳＣ加盟国において、石炭と鉄鋼は、自由競争の原則に従って、自由に生産され、流通することになった。石炭と鉄鋼という限られた分野ではあるが、ヨーロッパにはじめての共同市場が確立されたことは、欧州統合史の上でも画期的な出来事として特筆に値する。

ＥＣＳＣ設立条約が発効した一九五二年と五七年を比較してみると、域内取引量は、鉄鉱石が九・四百万トンから一四・三百万トンへと五二・一％増を示し、鉄鋼製品は、二・一百万トンから五・七百万トンへと一七一・四％の増加を見せている。また、粗鋼生産は、四一・九百万トンから五九・八百万トンへと四二・七％増加した。さらに、石炭関係についても、域内取引量は、コークスが八・一百万トンから九・三百万トンへと一四・八％増を示し、石炭は、一六・三百万トンから一九・八百万トンへと二一・四％の増加を見せた。

こうして、マーシャル・プランをベースに設立された欧州石炭鉄鋼共同体は、順調な滑り出しを見せ、ヨーロッパ統合の歴史的な第一歩となった。

ＥＣＳＣの原加盟国である仏、独、伊、ベルギー、オランダ、ルクセンブルクの六か国は、その後も欧州統合の中核的役割を果たしてきた。一方、ＥＣＳＣへの参加を逡巡《しゅんじゅん》したイギリスは、後述するように、それなりの特殊事情を抱えていた。しかし、イギリスは、一九七三年のＥＣ加盟後でも、欧州統合に対する基本的なスタンスにおいて、ＥＣＳＣの原加盟六か国とは、しばしば異なった姿勢を見せた。

3　パリ条約からローマ条約へ

EECとEURATOMの設立

ＥＣＳＣという限られた物資を対象とした共同体設立に成功したヨーロッパは、引き続き、より大規模な統合に向けて経済統合を進めた。これは、ＥＣＳＣ設立の段階で既に織り込み済みの既定路線でもあり、経済統合の自然の流れでもあった。

ＥＣＳＣ条約発効後約三年を経た五五年六月、ＥＣＳＣ加盟六か国の外相は、イタリアのメッシーナで会合し、経済共同体と原子力共同体の二つの共同体を設立することで基本的に合意した。メッシーナ決議といわれるものである。そして、この決議に基づいて、六か国は、ベルギーのスパーク外相を委員長とする専門委員会を設置し、ブリュッセルで共同市場や関税同盟の設立などについて研究を開始した。

それは、厖大な作業量を伴うものであった。関税同盟の設立ひとつをとってみても、域内関税引下げのスケジュール、対外共通関税の設定に向けての各国関税率接近のスケジュールをはじめ、関税分類や関税評価方法の統一など、気が遠くなるほど大量の作業を仕上げなければならなかった。

スパークは、パリ条約の設立に際してモネが行ったと同様の役割を、ローマ条約に関して果たしたといってよかろう。**ポール＝アンリ・スパーク**は、第二次世界大戦中はイギリスに亡命し、ベルギーの亡命政権の外相をつとめたが、戦後は、外相を六回、首相を三回つとめたベルギーの著名な政治家であった。かれはパリ条約からローマ条約への先導役を精力的にこなし、二年の歳月をかけた研究と交渉の末、「スパークの報告書」として知られる、ローマ条約のたたき台を完成したのである。

欧州経済共同体と欧州原子力共同体という二つの共同体が設立されることになったのは、当時、原子力の平和利用が緊急課題として脚光を浴び、また、フランスが原子力共同体の設立に極めて熱心だったことによるといわれている。欧州原子力共同体の初代委員長には、フランスの国鉄総裁のルイ・アルマンが選出された。

スパーク報告書に基づき、六か国の専門家会議がブリュッセルで開催され、二つの共同体を設立する条約の案文作成にかかった。種々の技術的困難もあったが、共同体の先例となるＥＣＳＣが順調に機能していたこと、および独仏を中心とする協調の精神が、小異を捨てて大同につくよう六か国をまとめあげた。長年にわたる独仏間の難問だったザール地方の帰属問題も、ザールをドイツに返還することで決着した。

一九五七年三月二五日、独、仏、伊、ベルギー、オランダ、ルクセンブルクの六か国の代表は、ローマで、「ＥＥＣ（European Economic Community――欧州経済共同体）を設立する条約」および「ＥＵＲＡＴＯＭ（European Atomic Energy Community）を設立する条約」に調印した。これら二つの条約は、各国の批准を経て、翌五八年一月一日に発効した。これらの条約は、ローマで調印されたためローマ条約とも呼ばれている（条約の規模やその影響からみて、ＥＥＣ設立条約はＥＵＲＡＴＯＭ設立条約に比べてはるかに重要であり、単にローマ条約という場合は、ＥＥＣ設立条約のみを指すことが多い）。

なお、ＥＥＣ（欧州経済共同体）は、マーストリヒト条約によって、ＥＣ（欧州共同体）と改称されたので、今日では、「ＥＥＣを設立する条約」は、「ＥＣを設立する条約」として、マーストリヒト条約に組み込まれている。

ローマ条約の概要

ＥＵＲＡＴＯＭ設立条約は、前文、二二五か条の本文および附属書から成っている。ＥＵＲＡＴＯＭの基本的な狙いは、条約の前文にも述べられているように、原子力平和利用のための原子力産業開発に必要な条件を整備することである。一方、EURATOMが行うべき任務は、条約第二条に定められているが、主要なものは、研究促進と技術情報の伝達、統一安全規準の確立、投資の促進と核エネルギー開発のための基本設備の確立、共同体のすべての利用者に平等な鉱石および核燃料の供給などである。

EEC設立条約は、前文、二四八か条の本文および附属書から成っているが、共同体の広汎な経済活動について定めたもので、極めて重要な条約である。

本文は、第一部原則、第二部共同体の基礎、第三部共同体の政策、第四部海外の国および領土との連携、第五部共同体の機構、第六部一般規定と最終規定の六つの部に分かれ、第一部の第三条で共同体の任務が、概略次のように定められている。

(a) 域内の輸出入に関する関税および数量制限の廃止ならびにこれらと同等の効果をもつ措置の廃止
(b) 第三国に対する共通関税および共通通商政策の確立
(c) 人、サービスおよび資本の移動の自由に対する障害の撤廃
(d) 農業における共通政策の採用
(e) 運輸における共通政策の採用
(f) 共同市場における競争が歪められないためのシステムの構築
(g) 加盟国の経済政策を協調させるための手続の適用および加盟国の国際収支不均衡の是正
(h) 共同市場が正当に機能するために必要な範囲での加盟国の法律の接近
(i) 労働者の雇用機会の改善のためのおよび生活水準に寄与するための欧州社会基金の設立
(j) 新資源開発によって共同体の経済的拡大を促進するための欧州投資銀行の設立

(k)　貿易を拡大し、かつ、経済的、社会的開発を共同で促進するために、海外の国および領土との連携

前にも述べたように、EEC設立条約は、マーストリヒト条約によってEC設立条約と改名され、また、環境政策や欧州横断ネットワークの設立などの新分野が追加された。しかし、上記(a)—(k)に掲げた共同体の任務には、基本的に大きい変更はない。

とにかく、こうしてヨーロッパには、EEC、ECSC、EURATOMという三つの共同体が併存する時代を迎えた。

EEC設立の意義

一九五二年に発足したECSCは、欧州統合をスタートさせたという点で重要な意味をもつものだったが、この共同体の対象は、石炭と鉄鋼という狭い範囲の産業に限られていた。これに対し、ECSC発足後約五年半を経て発足したEECは、経済活動全体を対象とする共同体で、これによって、ヨーロッパに初めて一大経済圏が出現したといいえる。

当時、GNPでは、まだまだ米国が群を抜いて大きかったが、貿易額（輸出）では、EECは英連邦特恵地域に次いで世界第二位の規模をもつものだった。ちなみに、一九五七年の世界の輸出額に占めるEEC輸出額のシェアは、二〇・八％で、英連邦特恵関税地域（スターリング地域およびカナダ）の二三・六％に迫るものであった。

しかも、EECは、EEC設立条約第九条に明記されているように、「関税同盟」に基礎を置く機構であった。従って、域内では商品が自由に流通し、一方、第三国に対しては、対外共通関税という統一的な関税障壁を設け

て、第三国からの輸出攻勢に対抗する強固な地域統合体であった。それは、第三国に対して共通関税を持たない自由貿易地域や特恵関税地域とは、質的に異なる機構だといってよい。

さらに、ＥＥＣは、経済活動の極めて基本的な分野において共通政策を確立することに成功した。人間の生存に不可欠な農産物に関する共通農業政策、国際貿易の基本となる制度を確立するための共通通商政策、および域内輸送の料金、条件等の枠組を定める共通運輸政策であった（後年、共通エネルギー政策等が追加されていく）。

共通政策の確立ということは、これらの分野における政策決定が、各国政府の手を離れてＥＥＣに移ったことを意味する。たとえば、タリフ・クォータ（輸入数量割当制度）の数量枠の決定も、ダンピング防止税の発動も、農産物の市況が下落した場合の政府介入価格も、それらは個々の政府の権限外となり、ＥＥＣが絶対的政策決定権を持つことになった。従って、関税交渉や貿易交渉などの当事者は、ＥＥＣとなり、各国政府はＥＥＣを補佐するアドバイザー以上のものではなくなった。

また、これらの分野をはじめとして、ＥＥＣ（閣僚理事会）は多くの法律を制定し、公布した。これらは、日本流にいえば、法律から通達レベルの内容までを含むが、最上位の法律である規則（Regulation）は加盟国によって直接適用されるべき性質のものであった（第八章、四節参照）。

こうして、規模の上でも、また、内容的にも、前例を見ない強力な求心力で結ばれた地域統合体が成立した。

4　共同体の基礎とＥＥＣの発展

関税同盟の成立

ＥＥＣ設立条約第九条は「共同体は関税同盟に基礎を置く」と、ＥＥＣの基礎が関税同盟にあることを明確に定めている。関税同盟は、ＥＥＣの発足に際しての最大の難問だったが、当初一二年間をかけて一九六九年末に完成する予定だったＥＥＣの関税同盟は、予定を一年半短縮して六八年六月三〇日に完成した。翌七月一日から完全なＥＥＣ関税同盟が発足したわけである。

前述の条約第九条は、さらに、「この関税同盟は、モノの貿易全般にわたって適用され、かつ、加盟国間の輸入および輸出に関する関税ならびにこれと同等の効果をもつすべての課徴金の禁止と、第三国に対する共通関税の採用を内容とする」と述べ、同条約第一二条から二九条にかけて、関税同盟の設立に関する詳細な規定が設けられている。

ＥＥＣの関税同盟は、大きく分けて域内関税の廃止と対外共通関税の設定という二つの基本的な目的をもつものである。しかし、域内関税の廃止ひとつを見ても、当時の各国の関税水準はかなりの高さにあったから、それを引下げてゼロにもっていく過程では生産者からの抵抗もあった。

域内関税の撤廃のプロセスは、域内関税を一九五九年一月から、段階的に引下げ、当初の予定を早めて、六八年七月一日には、域内関税はすべてゼロになった。第一回の引下げから数えると九年半で域内関税の撤廃を完成したことになる。たとえば、三〇％の関税率については、年平均約三％ずつ段階的に関税率を引下げて域内のゼロ関税を実現した。

対外共通関税の設定は、簡単にいえば、加盟国が関税同盟設立一年前の一九五七年一月一日に実施していた関税率の算術平均値を目標の共通関税とし、それに向かって各国が自国の関税率と目標の共通関税率との差を縮小していき、最終的には共通関税に一本化するというものであった。ただし、前述の関税率の算術平均値は、六か国の平均ではなく、ベルギー、オランダ、ルクセンブルクは一国として取扱い、フランス、ドイツ、イタリアおよびベネルックスの四者の算術平均値がとられた。

図4　EECの対外共通関税の設定（工業品の標準的な場合）

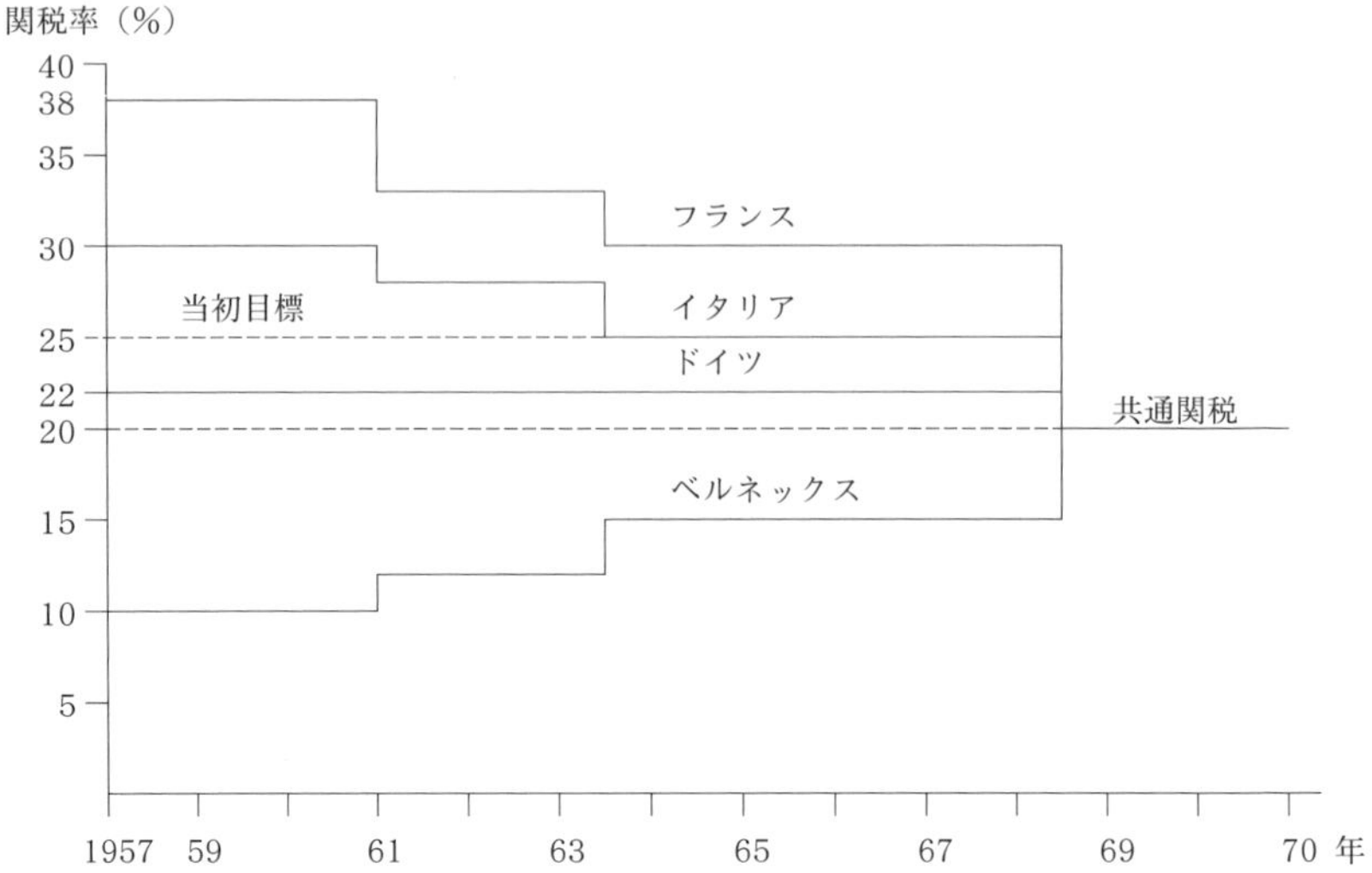

（注）1957年1月1日の関税率が、フランス38%、イタリア30%、ドイツ20%、ベネルックス10%と仮定した場合、当初の目標関税率は、四者の算術平均値で25%、それから2割減の最終目標、共通関税は20%となる。関税率の接近は、1961年1月、1963年7月および1968年7月の3回にわたって行われた。
（出所）大蔵省財政金融統計月報第144号

なお、当初の目標関税は、ガットのディロン・ラウンド交渉（一九六一年—六二年）において二〇％に引き下げられ、各国は引下げられた最終目標関税（共通関税）に向かって接近を行った（図4参照）。

ガットと関税同盟

一九四八年一月一日に発足したガット（関税と貿易に関する一般協定）は、自由、無差別の原則に基づいて世界貿易の拡大を図る国際機構であったが、特定の国に対する有利な待遇を前提とする関税同盟や自由貿易連合は、そもそもガットの無差別の原則に沿わないものであった。しかし、ガットの発足時には、既にベネルックス関税同盟が具体化する動きを見せ、また英連邦特恵関税地域という差別的ブロックも存在していたので、無差別主義と関税同盟などの地域的機構をどう調整していくかは、ガットが最も腐心した問題の一つであった。

結論をいえば、ガットは、第二四条のなかで、関税同盟と自由貿易地域に関する規定を設け、これらの規定に合致する場合に限って地域機構が認められることになった。詳しい説明は省くが、関税同盟についていえば、⑴関税その他の制限的通商規則が、すべての域内貿易について廃止されていること、⑵域外国との貿易においては、実質的に同一の関税その他の通商規則が加盟国により適用されていることおよび⑶関税同盟の関税の全般的水準は、設立前より高いものであってはならず、また、その通商規則は、関税同盟設立前に比べてより制限的なものであってはならないという三点が、ガットが関税同盟を認めるための基本的条件であった。

上記の⑶の条件は、いうまでもなく、地域統合が、自由貿易主義に逆行するブロック化に向かうことに歯止めをかけるためのものであった。

しかし、理屈の上では、経済のブロック化を防止するためにガット第二四条の規定が設けられはしたが、現実にＥＥＣという巨大関税同盟が成立すると、それが高い対外共通関税を張りめぐらせて、保護主義的な経済ブロックに向かうことが懸念された。

このような情勢のなかで、米国は、ＥＥＣの対外共通関税の壁を崩すために画期的な大規模な貿易交渉に打って出た。それがガットのケネディ・ラウンド貿易交渉である。そして、米国がＥＥＣの外壁を打ち破るために考案された新兵器が「八〇％条項」と呼ばれる対ＥＥＣ交渉のために用意された大統領の特別権限であった。これは、米国とＥＥＣの輸出額の合計が世界の輸出額の八〇％以上を占める品目については、関税をゼロにできるという権限であった。

当時ＥＥＣには、イギリスの加入が予想されていたが（後述）、イギリスの加入が実現した場合、この八〇％条項がカバーする品目は、自動車、工作機械、電気機械、事務用機器、化学品、薬品などの広い範囲に及ぶものであった。しかし、イギリスのＥＥＣ加盟が拒否されたため、八〇％条項品目は大幅に縮小し、僅かに航空機とマーガリンの二品目を対象とするにとどまった。こうして、八〇％条項は、結局、不発に終わったが、ケネディ・ラウンドにおいて、ＥＥＣの対外共通関税を切り崩すために、米国がいかに努力を払ったかを示す代表的な例であった。

ＥＥＣ貿易の発展

初めに、関税同盟の経済的効果について簡単に触れておこう。関税同盟の経済効果については、多くの研究が見られているが、最も広く知られているものは、ヴァイナーの「貿易創出効果」と「貿易転換効果」である。

関税同盟の設立に伴って、それまで関税によって保護されてきたある国の国内生産は、域内関税が廃止されることによって、関税同盟加盟国中の最低費用の生産国からの輸入にとって代わられる。つまり、関税同盟によって新しく貿易が生まれるわけだから、ヴァイナーは、これを貿易創出効果と呼んだ。関税同盟がもたらすプラスの経済効果である。

他方、関税同盟は、域外国に対しては対外共通関税を維持するから、世界中で最低費用の域外生産国からの輸入は、その輸入価格（関税を含む）が関税同盟加盟国（関税なし）の最低費用を上回る限り阻止される。つまり、輸入先は、世界で最も効率的な生産国から関税同盟加盟国のなかで最も効率的な生産国へとシフトする。ヴァイナーは、これを関税同盟の貿易転換効果と呼んだ。これは、世界経済全体の立場から見れば、関税同盟がマイナスの効果を生む可能性のあることを指摘したものであった。

さて、このような理論上の問題は別として、ＥＥＣの貿易は、どのような進展を見せたのであろうか。

表4によっても明らかなように、ＥＥＣの貿易は、順調な伸長を示した。一九五八年と六五年との貿易額の比率を見ると、輸出が二〇五％、輸入が二〇八％で、輸出入ともに大きく伸びている。しかも、ＥＥＣ加盟国のす

表4　EEC 設立初期の貿易の伸び

国　　名	輸　出　額（億ドル）			輸　入　額（億ドル）		
	1958年(A)	1965年(B)	(B)／(A) %	1958年(A)	1965年(B)	(B)／(A) %
ド　イ　ツ	92	179	195	77	175	227
フ　ラ　ン　ス	54	101	187	59	103	175
イ　タ　リ　ア	26	72	277	32	73	228
ベ　ル　ギ　ー・ルクセンブルク	30	64	213	31	64	206
オ　ラ　ン　ダ	32	64	200	36	75	208
EEC 計	234	479	205	236	490	208
イ　ギ　リ　ス	91	132	145	103	157	152

（出所）　国連貿易年鑑に基づき作成

べてが例外なく貿易額を大幅に伸ばした。また、ＥＥＣに加盟していないイギリスと比べてみると、ＥＥＣ加盟国のいずれもが、輸出額および輸入額の双方の伸長率において、イギリスを大きく上回った。

ＥＥＣにとって、さらに重要なのは域内貿易の伸びであった。域内の関税や数量制限等の撤廃に伴ってＥＥＣ加盟国相互間の貿易は増大し、一九六二年と七三年の域内貿易依存度は、三九・二％から四八・九％へと伸び、安定した貿易圏の確立を証明した。

一九六八年六月末に関税同盟を完成させたＥＥＣは、ちょうど一年前に決着したケネディ・ラウンド貿易交渉（一律五〇％関税引下げ交渉）によって、対外共通関税を大幅に削減することになった。ＥＥＣは、それによって、対外共通関税によって守られた保守的、排他的な経済ブロックではなく、全般的な流れとしては、協調的、開放的な地域統合体として発展していく。

共通農業政策の形成と発展

前にも述べたように、ＥＥＣは、通商、農業、運輸の三分野で共通政策を確立したが、このうち共通農業政策は、莫大な予算を必要とし、また、農産物輸出に大きい関心を示す米国との間で紛争の種となってきた。ここでは、共通農業政策と最近の農政改革の概要を述べることとする。

農業は、ＥＥＣのアキレス腱といわれてきたが、農業の特殊性はＥＥＣに限ったことではない。工業品の場合は、域内の関税その他の制限措置を撤廃すれば、原則としてそこに共同市場の条件が整い、域外国に対しては、一定の高さの関税障壁によって域内産業を守ることができるが、農産物の場合は、それだけでは不十分である。農業生産は、気象をはじめとする天然条件によって収穫量が支配され、それに伴って価格が大きく変動する。こういうなかで、農業従事者に他の産業従事者とあまりかけ離れない所得を保証し、また、国民に対して食糧の安定的な供給を確保することは、農業政策の基本的な要請である。

ＥＥＣ設立条約は、第二編で農業を取り上げ、第三八―四七条に共通農業政策を詳しく定めているが、第三九条は、共通農業政策の目的を次のように掲げている。

(a) 技術的進歩を促進することにより、また、農業生産の合理的発展と労働力を初めとする生産要素の最適利用の確保によって農業生産性を向上させること。
(b) 特に農業従事者の個人所得を増加させることにより、農業人口に公正な生活水準を確保すること。
(c) 市場を安定させること。
(d) 供給の安定を確保すること。
(e) 合理的な価格で消費者への供給を確保すること。

このような目的を達成するための措置として、ＥＥＣは、共通農業政策（Common Agricultural Policy: CAP）を運営してきたが、その基本原則は、**市場の統一**（単一価格の設定）、**域内優先**（輸入農産物に対する課徴金の賦課、輸出補助金等による域内農産物の保護）および**財政連帯**であった。

市場の統一（単一価格の設定）は、ＣＡＰの最重要政策であり、市場介入買入れによって最低価格を保証する制度である。農産物の市況が弱い場合に、域内農家の再生産を維持するため、ＥＥＣが介入価格で買入れを行い、市場価格がこの価格水準を下回らないようにするための措置である。生産者にとってはありがたい制度であるが、他方、この価格支持制度は大きい財政負担を必要とした。

域内優先の原則に基づく課徴金制度（ウルグアイ・ラウンドの結果関税に置き換えられた）は、ＥＥＣが考案した制度で、低価格の輸入農産物に対する完全な防衛手段であった。簡単にいえば、この制度は、域内の指標価格に基づいて算出される境界価格（一種の政策的な国境価格）と輸入価格（国際市場価格）との差額を課徴金として徴収するものだった。

この課徴金制度によれば、輸入農産物の価格が下落すれば、その下落分だけ課徴金の徴収額が増加する仕組だから、課徴金納付後の輸入農産物の価格水準は常に一定であり、域内農産物は国際市況の変動に直接影響されずにすむというものであった。小麦等に課せられたこの課徴金は、輸入品の価格変動に伴って徴収額が増減したから、可変課徴金とも呼ばれた。

ＣＡＰの第三の原則である財政連帯は、いうまでもなく、ＣＡＰの運営に必要な経費を加盟国全体の連帯で負担するというものである。しかし、農業関係予算は、ＥＥＣ予算のなかでも突出して大きかったから、後年加盟国の増加に伴って、農業国と非農業国との間で、農業予算をめぐる対立が激化した。

ＣＡＰの最大の問題点は、徹底した保護政策のため、農民の生産意欲を刺激し、それによって大量の余剰農産物を発生させたこと、およびそれによって、米、加、豪等の農産物輸出国との間に貿易摩擦をひき起こしたことであろう。

ＥＣ一二か国の農産物の自給率（一九九二年）は、小麦一四一％、砂糖一三五％、大麦一二二％、ライ麦一一六％、とうもろこし一〇八％など、多数の農産物について自給率が一〇〇％を超え大量の余剰農産物を発生させた。とりわけ小麦の自給率は一四一％と高く、単純に見積もって、域内需要の四割相当分を輸出する必要が生じた。

しかし、価格支持政策によって価格をつり上げられたＥＣの小麦は、そのままでは国際市場に送り出すことはできない。国際市場に輸出するためには、輸出補助金によって、ＥＣ小麦の価格を国際市場価格まで引下げなければならなかった。この輸出補助金は、ＥＣにとって再度財政支出を必要とし、また、それが貿易摩擦を生むことになった。

一九九四年四月に妥結したウルグアイ・ラウンドにおいて、米国は、農産物に対する輸入課徴金の撤廃を強くＥＣに迫った。結論をいえば、これを受けてＥＣは、農産物に対するすべての輸入課徴金を廃止して関税に置き換えることに踏み切り、一九九五年七月一日、七一七税目に及ぶ輸入課徴金の関税化が実施された。

これは、ＣＡＰの大改革であったが、ＣＡＰの改革については、これまでに何度も議論されてきた。一九八五年には、農業構造の改善に関する理事会規則が施行され、八八年には欧州理事会が農業および財政改革についての総合的な施策を採択した。

輸入課徴金の廃止は、米国の要求を受けいれる形で行われたが、ＥＣ自体がそうしたＣＡＰの政策路線変更の必要性に迫られていたことは間違いなかろう。価格支持政策は費用が重み過ぎ、また、加盟国の中の不協和音を大きくした。加盟国の財政受取額と負担額との比率（一九九五年）は、ギリシア、アイルランド、ポルトガルといった農業国が、それぞれ、四五四％、三八四％、三七五％と大きく受取の超過に傾いているのに対し、工業国ドイツは三七％と、極端な負担超過を示した。価格支持政策は、財政の面からも、改革を必要とする段階に達していた。

共通農業政策は、今後、構造改革に力点をおきながら、価格支持政策から直接所得補償への傾斜を強めていくことになろう。

5　三共同体機関の統合とＥＣの拡大

三共同体機関の統合

ＥＣＳＣは、パリ条約によって一九五二年に、また、ＥＥＣおよびＥＵＲＡＴＯＭは、それぞれのローマ条約によって、一九五八年に発足した。これらの三共同体は、個々の設立条約の規定に従って、それぞれ独自の理事会や委員会などの機関を備えていたが、欧州統合の進展に伴って、これらの三共同体の機関を一つにまとめるべしとする意見が強くなり、一九六五年四月八日、統合のための条約が作成された。

これが単一理事会および単一委員会を設立する条約（Treaty establishing a single Council and a single Commission of the European Communities）である。本文は三〇か条から成る条約で第一章が欧州共同体（複数）の理事会（単数）、第二章が欧州共同体（複数）の委員会（単数）という二つの章に分かれている。俗に、統合条約とか融合条約とか呼ばれているものである。

ＥＣＳＣ、ＥＥＣおよびＥＵＲＡＴＯＭは、エネルギーに関して、それぞれ異なった物資を所管していた。いうまでもなく、ＥＣＳＣが石炭、ＥＥＣが石油、ＥＵＲＡＴＯＭが原子力である。しかし、これらの三者は、エネルギー政策という観点からは相互に深く関連し合うので、三つの共同体の機関を一つに統合することが望ましいと考えられたわけである。

この条約は、当初の予想より大分遅れて、調印から二年以上を経た六七年七月にやっと発効した。新しく発足する委員会の権限などを巡って意見の調整に時間を要したためといわれている。この条約が行ったのは、三共同体の統合ではなく、あくまで三共同体機関の統合であるが、条約発効後、いつしか三つの共同体を総称してECと呼ぶようになった。

三共同体の理事会と委員会を統合したことは、単に共同体機関のリストラということにとどまらず、エネルギー政策を初めとして、EC統合の上で大きい前進であった。

イギリスの加盟問題

戦後間もない一九四六年、既に政権の座を降りてはいたが、ウィンストン・チャーチルは、チューリヒにおける演説のなかで、ヨーロッパ統合の必要性を訴えた。しかし、イギリスは、ECSC設立にも、EEC設立にも、EURATOM設立にも参加しようとはしなかった。イギリスは、どうしてこれらの共同体に参加しようとしなかったのだろうか。その根底には、ドーバー海峡によってヨーロッパ大陸と隔たれたイギリスの地理的条件とそれに基づく統合に対する大陸諸国との温度差等があろうが、より具体的には次のようなことがいえる。

ECSCに関しては、イギリスにとって、石炭産業は極めて重要な産業であり、政府は、一九四七年一月一日、二億ポンドを投じて石炭産業を政府の管理下に移していた。ECSCが設立された一九五〇年代は、石炭産業の拡大と繁栄の時期であり、六〇年までに石炭需要が二億五〇〇〇トンに達するという予測の下に、設備投資が行われ、石炭切り出し設備、積載機械、油圧式坑道支柱などが導入された。また、イギリスは、当然のことながら、多数の炭鉱労働者を抱えていた。

このような情勢のなかで、イギリスは、最重要産業である石炭産業を、自国政府の手から他国を交えた超国家機関の管理下へ移すことには踏み切れなかったのである。

EECに関しては、イギリスが参加を逡巡した最大の理由は、関税同盟と共通農業政策という超国家的機能を備えるＥＥＣとイギリス流の欧州統合観とのズレ、および英連邦特恵関税地域に対する未練であろう。英連邦特恵関税制度については第六章で述べたが、当時、英連邦特恵地域の貿易額は、ＥＥＣ加盟六か国の貿易額を上回っていた。ＥＥＣ発足前年の一九五七年の加盟六か国の輸出総額は、二三、一七〇百万ドルで、英連邦特恵地域の輸出総額二七、一一〇百万ドルに及ばなかった。いずれにしても、英連邦特恵地域は巨大な経済圏であり、盟主英国が既存の特恵関係を断ち切ってヨーロッパ諸国と関税同盟を結ぶのは至難のことであった。

そこでイギリスは、ＥＥＣに対抗するため、ＥＥＣに加盟しないヨーロッパ諸国を糾合して**欧州自由貿易連合**(European Free Trade Association: EFTA)を結成した。参加国は、イギリス、デンマーク、ノルウェー、スウェーデン、スイス、オーストリアおよびポルトガルの七か国で、ＥＥＣより二年半遅れの六〇年七月に発足した。ＥＦＴＡは、関税同盟ではなく自由貿易地域に過ぎなかったから、対外共通関税はなく、また、食糧輸入については例外規定が設けられ、イギリスは英連邦特恵関税地域との関係を保ったままでＥＦＴＡに参加することができた。

しかし、ＥＦＴＡ加盟国は、ＥＥＣ加盟国に比べれば経済的にはるかに弱体である。両地域機構の発足後間もなく、両者の優劣は明らかになってきた。このような中で、イギリスのマクミラン首相は、イギリス経済活性化の見地から、早くもＥＦＴＡ発足一年後の六一年七月、ＥＥＣに加盟申請を行い、加入交渉が開始された。加入交渉でイギリスは大きく譲歩し、六二年末にはイギリスのＥＥＣ加盟が実現するかに見えたが、六三年一月、フランスのドゴール大統領の強烈な一撃によってイギリスのＥＥＣ加入は拒否された（「ポーズ・カフェ」参照）。

その後イギリスは、六七年に再度加盟申請を行うが再びドゴールに拒否された。イギリスがＥＣ加盟を果たすのは、最初の加盟申請から一〇年以上を経た一九七三年のことであり、ドゴールは既にこの世の人ではなくなっていた。イギリスと共に、アイルランドとデンマークが加入し、ＥＣは6から9になった。しかし、ノルウェーは、国民投票の結果、ＥＣ加入反対が多数を占め加入を断念した。ＥＣは、その後一九八〇年にギリシアが、八八年にはスペインおよびポルトガルが加入してＥＣ12となり、マーストリヒト条約の発効に伴って九四年一月一日にオーストリア、フィンランド、スウェーデンが加盟し、ＥＵ15になった。そして、二〇〇四年にはＥＵ25へ、二〇〇七年にはＥＵ27にまで拡大した。

〈参考文献〉

内田宏・堀太郎『ガット』日本関税協会、一九五九年
嬉野満州雄『ドゴールの言葉』日本国際問題研究所、一九六四年
行沢健三『世界貿易論』筑摩書房、一九七六年
細谷千博・南義清『欧州共同体（ＥＣ）の研究』新有堂、一九八三年
欧州共同体日本政府代表部・外務省経済局国際経済一課『ＥＣの概要』一九九一年
内田勝敏・清水貞俊『ＥＣ経済論』ミネルヴァ書房、一九九三年
国際農業交流基金『ＥＵの農業政策』一九九七年
Treaties Establishing European Communities, 1987, Office for Official Publications of the European Communities

Pause-café

◇イギリスはアメリカのトロイアの木馬か◇

イギリス外交史のなかでも、これほどの屈辱を味わされた例は稀だろう。一九六一年のイギリスのEEC加盟申請は、受諾されるかに見えていたが、一年半に及ぶ加入交渉の末、ドゴールの強烈なNONにあって潰《つい》え去った。それでもあきらめきれないイギリスは、なり振りかまわず、六七年に再度加入申請を行うが、無情にも再度ドゴールに拒否された。

フランスで、そして世界中で、ドゴールとナポレオンの名前を知らない人はいないだろう。ドゴールは、一八九〇年、ベルギー国境に近いフランス北部の中心都市リールに生まれた。二〇歳で士官学校に入り、第一次世界大戦後は陸軍大学に進み卒業している。めきめきと頭角を現わしたかれは、第二次世界大戦中の四〇年には国防次官の要職に就いた。ドゴールが五〇歳の時である。

フランスの敗戦でロンドンに亡命したかれは、そこで「自由フランス委員会」を組織し、フランス国民に抗戦を呼びかける。ドゴールは、大のアメリカ嫌いだったが、かれのアメリカ嫌いは、どうやら亡命中に彼が米国から受けた冷たい仕打ちに根ざしていたようだ。

ドゴールがイギリスのEEC加盟を拒否した時、かれは拒否の理由として「イギリスはアメリカのトロイアの木馬だ」と言ったという話が伝えられていた。これは、古代ギリシアのトロイア戦争の故事に因んで、イギリスというトロイアの木馬の中には、アメリカのスパイが隠れ潜んでいる。だから、イギリスを加入させれば、アメリカにEECを乗っ取られる危険があることをいうための痛烈な風刺だ。

ドゴールは、この他にも数多くの名言、迷言を遺した。いわく、「私は、イギリスが米国になびいているのを見ると憂鬱になる。なぜなら、そうすることによってイギリスは米国の使い走りに身をおとすことになるからだ」、「イギリスをＥＥＣから締め出した真の理由は、アメリカ経済が、イギリスのＥＥＣ加入を利用して、これ以上ヨーロッパで勢力を拡大するのを妨げなければならなかったからである」等々。

イギリスのＥＣ加盟が実現するのは、ポンピドゥー政権下の一九七三年のことであった。そして、ドゴールが一〇年前に、いみじくも「そのとき私はいないだろう」といったとおり、ドゴールは、その二年余り前に栄光と波乱に富んだ生涯を閉じている。

第八章　ヨーロッパ統合の深化
——EUの誕生

一九五〇年代のヨーロッパには、EECとEFTAという二つの地域統合が生まれるが、六〇年代の初めには両者の優劣が早くも見えてくる。それ以降のヨーロッパ統合の主役は常にEECであった。イギリスは六一年に早々とEFTAを見限ってEECへの加盟を申請するが、加盟の実現は七三年のことであった。ちょうどその年、第一次オイル・ショックは、石油資源に乏しいヨーロッパ経済に大打撃を与え長い経済停滞期が訪れる。ヨーロッパが停滞を脱するのは、域内市場統合と欧州連合の設立によってであった。本章では、欧州経済を再活性化させた域内市場統合と欧州連合を設立させたマーストリヒト条約を中心に述べる。

1　域内市場統合白書と単一欧州議定書

オイル・ショックで暗転したEC経済

一九七三年一〇月の第四次中東戦争に端を発した石油価格の高騰は、オイル・ショックといわれる衝撃を世界中に走らせたが、石油資源に乏しいヨーロッパの経済は特に大きい痛手を蒙った。すでに一九六八年七月には当初の計画を一年半短縮して関税同盟を完成させ、七三年一月には、長い間の懸案だったイギリス、アイルランド、デンマークの加盟を実現させて、順調な発展の道をたどるかに見えたECの経済は、一気に暗転した。

オイル・ショック前のECにおいて消費されたエネルギーの原料別構成を見てみると、石油が六一％、石炭二三％、天然ガス一二％、その他四％であり、石油依存度が極めて高いことがわかるが、その石油の大部分は輸入に依存していた。従って、OPEC（石油輸出国機構）が、七三年末に石油価格を一挙に四倍に引き上げた結果、インフレは急速に進行し、国際収支は悪化し、景気は後退し、失業は増大した。貿易の面でも、ECの域内貿易のシェアは目立った落ち込みを見せた。

オイル・ショックは、もちろんECばかりでなく、エネルギー源を輸入の石油に大きく依存している日本などにも深刻な打撃を与えた。しかし、日本が、産業構造の改革、エネルギーの節減、石油備蓄等の政策を矢継ぎ早に実施して、すばやい経済の立直りを見せたのに対し、ECの不況は長引いた。もちろん、EC委員会もなんの手も打たなかったわけではない。EC委員会は、オイル・ショック翌年の七四年に、石油に対する需要の抑制、核エネルギーの開発、石炭供給の増大、およびその他のエネルギー源の開業を柱とするエネルギー新戦略を発表した。しかし、こういう政策も、加盟国の実施に関して、ECが強制力をもっているわけではない。そこが国の集合体であるECの泣き所だが、第一次オイル・ショックからのEC経済の回復は遅々として進まなかった。そして、七六年には、湾岸戦争の勃発による第二次オイル・ショックが追い撃ちをかけることになった。

ヨーロッパ産業の国際競争力は、とりわけハイテク産業、自動車産業等の重要産業部門で著しく低下した。たとえば、EC（一〇か国）と日本およびアメリカのハイテク関連貿易の比較優位の推移を、一九七〇年、七八年および八三年について見てみると、アメリカが一・一八、一・二七、一・二六、日本が一・〇七、一・二七、一

表5　ヨーロッパ主要国の第1次オイル・ショック前後の経済成長率の比較

		国名							
		ドイツ	フランス	イギリス	イタリア	スペイン	オランダ	ベルギー	ギリシア
GDP成長率(%)	オイル・ショック前（1961－73年）	4.3	5.4	3.1	5.3	7.3	4.8	4.9	7.7
	オイル・ショック後（1974－85年）	2.4	2.7	1.5	3.5	2.3	2.6	2.3	3.7

（出所）OECD, *Historical Statistics*, 1960-1995

・三六、と両国ともに順調な推移を見せているのに対し、EC（一〇か国）は、〇・九四、〇・八八、〇・八二との右肩下がりの趨勢をはっきり示している。

EC市場における日本車の占有率も急増した。一九七〇年と八五年の日本車の占有率を比較してみると、ドイツ市場で〇・一%から一三・一%へ、イギリスで〇・四%から一〇・八%へオランダで三・三%から二二・三%へ、デンマークで〇・四%から三一・八%へ、などとEC市場における日本車の進出ぶりがよくわかる。

オイル・ショック前の一九六一—七三年とオイル・ショック後の一九七四—七九年とをとって、両期間の実質GDPの平均成長率を比較してみると、ドイツが四・三%に対し二・四%、フランスが五・四%に対し二・七%、イギリスが三・一%に対し一・五%などと、軒並みにGDP成長率の大幅な低下が目立っている（表5参照）。

EC経済の将来に明るい材料はないのではないか、ヨーロッパ市場は、ますますアメリカと日本の商品に侵食されてしまうのではないか、といった悲観論がヨーロッパ全土を覆った。ヨーロッパは、衰退に歯止めをかける意欲すら喪失し、いわゆるユーロ・ペシミズムのなかに落ち込んでいった。

停滞打破に向けてドロールの登場

ヨーロッパのこうした長い経済停滞の中で、七〇年代後半以降のEC各国政府は、それぞれ自国経済の立て直しに専念せざるを得ず、統合へのインセンティヴは影を潜めた。石炭、鉄鋼、造船、繊維等の産業は、途上国による追い上げも激しく、また、自動車やエレクトロニクスなどの先端産業の分野では、日本とアメリカに対する防戦一方の状態が続いた。当然のことながら、統合に逆行する保守主義的傾向が高まり、さまざまな形の非関税障害が統合の足を引張った。七九年に起った有名なカシス・ド・ディジョン事件（ドイツ政府が、フランス産のリキュールがドイツの基準を満たしていないとして販売を禁止した事件）もその一例といってよかろう。

それに追い撃ちをかけたのが国際金融の混乱である。七一年のニクソン・ショックに端を発した国際金融の混乱は、いろんな試行錯誤を繰り返しながら（第九章参照）、結局、ヨーロッパが経済停滞から脱出するための即効薬となる手を打てないままに推移した。

他方、この時代に、ＥＣの拡大という面では、大きい前進があった。一九七三年には、長年の懸案だったイギリス、アイルランド、デンマークの加盟が実現し、八一年には准加盟国ギリシアが正式加盟国となった。しかし、加盟国の増大には、ＥＣの政策決定を遅らせるという皮肉な結果が待っていた。つまり、当時のＥＣの閣僚理事会における重要事項の決定は、全会一致を原則としていたから、一国が反対すれば理事会の決定は不可能だった。そのため、加盟国の増大によって、ＥＣの重要事項についての迅速な決定はますます困難になり、身動きがとれなくなるような状態が目立つようになった。

経済の停滞と緩慢な政策決定――このような事態を打開すべしとする気運は、八〇年代になって漸くＥＣの中に見られてくるが、そうした背景の中でＥＣの舞台に登場してくるのがジャック・ドロールであった。

ドロールが八五年一月にＥＣ委員長として登場してくる道程は、必ずしも平坦ではなかった。フランスのミッテラン政権下で、ピエール・モーロワ内閣の蔵相をつとめたドロールは、きびしいフランス経済の立て直しに成功し、高い評価を受けていた。ドロールが、ＥＣ統合の重要性を実感したのは、フランスの経済再建に取組んだ蔵相時代だったといわれるが、この時期にフランスでは、一国介入主義からＥＣ統合主義へと政策の大転換が行われている。しかし、ミッテランは、八四年七月に辞任したモーロワ首相の後任候補として名前があがっていたドロールを首相に任命することはなかった。

結局、ドロールは、ミッテランによって、フランス首相にではなく、EC委員長に推されることになるが、ドロールのEC委員長就任劇の裏には、ドイツのコールの働きかけがあり、また、イギリスのサッチャーの強い支持があったといわれている。つまり、ドロールの実力とEC再生への意欲が、フランスばかりでなく、ECという国際社会の中で高く評価されていたことを示すことにほかならない。

ドロールは、ヨーロッパ再活性化の道は、統合を進める以外にはないと確信するが、彼の信条は、彼の次の言葉によく表われている。「ドルの気紛れな動き、強い経済力をもちながら世界的な責任を取ろうとしない日本のかたくなな態度、そして高金利と貿易の衰退に苦しむ第三世界の問題。こうした問題に取り組むためのただ一つの選択は統一ヨーロッパであり、それができなければ没落しかないのである」。

域内市場統合白書

市場統合への動きは八〇年代の初め頃から徐々に進行し、ドロールがEC委員長に就任した八五年以降、にわかに加速する。もちろん、市場統合はECにとって決して新しい概念ではない。五八年に発効したEEC条約の第二条は、EECは共同市場を設立することによって経済活動の調和のとれた発展等を促進すべきことを明示しており、市場統合はEC本来の目的であった。しかし、前節で述べたように、七〇年代の長い経済低迷の中で、市場統合は影の薄い存在となっていた。市場統合への新しい動きが見えてくるのは、八〇年代に入ってからといってよかろう。すなわち、八二年末にコペンハーゲンで開かれたEC首脳会議は、閣僚理事会に対し、域内市場強化措置をEC委員会が速やかに決定するよう指示、続いて、八四年六月のフォンテンブローEC首脳会議は、域内国境におけるすべての出入国管理および税関手続を撤廃するための研究を閣僚理事会および各国政府が速やかに行うことを要請した。さらに、八四年一二月のダブリンEC首脳会議は、ヨーロッパの諸基準の実施を含め、域内市場を完成させるための措置を講じることに合意した。そして、ドロールがEC委員長に就任して間もない八五年三月、EC委員会はブリュッセルで開催されたEC首脳会議に「八五年委員会計画」を提出したが、この中で、EC域内市場完成の基本構想を明らかにした。EC首脳会議は、EC委員会の域内市場構想を全面的に支持し、次期の首脳会議に、タイム・スケジュールを明示した域内市場統合計画を提出するよう要請した。

これを受けて、EC委員会は、八五年六月、ミラーノで開かれたEC首脳会議に域内市場統合計画を提出した。これが「域内市場統合白書（White Paper on the Completion of the Internal Market）」である。域内市場統合白書は、ミラノのEC首脳会議によって承認されたが、これによってECは、十余年の停滞を破ってにわかに活気づき、一九九二年末の域内市場統合完成に向けて一斉に走り出した。

白書は、序文、本文および結論の三者によって構成されている。序文では、単一域内市場を一九九二年末までに完成するための計画と日程を詳細に説明することが白書の目的であることが述べられ、また、結論では、域内市場の完成によって、域内国境におけるヒトやモノの自由な移動が確保されるようになること、およびそれらの自由化措置は、日程表に従って段階的に進められることなどが述べられている。

しかし、白書の中核は、言うまでもなく、本文である。ここでは、域内の自由な流通と単一市場の形成を妨げている各種の障害が、物理的障害、技術的障害および税制上の障害という三つのカテゴリーに分けて取り上げられている。

物理的障害の代表的なものは、域内国境における税関の取締りである。関税同盟は六八年七月に完成して、ECが域内国境で関税を徴収することは久しい昔になくなっていたが域内国境には、国境を挟む複数国の税関が設置され、貨物に対する税関の取締りが行われていた。これは、麻薬などの、いわゆる社会悪物品に対する取締りの必要性もあったが、基本的には、EC域内各国の付加価値税の税率が国ごとに異なっていたので（後述するように、今日でも依然としてかなりの格差が存在するが）、域内国境において税関が付加価値税の調整を行う必要があったためである。だから、商業用貨物を伴って域内国境を通過する際には、必ず税関手続を行い、必要に応じて付加価値税を納付しなければならなかった。域内市場統合白書が撤廃を狙った具体的な障害のなかで、最も重要なものが域内国境税関の撤去だったといってもよかろう。ECの域内国境税関の数は、極めて多数にのぼった。たとえば、日本の一二分の一ほどの大きさしかないベルギー一国をとってみても、オランダ、ドイツ、ルクセンブルクおよびフランスという四か国との間に国境があるが、それらの国境に設置されたベルギーの国境税関の数は七七にも及んでいた。その撤廃には、付加価値税の賦課徴収方式の大変革、EC域内貿易統計作成方法の変更、さらには、国境税関の撤廃によって失業する税関職員および通関業者の失業対策など、多くの問題の解決が必要であった。これは、ほんの一例に過ぎないが、このほか、域内国境における出入国管理の原則的廃止、動植物検疫の廃止など難問が山積していた。

技術的障害の代表的なものは、各国の工業規格、食品衛生基準等の差異によって、域内市場における商品の自由流通が妨げられることであろう。そのため、白書は、各国の規格の標準化を進めることとし、自動車、農業機械、食品、医薬等の分野で、関係法令の規定をできるだけ近似させることにした。また、銀行、保険、証券等のサービス部門でも各国の取扱方式の調整がはかられ、さらには、各国間の職業資格の相互証認や学位や卒業証書の相互証認など、労働者や専門職業従事者の域内自由移動について改善がはかられた。

税制上の障害

ＥＣの域内関税は、一九六八年六月末までに全廃され、関税は、既に域内の自由貿易を妨げる要因ではなくなっていた。

しかし、域内国境において商品の自由流通を妨げる税は、関税ばかりではない。ＥＣ加盟国間に、ガソリン税、酒税、たばこ税等の間接税（関税以外の）に税率格差がある場合には、商品が輸入される国では、域内国境で間接税の差額を徴収していた。そうした間接税の代表的なものが付加価値税（Value Added Tax：VAT）である。

ＥＣの付加価値税については後述するが、これは今日でも、ＥＵの大きい宿題になっている。

単一欧州議定書

単一欧州議定書（Single European Act）は、一言でいえば、域内市場統合白書に規定された「障害除去のための諸政策」を実施するための法的根拠を用意したものであり、また、将来の欧州連合設立に向けての道筋を作ったものでもある。

議定書は、一九八六年二月にＥＣ一二の加盟国によって調印され、翌八七年七月一日に発効した。議定書の基本的な骨組みは、次のようになっている。

前文

本文

第Ⅰ編　共通規定（一―三条）

第Ⅱ編　欧州共同体を設立する条約を改正する規定（四―二九条）

第Ⅲ編　外交政策の分野における欧州協力に関する条約規定（三〇条）

第Ⅳ編　一般および最終規定（三一―三四条）

第Ⅰ編の共通規定の中で、欧州共同体と欧州政治協力（European Political Cooperation）は、欧州統一に向けて共に具体的な進捗を図るべきことが規定され、また、加盟国の首脳およびEC委員会の委員長によって構成される欧州理事会が少なくとも年二回会合すべきことが定められた。

第Ⅱ編の欧州共同体を設立する条約を改正する規定は、いくつかの重要な条項を含むが、まず、第一三条で、EEC設立条約に第八a条として、「共同体は、一九九二年一二月三一日までの間に、域内市場を漸進的に設立するための措置をとるものとする」旨の規定が挿入された。さらに、同条の後段で、「域内市場は、この条約の諸規定に従って、モノ、ヒト、サービスおよび資本の自由な移動が確保される域内国境のない一つの地域によって構成される」としている。これは、域内市場統合に向けて、各種の障害を除去するための措置に法的根拠を与えたものにほかならない。

第二〇条では、EEC設立条約に第一〇二a条として、経済および通貨政策における協力が規定された。すなわち、共同体の一層の発展に必要な経済および通貨政策のために、加盟国はEEC設立条約第一〇四条の目的に沿って協力すべきこと、および、協力に際しては、欧州通貨システム（EMS）とECUの開発を通じて得た経験に留意すべきことが規定された。これが、後年、欧州連合条約に詳しく定められた経済通貨同盟につながっていくわけである。

単一欧州議定書において忘れてならない重要な規定は、**「特定多数決による理事会の議決」**である。すなわち、議定書第一八条は、EEC設立条約に第一〇〇a条という新しい条項を追加し、域内市場の設立および実施のために加盟国がとる法令上の、または行政上の規定を接近させるための措置は、特定多数決によるべきことを定めている。前にも述べたように、重要事項に関するECの決定は、従来、全会一致を原則にしていたから、一国でも反対すれば何も決まらないことになり、七〇年代初め以来の加盟国数の増大に伴って、全会一致による議決方式の変更は、ECにとって緊急な課題とされてきた。当時、ECは一二の加盟国が合計七六票をもっていたが、特定多数国制の導入によって、ECは、五四票の賛成で議案を採択することができるようになり、これによって、市場統合に向けたECの動きが大幅に加速された。

単一欧州議定書におけるもうひとつの重要条項は、第三編の外交政策の分野における欧州協力に関する規定である。第三編は、第三〇条ただ一か条のみを含むものだが、ECの**欧州政治協力**が初めて明文化された意義は大きい。同条第一項は、EC加盟国が共同で欧州外交政策を策定し、実施するものとする旨を規定している。また、第八(a)項では、欧州安全保障問題に関するより緊密な協力が、外交政策におけるヨーロッパの一体感の形成に大きく貢献することが述べられ、ここに、欧州統合が、経済統合から、共通外交政策と安保政策を含む政治統合へ向かう布石が打たれている。

2　市場統合で何が起こったか

急速に進んだM&Aと産業再編成

域内市場統合がECにもたらした最大の利益は、場内の自由流通を妨げている各種の障害を除去することによって、EC市場のなかに新たな競争をもたらしたことであろう。それによって、企業のM&A（Merger and Aquisition: 合併・買収）が急速に進み、産業再編成が行われて、ヨーロッパ企業の国際競争力は増大した。M&Aは、当然のことながら、域内国境を越えてEC全域で行われ、さらに、米国、スイス等の域外企業も巻き込むものであった。そして、その対象は、電機、通信機器、自動車、食品、化学等の生産部門から、金融、保険等のサービス部門まで、広い範囲に及んだ。

ユーロ・ペシミズムに沈んでいたヨーロッパ市場は、市場統合によって、にわかに活気をとり戻した。ECの域内国境を越えたM&Aの件数は、域内市場統合が軌道に乗って動きだした一九八九年には、一三〇〇件、四五三億ECUに達した。

M&Aの代表的な例を挙げれば、ドイツのフォルクス・ワーゲン社は、スペインの自動車メーカーであるセプトを買収し、また、イタリアのフィアット社は、同じくイタリアのアルファ・ロメオを買収した。スウェーデンの通信機器メーカーであるエリクソンは、スペインのテレフォニカを合併して子会社とし、また、フランスのCGCTも傘下に収めた。スイスの食品メーカーのネッスルは、イギリスの有名なチョコレート・メーカーであるラウントリー・マッキントッシュの買収に成功した。

製造業ばかりでなく、サービス関係でも、特に銀行、保険の分野では、生き残りを賭けた熾烈な合併・買収劇が展開された。市場統合に伴う大型M&Aの口火を切ったイタリアのベディティグループによるベルギーのソシエテ・ジェネラルの買収は、不成功に終ったが、ドイツのドイチェ・バンクやフランスのクレディ・リヨネなどの大銀行は、中小規模の銀行が数多く存在するスペインやイタリアなどで現地の中小行を買収し、店舗網の拡張をはかった。

このように、産業の広い分野でM&Aが活発に行われたが、それは、もとより、市場統合を当面の最優先政策としたECの域内自由化政策の結果として生じたものであった。なお、市場統合に伴う日本企業の欧州進出も目立ったが、日本企業が直接絡んだM&Aは、富士通のイギリスのICL（コンピューター）買収などがあったものの、その数も金額も限られていた。

域内国境の消滅とシェンゲン協定の役割

ＥＣ一二か国の陸接国境の長さは、当時、ざっと五〇〇〇キロに及んでいた。陸接国境だから、その気になれば、どこからでも出入りができるが、主要道路には必ず税関と出入国管理のオフィスが置かれ、ヒトとモノとの出入りを取締っていた。いわゆる物理的障害の代表的なもので、ＥＣ市場統合の出発点だといってもよかろう。

しかし、域内市場統合白書が発表された当時は、本当に、税関や出入国管理のオフィスを国境から撤去できるかどうかを危ぶむ声も少なくなかった。何しろ、域内国境税関には大別して三つの重要な任務があった。第一に、国境におけるモノの移動の監視取締りであり、たとえば中東からオランダのアムステルダムに麻薬が運び込まれるのを防止するためには、ドイツ・オランダ国境で取締りを行うのが効果的であった。第二に、付加価値税の徴収があった。当時は、各国の付加価値税格差は域内国境で調整されることになっていたから、商業貨物が国境を越えて移動する際には税関申告が必要だった。第三に、貿易統計の問題があった。ＥＣの貿易統計は、域内貿易と域外貿易とに分けて発表されていたが、域内貿易統計は、域内国境を通過する際の税関申告書に基づいて作成されていた。

出入国管理にしても、当時、たとえばフランスは、外国人による相次ぐテロ事件に対処するため、出入国管理を強化した。一時期には、日本人を含むすべての域外国の旅行者が、フランスへの入国に際してビザの取得を義務づけられ、国境において厳しいチェックを受けた。

このような、域内国境における税関や出入国管理の業務が、そう簡単に廃止できるものかどうか。これが、域内市場統合の最大の難関であった。

結論から言えば、域内国境における出入国管理は存続したが、税関は、一九九二年一二月末限りですべてが撤去された。それによってEC域内市場統合は、一応成功したということになるが、この市場統合を成功に導いたものとして、シェンゲン協定の存在を忘れてはならない。以下、簡単にシェンゲン協定に触れておこう。

シェンゲン協定は、一九八五年六月、ベルギー、オランダ、ルクセンブルク、ドイツおよびフランスの五か国が締結した政府間協定で、正式名称は「共通の国境における取締りの漸進的廃止に関するベネルックス経済同盟、ドイツ連邦共和国およびフランス共和国の政府間協定」という。

シェンゲンは、モーゼル川渓谷の豆粒のような村だが、地理的にドイツ、フランス、ルクセンブルクの三国が境を接する交通の要所である。シェンゲン協定は、ここで締結された合意文書で、警察、人の通行、運輸および税関という四つの分野で、五か国間の域内国境の取締りを徐々に廃止するためのものだった。つまり、シェンゲン協定は、単一欧州議定書による域内市場統合の主要部分を五か国で先取りし、一二か国の市場統合の促進を狙うものであったと言える。

シェンゲン協定は、その後、イタリア、スペイン、ポルトガルおよびギリシアの参加を見たが、市場統合の完成より三年早い九〇年一月一日を目標としていた出入国管理取締りの廃止は、今日でも完全に実現するに至っていない。これは主として、犯罪捜査のための共通情報網の整備が遅れているためといわれている。しかし、前述したように、域内国境税関は、九二年末には完全に撤去され、シェンゲン協定はEC域内市場統合の推進に大きく貢献した。

付加価値税の接近は進行中

EC加盟国の財政にとって、付加価値税は最重要財源である。EC委員会の発表によると、付加価値税の対GDP比（一九八五年）は、デンマークの九・八四％を筆頭に、フランスが九・一九％、アイルランドが八・二二

図5　EC／EU加盟国の付加価値税（標準税率）調和化の足どり

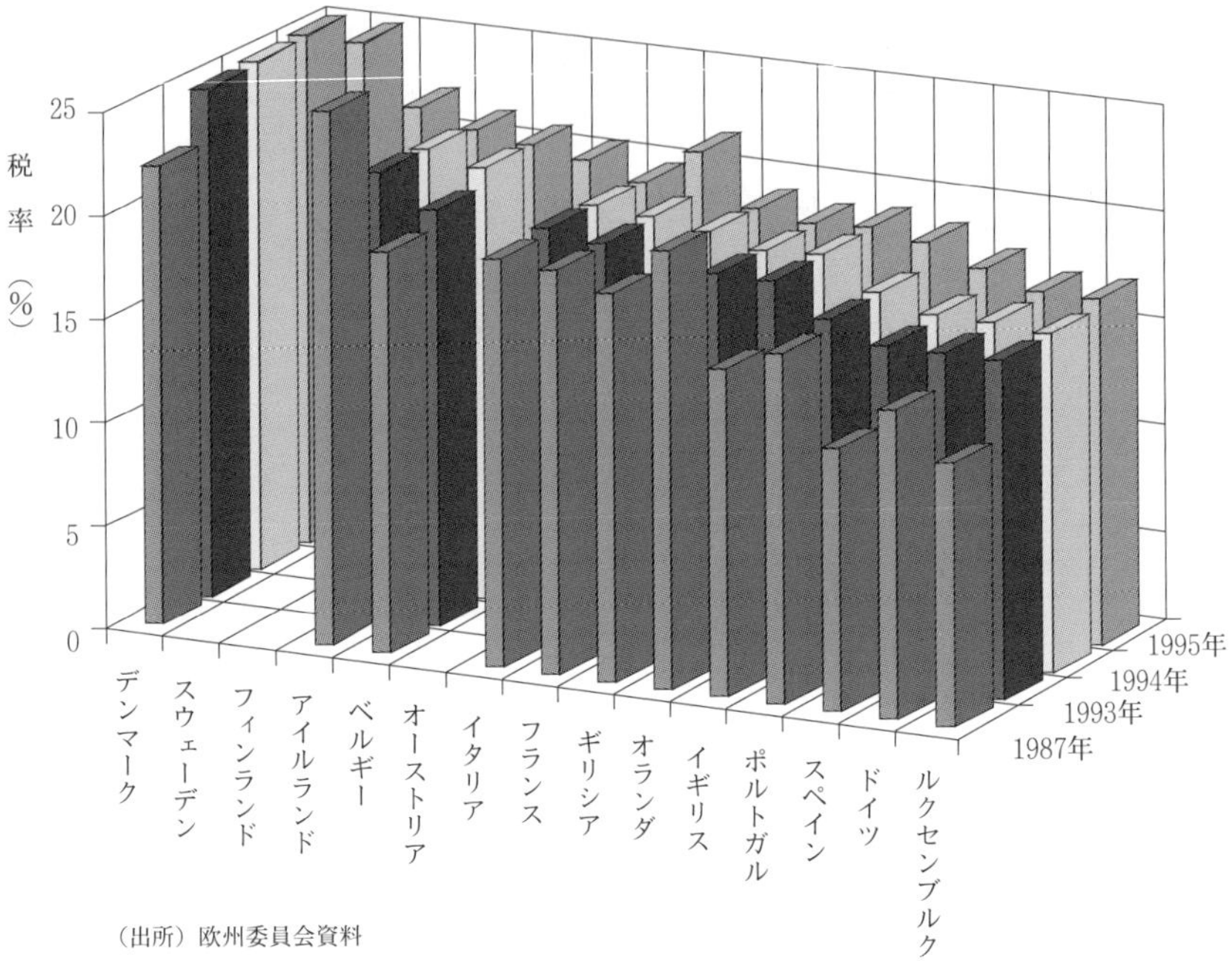

（出所）欧州委員会資料

%、ベルギーが七・六七%と続き、当時、付加価値税を導入していなかったギリシア、スペインおよびポルトガルを除いては、すべてのEC加盟国において、付加価値税の対GDP比は五%以上であった。

付加価値税は個々の国の財源としてばかりでなく、徴収額の一部がEC（EU）に提供されるから、EC（EU）の財源としても極めて重要であった。市場統合が完成した一九九二年のECの財政収入のうち付加価値税からの収入のシェアは、五八・〇%に達し、これに次ぐ財源である関税のシェア一八・九%を大きく上回っていた。

付加価値税はこのように重要な財源だったから、市場統合で域内国境税関が廃止され、それまで域内国境税関が（輸入国側）が、徴収していた域内移動商品に対する付加価値税が、徴収できなくなっては大変である。そこで、従来、輸入国（仕向地）の国境で徴収されていた付加価値税を誰が、どう徴収するかということが大問題になった。

細かい議論は省略するが、徴税という面からは、域内国境税関に代わって国境付近の適当な税務署が、域内移動商品の付加価値税を徴収すること、および将来は、現行の仕向地（輸入国）課税方式に替えて原産地（輸出国）課税方式への移行を検討することとなった。

しかし、付加価値税にとってより重要なことは、域内の自由流通を妨げる加盟国間の税率格差の縮小である。これは市場統合にとって欠くことのできないものだが、加盟国の税率接近の足どりは鈍い（図5参照）。デンマークのような高税率国とルクセンブルクのような低税率国との間には、依然としてかなりの税率格差が見られる。なお、最近では付加価値税のような間接税ばかりでなく、法人税や利子課税などの直接税の分野における税率の接近、調和化の必要性が問題になっている。より完全な市場統合、より完全な自由流通を達成するためには、広い範囲での税制と税率の調和化がどうしても必要となってくるだろう。

チェッキーニ・レポートが想定した経済効果

市場統合で何が起ったかという本節のまとめとして、チェッキーニ・レポートを引用しておこう。チェッキーニ・レポートは、ドロール委員長が、イタリアのエコノミスト、チェッキーニ教授に作成を依頼し、八八年三月に発表された市場統合の経済効果の予測である。従って、「市場統合で何が起こったか」ということでなく、「市場統合で何が起こるか」という将来に向けた予測に過ぎない。しかし、市場統合のマクロ経済効果のアウトラインをつかむためには十分役に立つものであろう。

チェッキーニ・レポートは厖大な報告書であるが、九二年末に市場統合が完成した場合に期待される中期的な経済効果を次のように推定している。

(1)　貿易障害の撤去によりもたらされる利益……八―九百万ＥＣＵ
(2)　生産の障害となる障害の撤去によりもたらされる利益……五七―七一百万ＥＣＵ
(3)　規模の拡大によりもたらされる利益……六一百万ＥＣＵ
(4)　競争の強化によりもたらされる利益……四六百万ＥＣＵ
(5)　(3)と(4)との利益が分割できない場合に、市場統合によってもたらされる利益の小計……六二―一〇七百万ＥＣＵ
合計　(i)　八五年価格を基準とした七か国について……一二七―一八七百万ＥＣＵ
(ii)　八八年価格を基準にした一二か国について……一七四―二五八百万ＥＣＵ
(iii)　(i)と(ii)の中間値……二一六百万ＥＣＵ

また、二一六百万ＥＣＵ（約三〇兆円）の利益がＥＣ経済にもたらされた場合、それはＥＣのＧＤＰを五・三％押し上げ、一八〇万人の雇用を創出し、ＧＤＰの約一％に相当する対外収支を改善させるとしている。

このチェッキーニ・レポートの予測が、どのように実現されたかを実証することは至難である。たとえば、一八〇万人の雇用創出についても、ＥＵの各国が今日でも極めて厳しい雇用情勢の中にあることは確かだが、一九九二年の市場統合がなかったならば、一段と厳しい状態におかれたのかどうかは、簡単に答えがでる問題ではなさそうだ。

3　マーストリヒト条約とＥＵの誕生

ＥＵ誕生を急がせた東西ドイツ統一

表6　ドイツ統一前後におけるＥＣ四大国の比較

国名		ドイツ 統一前（西ドイツ）	ドイツ 統一後	フランス	イギリス	イタリア
人口　千人(1)		63,253	79,984	56,735	57,561	57,735
面積　千㎢		248.5	356.9	544.0	244.1	301.3
ＧＤＰ　10億ＥＣＵ(2)		1,182.2	1,391.5	941.5	769.6	861.2
欧州議会の議員定数(3)	統一前	81		81	81	81
	統一後		99	87	87	87

（注）(1)　統一後ドイツは1991年、その他は1990年の数字。
(2)　統一後ドイツは1991年、その他は1990年の数字。いずれもＧＤＰ市価。
(3)　統一後は、1992年12月のエジンバラＥＣ首脳会議で改正された定員。

ＥＣが休眠から覚めて、市場統合に向って動きだし、その完成の目標が、あと約三年に迫った頃、ヨーロッパは、それまで考えてもみなかった政治の大激変に見舞われた。旧ソ連邦大統領のゴルバチョフが提唱したペレストロイカは、東ヨーロッパの社会主義国にも広く波及し、一九八九年一一月、それまで三〇年近くの間東西の交通を遮断してきたベルリンの壁に穴を開け、東西両ドイツ統一の気運はにわかに高まった。統一は、驚くべき速さで進行し、一般の予測よりはるかに早い翌九〇年一〇月三日、東西両ドイツの統一が実現した。

ドイツの統一は、ＥＣの政治経済にも大きい影響を与えた。それまで、ドイツ（西）、フランス、イギリス、イタリアという四大国の均衡の上に成り立ってきたＥＣのバランスは、統一ドイツという巨人の出現によって崩れた。

表6は、ＥＣの四大国の人口、国土面積、ＧＮＰおよび欧州議会における各国の議員定数を、東西両ドイツ統一の前後について比較したものである。これによって、統一後のドイツが、それまでの独（西）、仏、英、伊の四大国の力の均衡を破って、いかに突出したかがよくわかる。そして、それは、欧州議会の議員定数の変化にはっきりと表われている。すなわち、欧州議会の議員は選挙には、一九七九年以来直接選挙が導入されたが、ドイツ統一以前は、独、仏、英、伊の四大国が、それぞれ八

一議席をもつというバランスが保たれてきた。それが、統一ドイツの出現によって、九二年一二月のＥＣ首脳会議は、ドイツ九九議席、他の三大国はそれぞれ八七議席という新議席数を決定し、従来の四大国の中からドイツがひとり突出した。

他方、ドイツにとっては、悲願の東西統一が、欧州全体の統合より緊急度の高い問題であることはいうまでない。コール首相の政治的決断によって、ドイツ・マルク（西）と東ドイツ・マルクは、一対一の等価交換ということに落着いた。しかし、東ドイツは、ドイツ（西）にとって、たとえは悪いかもしれないが、多額の不良債権を抱え込んだようなもので、莫大な財政負担を強いられることになった。

東西統一によって、群を抜いた大国となったドイツが、旧東ドイツ地域の再建問題のみに没頭してヨーロッパの統合を置き去りにするようなことがあってはならない。ドイツをＥＣのなかに繫ぎとめ、ＥＣのなかで引き続き重要な役割を演じてもらうためにはどうしたらよいのか。

この問いに対する答は、市場統合を予定どおり九二年一二月末に完成させ、ＥＣ統合を一段と深化させていくことだったが、このドイツ問題とは別に、ヨーロッパにとってのもう一つの深刻な問題は、ペレストロイカ以降、激動するソ連・東欧情勢のなかで、ヨーロッパの安全保障にどう対処するかという問題であった。東西冷戦時代のヨーロッパの安全保障の枠組みは、冷戦後のヨーロッパ情勢には適用できないものになってきていた。

ドイツ対策と安全保障問題、この二つが、ヨーロッパに、新しい情勢にマッチした新しい条約の締結を急がせることとなった。すでに、統合の深化への基本的路線は、八七年の単一欧州議定書のなかに織り込み済みとはいえ、共通外交・安全保障政策や経済通貨同盟などを初めとするＥＣ統合の新展開を可能にするための法的整備、つまり、新条約の締結が、ＥＣにとっての火急の問題としてクローズアップされた。

こうした情勢のなかで、新条約の作成に向けて、主導的な役割を果たしたのは、フランスのミッテラン大統領とドイツのコール首相であった。独仏枢軸を固めたこの両巨頭の指導力によって、新条約「欧州連合に関する条約」は、単一欧州議定書による市場統合の完成より一年以上早い九一年一二月九、一〇日の両日、オランダのマーストリヒトで開催されたＥＣ理事会（首脳会議）で最終合意に達した。翌九二年二月七日に、同じくマーストリヒトで一二か国によって調印されたので、一般にマーストリヒト条約と呼ばれている。

マーストリヒト条約の構成と概略

マーストリヒト条約は、次の構成をもつ。

前文
第Ⅰ編　共通規定（第Ａ―Ｆ条）
第Ⅱ編　欧州共同体を設立するために欧州経済共同体を設立する条約を改正する規定（第Ｇ条）
第Ⅲ編　欧州石炭鉄鋼共同体を設立する条約を改正する規定（第Ｈ条）
第Ⅳ編　欧州原子力共同体を設立する条約を改正する規定（第Ｉ条）
第Ⅴ編　共通外交および安全保障政策に関する規定（第Ｊ条、第Ｊ・１―第Ｊ・11条）
第Ⅵ編　司法および内務の分野における協力に関する規定（第Ｋ条、第Ｋ・１―第Ｋ・９条）
第Ⅶ編　最終規定（第Ｌ条―第Ｓ条）

第Ⅲ編、第Ⅳ編は、特に説明を要しないが、第Ⅴ編の共通外交・安全保障政策に関する規定および第Ⅵ編の司法・内務分野における協力に関する規定は、いずれもマーストリヒト条約によってもたらされた新分野であり、次節でさらに説明する。なお、この条約は、第Ⅰ―Ⅶ編からなるが、一七の議定書および三三の宣言が付属している。

マーストリヒト条約の前文は、まず、欧州統合のプロセスに新段階を印す決意を述べることに始まっているが、このなかで、条約の最重点事項ともいうべき、経済通貨同盟の設立、共通市民権の創設、補完性の原則の導入、共通外交・安全保障政策の実施、司法・内務協力規定の導入などがすべて顔を出している。

第Ⅰ編の共通規定では、欧州連合の設立（第A条）、目的（第B条）、共同体既得事項（*acquis communautaire*）の確保（第C条）、欧州理事会（第D条）、各機関の権限（第E条）、民主主義と基本的権利の尊重（第F条）が定められているが、第B条の目的は、欧州連合の将来の方向を定める基本的な条項であるので、全文を掲げておこう。

第B条

連合は次の目的を定める。

—特に、域内国境のない地域の創設、経済的および社会的結束の強化ならびに経済通貨同盟（最終的には、この条約の規定に従った単一通貨を含む）の設立を通じて均衡のとれた、かつ、持続可能な経済的および社会的進歩を促進すること。

—特に、共通外交および安全保障政策（いずれは共同防衛へ向かうであろう共通防衛政策の枠組みを含む）の実施を通じて国際的な場において連合の一体性を主張すること。

—連合市民権の導入を通じて構成国の国民の権利および利益の保護を強化すること。

—司法および内務事項に関する緊密な協力を発展させること。

—共同体の機構および機関の効率を確保するために、この条約により導入される政策と協力の形態をどの程度まで改正する必要があるかを、第N条(2)の手続を通じて検討するために、アキ・コミュノテール（共同体既得事項）を完全に維持し、確立すること。

連合の目的は、この条約の定めに従い、かつ、欧州共同体を設立する条約の第３ｂ条に定める補完性の原則を尊重して、この条約が定める条件および定義に従って達成される。

第Ｄ条は、構成国の国家元首または政府の長、および委員会の委員長によって構成される欧州理事会について、また、第Ｅ条は、欧州議会、理事会、委員会および司法裁判所の権限について定めている。

第二、三、四編は、それぞれ、既存のＥＥＣ設立条約、ＥＣＳＣ設立条約およびＥＵＲＡＴＯＭ設立条約の改正条約である。これらのなかで、最も重要なものは、いうまでもなく、ＥＥＣ設立条約の改正である。第二編第Ｇ条の冒頭Ａ項で、「欧州経済共同体（European Economic Community）」を「欧州共同体（European Community）」に改める旨が定められ、これで一九五八年以来聞きなれてきたＥＥＣという名称が消えることになった。

ＥＥＣ設立条約は、ＥＣ設立条約に改められたが、ＥＣ設立条約は欧州連合の中核をなしているものだといってよい。マーストリヒト条約によって改正された新しいＥＣ設立条約の骨格は次のようになっている。

第一部　原則

第二部　連合市民権

第三部　共同体の政策

　第一編　物品の自由移動

　　第一章　関税同盟

　第二章　構成国間の数量制限の撤廃

第二編　農業
第三編　人、役務および資本の自由移動
　第一章　労働者
　第二章　開業の権利
　第三章　サービス
　第四章　資本および支払
第四編　運輸
第五編　競争、税制および法の接近に関する共通政策
　第一章　競争に関する規定
　第二章　税に関する規定
　第三章　法の接近
第六編　経済および通貨政策
　第一章　経済政策
　第二章　通貨政策
　第三章　機関に関する規定
　第四章　経過期間に関する規定
第七編　共通通商政策
第八編　社会政策、教育、職業訓練および青年
　第一章　社会規定

第二章　欧州社会基金
第三章　教育、職業訓練および青年
第九編　文化
第一〇編　公衆衛生
第一一編　消費者保護
第一二編　欧州横断ネットワーク
第一三編　産業
第一四編　経済的および社会的結束
第一五編　研究および技術開発
第一六編　環境
第一七編　開発協力
第四部　海外の国および領域との連合
第五部　共同体の機関
第一編　機関に関する規定
第二編　財務条項
第六部　一般規定および最終規定

薄氷を踏んだＥＵの誕生

マーストリヒト条約は、一九九一年一二月に締結国政府首脳による合意を見た後、翌九二年二月には、順調に調印に漕ぎつけた。ここまでは、全く順調だったが、条約の発効要件である各国の批准の段階になって、大きい困難に遭遇することになった。

マーストリヒト条約第Ⅶ編最終規定の第R条は、条約の発効要件を、⑴締約国の憲法上の要件に従って、条約が批准されなければならない、および⑵すべての締約国の批准書が寄託されれば、条約は一九九三年一月一日に発効するが、そうでない場合は、署名締約国のうち最後に批准書を寄託した国の批准書寄託日の次の月の一日に発効する、と定めている。

つまり、マーストリヒト条約の発効――EUの誕生――は、当時の一二のEC加盟国（ベルギー、デンマーク、ドイツ、ギリシア、スペイン、フランス、アイルランド、イタリア、ルクセンブルク、オランダ、ポルトガルおよび連合王国）のすべての批准書寄託を条件とするものであった。条約の重要性からみて、これは当然の発効要件であった。

しかし、マーストリヒト条約の批准は、調印後半年にも満たない九二年六月二日、デンマークで行われた国民投票の結果、賛成四九・三％、反対五〇・七％で否認された。デンマークの国民は、欧州連合に対して、NOという回答を出したのだ。そして、ドロールの母国でもあり、欧州統合の伝統的なプロモーターであるフランスにおいてさえ、欧州連合の是非を巡って国論は真二つに割れた。同年九月二〇日のフランスの国民投票では、条約批准賛成派が僅差で勝利したものの（賛成五一・〇五％、反対四八・九％）、ドイツでは、マーストリヒト条約はドイツ憲法に違反するとして、いわゆる違憲訴訟が起こった。

マーストリヒト条約発効の第一の目標日であった九三年一月一日は、既に、デンマークのNOによって葬り去られていたが、条約の発効は、あくまでEC全加盟国の批准書寄託を条件にしていたから、欧州連合を誕生させるためには、何としてもデンマークを翻意させなければならなかった。俗に、小さいデンマークの大きい一撃といわれた事態であった。そこで、考えられた苦肉の策が、九二年一二月のエジンバラEC首脳会議におけるデンマークに対するマーストリヒト条約の適用除外の承認であった。

これを足場に、デンマーク政府は、再度マーストリヒト条約を国民投票に付し、九三年五月一八日に行われた二度目の国民投票の結果、マーストリヒト条約は、デンマーク国民の五六・八％の支持を得て承認された。

違憲訴訟のため、批准を見合わせていたドイツも、九三年一〇月一二日に合憲の判決を得て直ちに批准した。それによって、マーストリヒト条約は、EC加盟一二か国の批准書が出揃って、一九九三年一一月一日に発効した。しかし、欧州連合は、デンマークの一撃によって、まさに薄氷を踏む思いのなかで誕生した。

4　欧州連合で何が変わったか

ECからEUへ

前節で、マーストリヒト条約の構成を見てきたが、欧州共同体（旧称）から欧州連合に移行することによって、欧州統合がどのように変化したかを整理してみよう。

表7は、ECからEUによって、何が変わったかを理解するために、主要な変更点の概略を示したものである。旧ECの三共同体のうち、最も実質的な変更が行われたのは旧EEC（新EC）共同体においてであるが、それと並ぶ重要な変更は、それまでのECにはなかった共通外交・安全保障政策および司法・内務協力が導入されたことであろう。これらによって、欧州統合は、経済統合の段階から、政治統合に向って着実な一歩を踏みだしたといえる。

共通外交・安全保障政策については、条約の第五編第J条で、「共通外交政策および安全保障政策がここに創

表７　旧欧州共同体（ＥＣ）と欧州連合（ＥＵ）との比較

旧欧州共同体（ＥＣ）	欧州連合（ＥＵ）
欧州経済共同体（ＥＥＣ） 共通農業政策、共通運輸政策等 ――	欧州共同体（ＥＣ） 共通農業政策、共通運輸政策等 （主な新規導入事項） 経済通貨同盟（第２、第３段階） 欧州連合市民権 補完性の原則 開発協力　等
欧州石炭鉄鋼共同体（ＥＣＳＣ）	欧州石炭鉄鋼共同体（ＥＣＳＣ）
欧州原子力共同体（ＥＵＲＡＴＯＭ）	欧州原子力共同体（ＥＵＲＡＴＯＭ）
――	共通外交・安全保障政策
――	司法・内務協力

（注）　ＥＵと旧ＥＣとの間の主な相違点の概略を理解するためのものである。

設される」として、ＥＵにおける新分野を明確に打ち出している。そして、その目的やこれらの分野で共同行動をとるための手続等が詳細に定められ、また、これには、欧州連合の安全保障に関するすべての問題が含まれ、かつ、将来の共同防衛につながる共通防衛政策の構想も含まれるとしている。

司法・内務分野の協力もＥＵの重要な新分野である。条約の第六編に関係条項が規定されているが、共通の利害関係を有する司法・内務協力の分野として、次のような分野を挙げている。

(1)　庇護政策

(2)　域外国境における人の通行およびその規制に関する規則

(3)　入国管理および第三国国民に関する政策

(4)　麻薬中毒対策

(5)　国際的規模の犯罪に対する政策

(6)　民事に関する司法の協力

(7)　刑事に関する司法協力

(8)　税関協力

(9)　テロリズムその他の重大な国際犯罪を防止するための警察協力

このような共通外交・安全保障政策および司法・内務分野の協力は、従来から存在したEEC（新EC）、ECSCおよびEURATOMという三共同体に関する条項とは、編を分けて、別個の新分野としてマーストリヒト条約のなかで規定されている。

なお、マーストリヒト条約（欧州連合条約）は、最終規定のなかで条約改正について定めているが、この規定に基づく改正条約が、一九九七年にアムステルダムで調印された。この改正条約は一般にアムステルダム条約と呼ばれている。

次に、ここでは、補完性の原則および欧州連合市民権について述べることとする。

補完性の原則（マーストリヒト条約第Ⅱ編新EC設立条約第三B条）は、キリスト教社会において、多様性のなかの秩序を保つための確立された原則であるといわれるが、その補完性の原則がマーストリヒト条約に導入される背景には、個々の加盟国の国家主権がEUという超国家機関によって侵害されることに対する強い危惧の念があった。

第三B条の骨子の部分は、「共同体は、その排他的権限に属しない分野において、提案された行動の目的が、構成国によっては十分達成できず、したがって、提案された行動の規模または効果にてらし、共同体によって一層よく達成できる場合にのみ、かつ、その限りにおいて、補完性の原則に従って行動する」というものである。

すなわち、関税同盟とか、共通農業政策などのように、ECが絶対的な権限を持っている事項は別として、その他の場合は、個々の締約国が行動するより、ECとして行動した方がよりよく達成できる場合に限って、ECが補完性の原則に従って行動するというものである。この条文の解釈を巡って、いろんな議論が見られているが、とにかく、この補完性の原則が、今日、EC（EU）と構成国との権限分担を仕分けしている大原則になっている。

連合市民権は、マーストリヒト条約によって導入された新概念である。これによって、個々の国の国籍と異なった「欧州連合籍」とでもいうべきものが創設されたわけである。マーストリヒト条約の第Ⅱ編EC設立条約は、第二部で、連合市民権について六か条にわたり定めているが、欧州連合市民が享受する具体的な権利としては、⑴構成国内を自由に移動する権利、⑵構成国域内に自由に居住する権利、⑶構成国に居住する連合市民であって、居住国の国民でない者が、居住国の地方選挙における選挙権および被選挙権を得る権利、⑷構成国に居住する連合市民であって、居住国の国民でない者が、居住国の国民と同じ条件で、欧州議会選挙の選挙権および被選挙権を得る権利、⑸当人が国民である構成国が代表を置いていない第三国の領域で、いずれかの構成国の外交機関または領事機関から保護を受ける権利、⑸欧州議会に対する請願権および⑹オンブズマンに対して申し立てる権利、が挙げられる。

これによって、個々の構成国の垣根をこえた欧州連合市民という概念が生まれたことは、統合の深化を示す画期的なものといってよかろう。

EUの機構

マーストリヒト条約は、第一編共通規定の第D条で欧州議会について、また、第E条で各機関の権限を定めており、EC設立条約、ECSC設立条約およびEURATOM設立条約は、それぞれ、三つの共同体の任務を行う機関について定めている。ここで、EUの機構を簡単に整理しておこう。

欧州連合の機関としては、欧州議会、理事会、委員会および司法裁判所があるが（第E条）、連合の一般的な政策指針を定めるものとして欧州理事会が置かれている（第D条）。**欧州理事会**は、いわゆる首脳会議で、構成国の元首または政府の長および委員会の委員長で構成される。欧州理事会は、少なくとも年二回会合するが、各会合の報告および欧州連合の年次業績報告書を欧州議会に提出することになっている。欧州理事会は、単一欧州議定書の第二条およびマーストリヒト条約の第D条によって法的に確立される以前から、七四年一二月のパリ首脳会議を契機として制度化され、これまで、欧州通貨制度の発足、単一欧州議定書の採択など、重要案件の決定を行ってきた。

理事会は、いわゆる閣僚理事会であり、分野別に、蔵相理事会とか、農相理事会とか、二〇以上の専門分野の閣僚理事会が開催されている。閣僚理事会は、ECの主たる政策決定機関であり、中心的立法府である。閣僚理事会は、委員会の提案に基づいて、ECの法令、すなわち、規則（regulations）、命令（directives）、決定（decisions）を定め、交付する。なお、単一欧州議定書とマーストリヒト条約によって、理事会の表決には、特定多数決によるものが多くなったが、税に関する問題などは、依然全員一致を必要とし、また、共通外交・安全保障政策や司法・内務協力の分野でも、コンセンサスを原則とする。

委員会（**欧州委員会**）は、EUの行政府であり、独立した超国家機関である。委員は、すべての構成国の国民を少なくとも一名含み、また、同一構成国の国民が二名を超えてはならないとされている。現在の委員数は二〇名で、任期は五年である。委員会の任務の重要なものには、前述した規則、命令、決定の草案作りという形での立法プロセスへの参加、構成国がEC条約の義務に反した場合の提訴、理事会が決定した法規の執行、対外関係の処理がある。種々の外交文書、たとえば、世界貿易機関を設立するマラケシュ協定（一九九四年）に署名するのも欧州委員会代表の仕事である。

欧州議会の議員は、当初は各構成国の国会議員の中から選出されていたが、一九七九年以来、民意を直接反映させるべく、直接選挙によって選出されている。二〇〇七年以降、議席数は七八五となっており、各構成国に割り当てられている。

マーストリヒト条約によって、欧州議会の権限は大幅に強化された。今日では、殆どすべての条約の締結に際して欧州議会の同意が必要とされ、また、欧州中央銀行規則改正等に際しても欧州議会の同意が必要となっている。さらに、理事会の結論に対する修正提案の権限や予算案全体の最終的拒否権および承認権を持っている。議会はストラスブールおよびブリュッセルで開催され、事務局はルクセンブルクに置かれている。

欧州裁判所は、いうまでもなく、EC法の遵守を確保するための超国家的な司法機関である。EC設立条約第一七七条は、司法裁判の権限として次の事項に対する暫定的決定を挙げている。すなわち、(1)この条約の解釈、(2)共同体の機関および欧州中央銀行の規定の有効性および解釈、(3)理事会の規定が定める場合に、理事会規定により設立された機構のステータスについての解釈。なお、裁判所の判事は一五名で、任期は六年、三年ごとに改選が行われている。欧州裁判所はルクセンブルクに置かれ、一九五二年から九四年までの間に、八六〇〇件を超す訴訟が持ち込まれたといわれている。

これらの機関のほか、会計監査院や理事会と委員会の諮問機関である経済社会委員会と地域委員会がある。なお、欧州中央銀行については次章で詳述する。

〈**参考文献**〉

ダニエル・パースタイン『ユーロクエイク』（鈴木主税訳）三田出版会、一九九一年
内田勝敏・清水貞俊『EC経済論――欧州統合と世界経済』ミネルヴァ書房、一九九三年
清水嘉治『新EC論』新評論、一九九三年

田中素香・渡瀬義男『ECの財政と経済政策』東洋経済新報社、一九九三年
石川謙次郎『EC統合への道』日本放送協会、一九九四年
走尾正敏『現代ドイツの経済』東洋経済新報社、一九九七年
山根裕子『EU／EC法——欧州連合の基礎』有信堂高文社、一九九五年
Stephen Weathrill and Paul Beammont, *EC LAW*, Penguin Books, London, 1993
Council of the European Communities／Commission of the European Communities, *Treaty on European Union*, Office for Official Publications of the European Communities, 1992

Pause-café

◇カシス・ド・ディジョンで統合へ前進

カシス・ド・ディジョン、原語のフランス語では、“Cassis de Dijon”と書く。日本ではあまり聞きなれない言葉だが、フランスやベルギーなどでは、よく使われるリキュールの名である。カシスは英語ではBlackcurrant、日本語では、「スグリ」という。漢字を使って書くと、「酸ぐり」となるようだが、日本ではそれほど馴染みの深い植物でない。高さ一メートルほどのユキノシタ科の灌木で、この植物の実が食用となる。大変酸味が強いので、「酸ぐり」といわれるようだ。もっともこの日本の「酸ぐり」とカシス・ド・ディジョンのカシスが全く同じものかどうかはわからない。このカシス

は、日本では、恐らく西洋スグリと呼ばれているものだろう。

さて、植物学の説明が長くなったが、カシス・ド・ディジョンは、いうまでもなく、良質のワインの産地として知られる、ブルゴーニュ地方の中心都市ディジョン産のリキュールである。これを白ワインで割って食前酒としてグラスに注ぐと、なんともいえぬ芳醇な香りとカシス特有の紫色がグラスいっぱいに展がり、ディナーへの期待で胃袋が活動を開始する。

ところで、このカシス・ド・ディジョンのドイツにおける販売は、ドイツ政府によって禁止されていた。販売禁止は、効果としては輸入禁止と変わりないが、このドイツ政府の販売禁止の理由が面白い。「カシス・ド・ディジョンは、アルコール含有量が一五―二〇％のリキュールだが、こういうアルコール度数の低い酒は、とかく大量消費されるので、アルコール中毒につながり易い。だから、アル中を防ぎ、ドイツ国民の健康を守るため、この種の低アルコール酒の販売を禁止する」というものだった。こうした理由で、ドイツは、アルコール含有量が三二％未満のこの種の酒の販売（輸入）を禁止していた。

しかし、ドイツ政府のこの措置は、ＥＣ条約第三〇条の「輸入数量制限の禁止」に違反するとして訴えられた。欧州裁判所は、一九九一年、アル中を防ぐため、低アルコール酒の販売を禁止するというドイツ政府の措置は、ＥＣ条約に違反するという判決を下した。この判決は、「国民の健康を守るため」などの理由をつけて、域内の商品の自由流通を妨げていた加盟国の保護主義的な措置に警鐘を鳴らすものとなった。域内市場統合は、カシス・ド・ディジョン判決を契機に一歩前進した。

第九章　経済通貨同盟の設立

ヨーロッパは、いま、大きく動こうとしている。世界が、かつて体験したことのない経済通貨同盟が、多数のＥＵ加盟国の参加によって、一九九九年一月一日に発足した。国境で区切られ、関税や数量制限、さらには為替操作で自己保存を図った国民国家は衰退し、強力な超国家連合が支配する時代を迎えようとしている。このことは、九八年六月一日に発足した欧州中央銀行が、個々の加盟国政府から独立して、通貨政策の決定権を一手に握ったことを見ても明らかである。

第九章は、経済通貨同盟の設立という、ヨーロッパの、そして世界の経済史が初めて体験する出来事を特に取り上げて説明するものである。まず、米国のドルの信認低下によって、ヨーロッパの通貨市場が投機の波にさらされ始める一九六〇年代から、ヨーロッパが、安定通貨圏を求めていかに苦闘したかをトレースする。そして、今日のＥＵの経済通貨同盟が、いかに多くの試行錯誤と困難の末に達成されたものかを学び、また、単一通貨ユーロが、国際基軸通貨として、どう発展していくかを考える。

1　通貨安定への模索

ドルの信認低下と国際通貨市場の混乱

一九五八年一月一日に欧州経済共同体（ＥＥＣ）が発足した当時、ＥＥＣ設立条約は、既に構成国間の国際収支の全般的均衡や通貨の安定の必要性に言及してはいたものの、通貨統合とか、単一通貨の創設とかいった構想は、ＥＥＣの政策担当者の頭の中に、まだ生まれていなかったと考えてよかろう。かれらにとっての最優先事項は、関税同盟の完成と農業をはじめとする共通政策の実施であった。ＥＥＣのなかで、ドルとは別の独自の共通通貨を持つべきだという動きがでてくるのは、第二次大戦後、世界経済を牛耳ってきた米国の国際収支の風向きが、ヨーロッパと日本の復興によって（それも多分にアメリカのおかげでだが）、漸く変わってくる六〇年代のことだ。

第二次大戦後の国際通貨体制は、いわゆる**ブレトンウッズ体制**を軸に展開した。日本の敗戦の一年以上も前の一九四四年七月、連合国側の四五か国は、米国東部のニューハンプシャー州の州都ブレトンウッズに集まり、早くも、戦後の国際通貨体制および国際貿易体制を協議した。この会議で、国際通貨体制の新しい枠組みと国際通貨基金（ＩＭＦ）および国際復興開発銀行（世界銀行）の設立が合意された。ブレトンウッズで合意されたので、一般にブレントンウッズ体制と呼ばれているが、ＩＭＦと国際復興開発銀行の設立を軸とするこの新しい国際通貨体制は、三つの主要な柱の上に成り立っていた。

すなわち、第一に、金一オンス三五ドルの金平価で金と結びついた米国ドルを基軸通貨とした、ドル基軸通貨体制があった。つまり、このドルに対して、各国通貨ごとの基準相場（ＩＭＦ平価）が設定された。第二に、それは、調整可能な固定相場であり、IMF協定加盟国は、自国通貨の為替変動幅をIMF平価の上下一%以内とすることが義務づけられていた。他方、国際収支に基礎的不均衡が存在する場合には、IMF理事会の承認を条件として、この固定相場は調整することができた。第三に、国際収支上の困難に陥った国に対して融資を行うための公的融資制度が確立された。

このブレントンウッズ体制は、一九五〇年代は順調に推移した。表8に見るように、米国には、一貫して対外債務をカバーできる金の保有があり、ドルの信認が崩れることはなかった。

しかし、六〇年代になると、表8の対外流動債務に対する金保有量の比率は一〇〇を切って急速に落ち込み、ドルの信認は低下した。国際金融市場に、漸く為替投機の風が吹き始めるようになった。

表8　米国の対外流動債務と金準備の推移

（単位：10億ドル）

年	対外流動債務（A）	金準備（B）	B／A (%)
1948	59	244	414
1950	89	228	256
1952	104	233	224
1954	125	218	174
1956	149	221	148
1958	169	206	122
1960	210	178	85
1962	243	161	66
1964	294	155	53
1966	310	132	43
1968	385	109	28
1970	470	111	24
1972	829	105	13

（出所）　*Federal Reserve Buletin*

欧州安定通貨圏構想の始動

ドルの信認低下を背景に、ヨーロッパの通貨統合の動きは、早くも、一九六二年に見られる。六二年に発表されたEEC委員会のアクションプログラムの中で、中央銀行総裁会議の設置などと共に、通貨統合が将来の目標として顔を見せている。このアクションプログラムは、六四年の閣僚理事会で採択され、中央銀行総裁会議の設置などが実施に移されて行くが、通貨統合がEECの中で本格的に議論されるようになるのは、EECが関税同盟を完成させた六八年以降のことであった。

六〇年の終り頃から七〇年代の初めにかけて、EECでは通貨政策に関する様々な提案が行われるが、それらの主なものには、まず、六九年二月にＥＥＣ副委員長のレイモン・バールが提案した第一次バール案が見られる。これは、加盟国による通貨同盟を提案したものであるが、これを受けて同年一二月のハーグＥＣ首脳会議は、経済通貨同盟の創設を打ち出した。この首脳会議の決定によって、経済通貨同盟設立の方法と内容についての複数の提案が出されたが、七〇年になると、蔵相理事会は、ルクセンブルクのウェルナーを委員長とする特別委員会（ウェルナー委員会）を発足させた。ウェルナー委員会は、七〇年一〇月に最終報告書を理事会に提出したが、このウェルナー報告書（Werner Report on the Attainment by Stages of Economic and Monetary Union）は、通貨統合の基本構想を示す極めて重要なものであった。

ウェルナー報告書は、経済通貨同盟（ＥＭＵ）を一〇年という時間をかけて設立する構想であり、三段階に分けてＥＭＵを構築しようとするものであった。第一段階は、七一年一月から三年間を予定し、⑴閣僚理事会、ＥＣ委員会および中央銀行総裁会議が主体となって、経済、財政、金融、通貨について、構成国間の政策調整を進める、⑵構成国間の為替変動幅を対ドル変動幅より縮小する、⑶欧州通貨協力基金の設立、などを骨子とするものであった。第二段階の主要な事項は、第一段階の⑴に掲げた政策調整をさらに進め、また、⑵の構成国間の為替変動幅を一段と圧縮することであった。第三段階でＥＭＵが完成するが、ここでは、構成国相互間の為替相場が不可逆的に固定されるか、または、単一通貨が導入される。また、経済政策中央決定機関とＥＣ中央銀行システムの二機関を設立するというものであった。

以上がウェルナー報告書の概略であるが、これを見ても、このウェルナー報告書の基本構想は、その後のマーストリヒト条約の経済通貨同盟にも強い影響を与えていることは明白である。その意味でウェルナー報告書は、欧州連合の経済通貨同盟の土台を築いたものともいえよう。

このウェルナー報告書が提出されてから半年近くを経た翌七一年三月に開催されたＥＣ首脳会議は、「経済通貨同盟の段階的実現に関する決議（Resolution on the Attainment by Stages of the Economic and Monetary Union）」を採択した。決議は、基本的にはウェルナー報告書の線に沿って、一〇年間を三段階に分けて経済通貨同盟を設立するものであり、第一段階は七一年から七三年までの三年間とされた。第一段階では、EC通貨相互間の為替変動幅の縮小、加盟国の経済政策の調整、中央銀行総裁会議の設置、金融支援機構の設立などが目標として掲げられた。第二段階以降の具体的な計画については、第一段階の実績を見た上で決めるとされた。これが、一九七一年のEC経済通貨同盟の骨格であったが、折から吹き荒れる国際通貨危機の嵐のなかで、この第一次EMU設立計画は流産に終わることとなった。

国際通貨危機とブレトンウッズ体制の終焉

ドルの信認低下によって、国際金融市場が為替投機の嵐に見舞われたことは既に述べたが、六〇年代の終り頃には、欧州金融市場は、マルク買い、ドル売り、フランス・フラン売りを中心とする投機の波に揺さぶられ続けた。六八年一一月に大規模なフラン売り、マルク買いの為替投機が起こったが、翌六九年四月には再びフラン危機が発生し、同年八月には、ポンピドゥ大統領が一一・一一％のフラン切り下げを行った。一方、マルクは、同年九月に九・三％の切り上げを行った。

このような欧州通貨の動揺は、単に金融問題にとどまらず、関税同盟成立後の欧州統合にとっての最重要政策といってもよい共通農業政策（CAP）の土台を揺るがした。共通農業政策は、農産物の域内統一価格維持の上に成り立つものだったが、激しい為替相場の動きは、共通農業政策の実行を困難にするものだった。

信認の低下したドルに依存しない、独自のEC安定通貨圏構築の必要性は、共通農業政策からの強い要請でもあった。こうしたなかで、ドルの下落には歯止めがかからなかったが、七一年五月、大量のドル売り為替投機がヨーロッパ金融市場を襲った。その結果、スイスとオーストリアは為替平価の切り上げ、ドイツとオランダは変動相場制へと移行した。フランスは、固定相場制（特定の政府取引等に限る）と変動相場制とを併用したいわゆる二重為替相場制を導入した。

これらは、既にブレトンウッズ体制の崩壊を示すものにほかならなかったが、七一年八月一五日のニクソン大統領の「緊急経済政策」の発表は、ブレトンウッズ体制に完全に終止符を打った。

ニクソン・ショックとして知られるこの大統領声明は、⑴一〇％の輸入課徴金の導入、⑵対外援助の一〇％削減、⑶ドルと金との交換停止を骨子とするものであった。⑶のドルと金との交換停止は、六八年の金の二重価格制（公的取引では一オンス三五ドルの金平価を維持するが、民間取引では金の価格を自由相場制に置く）の導入以来、ドルの金兌換制は既に崩れていたとはいえ、戦後の国際金融の柱となってきたブレトンウッズ体制の終焉を宣告するものであった。

2　欧州通貨制度（ＥＭＳ）と為替相場メカニズム（ＥＲＭ）

変動相場制への移行と試行錯誤の連続

ニクソン・ショックによって、主要国の通貨は一斉に変動相場制へ移行するが、混乱する国際通貨市場を安定させるために、一〇か国の首脳は、七一年一二月にワシントンのスミソニアン博物館で協議し、スミソニアン体制と呼ばれる新しい国際通貨体制が成立した。この体制は、固定相場制の復活であり、ＩＭＦ加盟国の通貨の変動幅を対ドル中心相場の上下二・二五％（最大変動幅四・五％）に規制するものだった。

これを受けて、ＥＣ六か国は、ニクソン・ショックで日の目を見なかったスネーク制を修正した新しいスネー

図6　1972年のＥＣスネーク

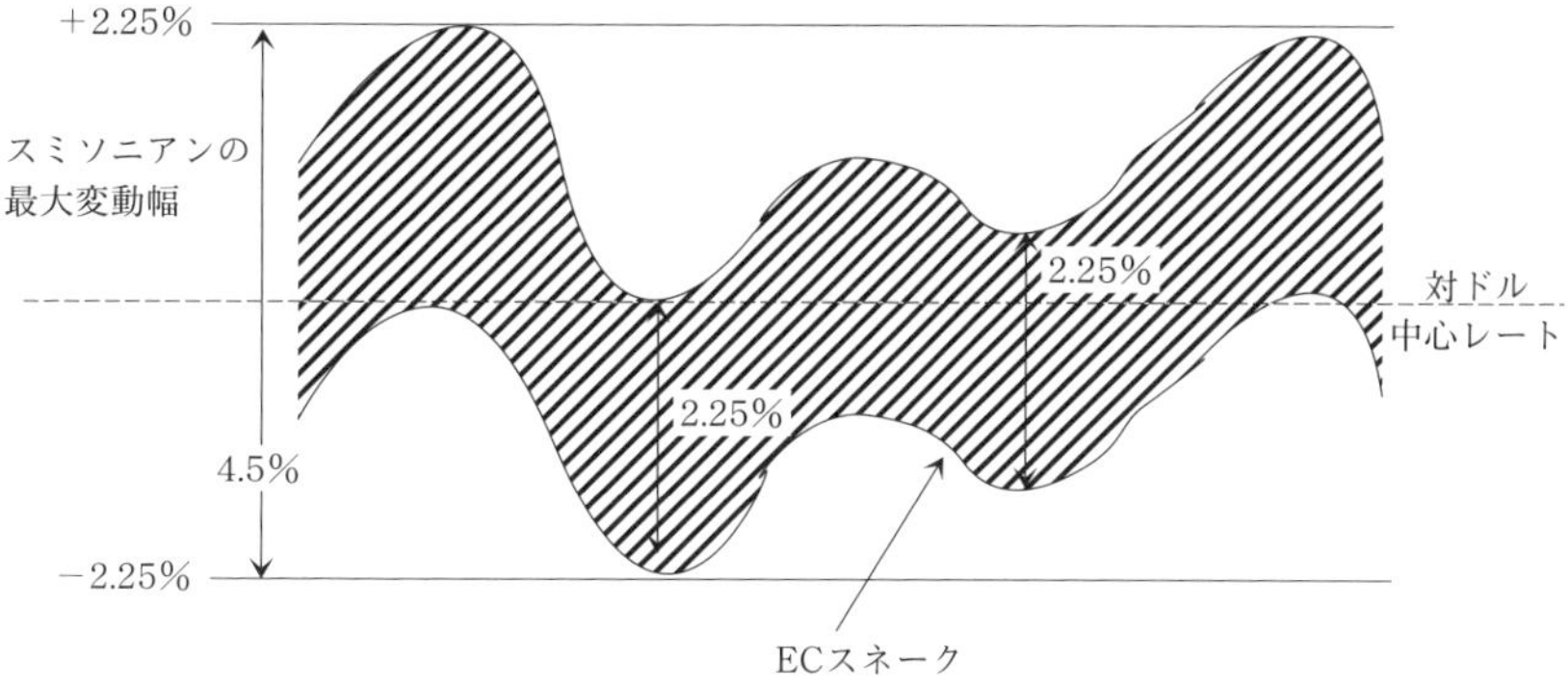

ク制を導入した。これは、七二年四月から実施されたが、六か国間の最大変動幅をスミソニアン体制の最大変動幅の半分の二・二五％にするものだった。つまり、最大変動幅四・五％のスミソニアンのトンネルの中を、胴体の最大幅が二・二五％のヘビがうねって這うことになったのである（図6参照）。

このＥＣスネークは、七二年四月から、独、仏、伊、ベルギー、オランダ、ルクセンブルクにより実施されるが、翌五月には、同年一月にＥＣ加盟を果した英国、デンマーク、アイルランドも参加した。さらに、域外からノルウェーおよびスウェーデンも参加し、一時は、ＥＣスネークの参加国は一一か国に達した。

しかし、それも束の間のことで、七二年六月に、イギリスは、ポンド危機に見舞われてＥＣスネークを離脱した。その後、吹き荒れる為替投機の中でデンマーク、アイルランドおよびイタリアが相次いで離脱していった。

国際金融市場の混乱が続く中で、七三年三月には、主要国通貨はすべて変動制に移行してしまった。スミソニアン合意の、通貨の変動幅を上下二・二五％、最大変動幅を四・五％に制限する措置は、僅か一年数か月で雲散霧消した。

スミソニアン合意による最大変動幅四・五％という制限はなくなったが、ＥＣは、ＥＣ通貨相互間の最大変動幅二・二五％を存続させ、ドルに対して共同で変動する、いわゆる共同フロート制に移行した。つまり、図6のスネークは存続するが、最大変動幅四・五というスミソニアン合意の制限（トンネル）が取り払われたわけだ。トンネルが撤去されたスネークは、たちまち四・五％の規制幅を超えて変動するが、七三年三月に、ECの共同フロートは、独、仏、ベルギー、オランダ、ルクセンブルク、デンマークと域外国のノルウェー、スウェーデンの計八か国によりスタートした。

こうして、共同フロートという形のECのスネークは、最大変動幅四・五％のトンネルをとびだすことになったが、間もなく、この共同フロートも行き詰まる。折からの第一次オイル・ショックで経済困難に陥ったフランスは、七四年一月、共同フロートを離脱した。その後も情勢は不安定な動きを続ける。フランスは、翌七五年六月には共同フロート制に復帰するが、七六年三月には再び離脱する。スウェーデンも七七年八月に共同フロート制を離脱した。

このような目まぐるしい変転の詳細をトレースする紙面の余裕はないが、それは、とりもなおさず、ヨーロッパの通貨市場の不安定さを浮彫りにするものであった。

このような情勢の中で、フランスのジスカール＝デスタン大統領のスーパー・スネーク構想など様々な提案がなされるが、一九七八年四月のコペンハーゲンEC首脳会議で、ボア（南米産の大蛇）構想と呼ばれる新しい通貨制度が提案された。この構想の基本となる仕組みは、共同フロート制をそのまま継続しながら、他方、それを離脱中のイタリアやイギリス等の通貨については、スネークより一まわり大きいボアの変動幅（つまり、拡大された変動幅）を適用するというものだった。このボア構想が、やがてEMS（欧州通貨制度）に発展していく。

欧州通貨制度（EMS）の成立

ボア構想の提案者は、ドイツのシュミット首相だったが、それをシュミットに示唆したのは、フランスのジスカール＝デスタン大統領だったといわれている。いずれにしても、この構想は、独仏両首脳の呼吸の合った協調のなかで実現されたが、ＥＭＳ（European Monetary System）は、このボア構想の土台の上に築かれたものなので、シュミットとジスカール＝デスタンは、ＥＭＳの父と呼ばれるようになった。

ＥＭＳは、このように独仏両国首脳の息の合ったリーダーシップによって成立するが、その背景には、何といっても、ＥＣ通貨を安定させなければならないというＥＣ全体の強い意思が働いた。ＥＣ通貨の分裂は、そのまま市場の分裂につながるという危機感、構成国間の為替相場の不安定さによる農産物統一価格維持の困難とそれによる共通農業政策の存続に対する危機感などが、新しいＥＣの通貨制度の必要性を増幅させた。

ＥＭＳは、ボア構想が提案された七八年四月のコペンハーゲンＥＣ首脳会議、同年七月のブレーメン首脳会議、同年一二月のブリュッセルＥＣ首脳会議、閣僚理事会等を経て、一九七九年三月に正式に発足した。

ＥＭＳは、通貨政策の緊密な協調によって、通貨安定圏を創設しようとするもので、その基本的な性格は、為替相場同盟であり、マーストリヒト条約によって後年設立される経済通貨同盟とは異なるものとして区別されなければならない。簡単にいえば、通貨同盟においては、通貨主権が構成国から同盟に移されるのに対し、ＥＭＳのような為替相場同盟の場合は、通貨主権はそれぞれの構成国に属し、それらの国の協調によって為替相場の安定がはかられるわけである。

ＥＭＳの内容は、次の三者から成りたっている。⑴為替相場メカニズム（ＥＲＭ――Exchange Rate Mechanism）、⑵信用メカニズムおよび⑶欧州通貨単位（ＥＣＵ――European Currency Unit）。この三本柱に支えられて、ＥＭＳは、ＥＣ構成国の為替相場の安定に見るべき成果を挙げ、経済通貨同盟という次のステップの発展のための土台を築いたといえる。

三本柱のうち、信用メカニズムは、為替相場を維持するための介入資金の必要性に基づくものであるが、超短期ファイナンス、短期通貨支援および中期金融支援という三種の信用メカニズムが準備された。超短期ファイナンスは、為替変動リスクを小さくするためのもので、変動限度介入に際して必要な資金を相手国の中央銀行から借り入れる制度であり、短期通貨支援は、国際収支の一時的悪化等に対する金融支援である。また、中期金融支援は、政府間ベースのファイナンスで、中長期的な国際収支の不均衡に際して行われた。

ERMとECU

ＥＭＳの三本柱のうち、信用メカニズムの概略については前節で述べたが、他の二つ、すなわちＥＲＭとＥＣＵについて少し詳しく説明しよう。

ERM（為替相場メカニズム）は、ＥＭＳの中心となる「域内固定、対外変動」の仕組みにおいて、固定相場制を維持するためのメカニズムである。

ＥＲＭの固定相場は、基本的にパリティ・グリッド方式によって維持される。パリティ・グリッド方式では、ＥＲＭの場合、各国ごとにＥＣＵに対する為替平価が設定され、この為替平価から二つの通貨間の基準相場が設定され、この基準相場を中心として二通貨間の為替変動を規制することになる。

基準相場の上下二・二五％（スペイン・ペセタのような弱い通貨にあっては、これよりずっと幅が広い上下六％）に上限、下限の介入点が設定され、各国は自国通貨の為替相場がこの範囲におさまるように金融政策を運営することになる。つまり、介入点で、双方の通貨国は無制限に介入する義務を負うことになる。

これが、ＥＲＭのパリティ・グリッド方式による固定相場制のための基本であるが、ＥＲＭには、このほか、パリティ・グリッド方式を補完するものとして、ＥＲＭ参加通貨がＥＣＵから一定限度以上乖離することを規制するための、ＥＣＵ乖離方式と呼ばれる仕組みが備えられた。簡単にいえば、この仕組みでは、パリティ・グリッド方式の最大変動幅をＥＣＵバスケットにおける各国通貨のウェイト分だけ縮小した「最大乖離限度」（すなわち、最大変動幅×［1－各国通貨のＥＣＵウェイト］）なるものが設定され、また、最大乖離限度の七五％の点を乖離の限度として、この点で警報が発せられるという仕組みであった。

ＥＣＵの前身は、一九七五年に創設された欧州計算単位（European Unit of Account）であるが、ＥＣＵ自体は、ＥＭＳ参加通貨の為替相場の表示単位として導入された。前述のようにＥＭＳ参加通貨は、ＥＣＵに対して基準相場をもち、ＥＣＵは準備資産および決済手段にもなった。ＥＣＵは、各中央銀行が保有する金・ドルの二〇％を欧州通貨協力基金（ＥＭＣＦ）に預金した見返りとして発行され、ＩＭＦのＳＤＲ（特別引出権）と同様に、一種の人工通貨である。しかし、資産の裏付けのないＳＤＲと違って、金・ドル準備の裏付けをもっていること、およびＳＤＲが新しい流動性を生みだすのに対して、ＥＣＵは流動性を生みだすことがないこと、という二点でＳＤＲとは異なっていた。

ＥＣＵは、ＥＭＳ加盟国通貨を構成通貨とする複合通貨（composit currency）ないしはバスケット通貨（basket currency）であるが、構成通貨のウェイトは、構成国のＧＤＰ、域内貿易額および短期通貨支援枠のシェアを基準にして設定され、原則として五年ごとに変更されてきた。しかし、マーストリヒト条約の発効に伴って、一九九三年一一月一日以降は、表9第三欄（右端）の構成比で凍結された。

なお、ＥＣＵは、本来、中央銀行間で使われる公的ＥＣＵとして出発したが、八〇年頃から次第に民間取引にも使われるようになり、ＥＣＵ建債権、ＥＣＵ建ローンなど、民間の資本取引に広く利用されるようになった。

以上述べたように、ＥＣは、ＥＭＳの中核的道具であるＥＲＭを適切に作動させることによりＥＣ各国通貨の安定をはかるために、通貨政策の上でさまざまな工夫を凝らしてきた。ＥＲＭの基準相場は、一九八七年から五年余りの長期にわたって一度も改訂されずに済んでいた。これを、ＥＣの通貨政策の成功と見るむきもあろう。

表9　ＥＣＵの通貨構成

	1979年3月		1984年9月		1989年9月	
	各国通貨の単位数／ECU	構成比（%）	各国通貨の単位数／ECU	構成比（%）	各国通貨の単位数／ECU	構成比（%）
ドイツ・マルク	0.828	33.0	0.719	32.0	0.6242	30.1
フランス・フラン	1.15	19.8	1.31	19.0	1.332	19.0
イタリア・リラ	109.0	9.5	140.0	10.2	151.8	10.15
イギリス・ポンド	0.0885	13.3	0.0878	15.0	0.08784	13.0
オランダ・ギルダー	0.286	10.5	0.256	10.1	0.2198	9.4
ベルギー・フラン	3.660	9.2	3.710	8.2	3.301	7.6
ルクセンブルク・フラン	0.140	0.4	0.140	0.3	0.130	0.3
デンマーク・クローネ	0.217	3.1	0.219	2.7	0.1976	2.45
アイルランド・ポンド	0.00759	1.2	0.00871	1.2	0.008552	1.1
ギリシア・ドラクマ	—	—	1.15	1.3	1.44	0.8
ポルトガル・エスクード	—	—	—	—	1.393	0.8
スペイン・ペセタ	—	—	—	—	6.885	5.3
計	—	100	—	100	—	100

（出所）ＥＣ委員会

しかし、実際には、長期に据え置かれた基準相場は、ＥＣ各国通貨の実態を反映するものでなくなっていた。

一九九二年七月、アメリカは公定歩合の引き下げを行ったが、その直後に、ドイツは、インフレ抑制などのため、公定歩合の引き上げを実施した。これが引き金となって、ドル安、マルク高が急速に進行し、マルク高は他の欧州通貨にも影響して、イギリス・ポンドやイタリア・リラが売り込まれた。種々の手が打たれたが功を奏せず、結局、九月一七日、ポンドとリラはＥＲＭを離脱した。スペインのペセタも五％の切り下げを余儀なくされた。さらに、翌九三年七月の通貨危機によって、ＥＲＭの変動幅は一挙に上下一五％に拡大され、ドイツとオランダの通貨だけは従来からの上下二・二五％の変動幅を維持したものの、ＥＭＳの固定相場制は事実上崩壊した。

しかし、ＥＣはＥＭＳによって通貨統合に必要な多くのことを学んだ。何よりも、ＥＭＳを通じて、ＥＣ各国の通貨当局間に緊密な連繋と協調精神が生まれたのは大きな収穫であった。そして、ＥＭＳの教訓と体験の上に、マーストリヒト条約の経済通貨同盟が構築されていく。

3　経済通貨同盟（ＥＭＵ）の設立

経済通貨同盟とは何か

ＥＭＵ（Economic and Monetary Union: 経済通貨同盟）は、読んで字のごとく、経済同盟と通貨同盟との両者から成り立っている。

ＥＣの通貨統合の背景には、各国の経済収斂を優先させるべしとするエコノミスト派と、まず通貨統合を進めることが各国間の経済格差を縮小させるとするマネタリスト派の対立が初期の段階から見られてきた。流産に終った第一次ＥＭＵの基本路線を示した一九七〇年のウェルナー報告でも、共通経済政策を導入するエコノミスト派の政策と為替変動幅の縮小を求めるマネタリストの政策とが、入り交じって提案されていた。

マーストリヒト条約によって定められたＥＭＵ（第二次ＥＭＳと呼んでもよいが）は、いうまでもなく経済通貨同盟であり、経済同盟と通貨同盟とのコンビネーションの上に成り立っている。このことは、ＥＭＵ設立の条件が、厳しい経済収斂を前提としていることから見ても明らかである。

一方、このＥＭＵとＥＭＳとはどのような関係にあるのだろうか。前に述べたように、ＥＭＳの基本的性格は為替相場同盟であるが、ＥＭＳが発足した一九七九年当時は、ＥＭＳは、ＥＭＵの第一段階として考えられていた。すなわち、ＥＭＳの大枠を承認した七八年のＥＣ首脳会議では、ＥＭＳの発足後二年以内にＥＭＵの第二段階に入ることが合意されていた。しかし、実際には、ＥＭＳがＥＭＵに進展することはなかったわけだが、それは、とりもなおさず、経済通貨同盟の成立が、裾野の広いマクロ経済の調整を必要とする困難な問題であることを示すものにほかならない。

ベル・バラッサが、経済統合の発展段階を、自由貿易地域→関税同盟→市場統合→経済同盟→完全な経済統合の五段階に分けて説明したことは広く知られているが、これによっても、EMUが関税同盟、市場統合といった段階の地域統合を完成させた上に成り立つものであることは明らかであろう。

EMUへの基本的な道筋を作ったものは、一九八九年四月に発表された通称**ドロール報告書**、「経済通貨同盟に関するドロール委員会の報告書」であったが、このなかでドロールは、経済同盟成立の条件として、(1)単一市場の成立、(2)市場原理が働くための競争政策の導入、(3)産業開発および地域開発のための共通政策の実施、および(4)マクロ経済政策に関する共通政策の実施と財政政策の加盟国間調整を挙げている。

また、通貨同盟成立の条件としては、(1)通貨の交換性の保証、(2)資本取引の自由、(3)金融市場の統合、および(4)加盟国間の為替変動の完全除去を挙げている。

経済通貨同盟は、もちろん、経済同盟と通貨同盟が一体となって機能する者であり、ドロール報告書の経済同盟設立の条件と通貨同盟設立の条件は、整理上分けて書かれているに過ぎない。要するに、EMUのインフラとして、ここに挙げられた事項が達成されていなければならないわけだが、これによっても、EMU成立のためには、域内の単一市場の形成が必要であり、単一欧州議定書からマーストリヒト条約へと深化した欧州統合の道筋は妥当なものだったといえよう。

EMUがもたらすメリット

EMUがもたらす経済効果については、EC委員会（欧州委員会）をはじめ、いろんな研究機関等で多くの研究と発表が行われてきたが、メリットの主なるものとしては次のようなものが挙げられる。

(1)単一通貨導入による為替手数料等の節減

単一通貨ユーロの導入によって、域内取引に関する限り為替手数料やマージンは不要になり、また、為替リスクを回避するためのコストも不要になる。さらに、これらが不必要になることによって、為替事務経費を大幅に削減することができる。これらのコスト削減は、ＥＵのＧＮＰの〇・五％に達するという試算もあるが、ＥＵの域内貿易のシェアの大きさを考えれば、これが極めて重要なメリットをＥＵにもたらすことは容易に想像できよう。

(2)金融・資本市場の統合の促進

市場統合によって、既に域内における資本の自由移動は確保されているが、単一通貨の導入によって、域内の資金調達や投資活動が一層活発化することが予想され、これらは企業の資金調達コストなどの削減に役立つ。

(3)域内物価の引き下げ効果

ＥＭＵ参加国間の価格の透明性は、単一通貨の導入により向上するが、これによって域内における物価の価格差が是正され、かつ、企業の競争が活発化し、物価を引き下げる効果が期待できる。これは、また、インフレの抑制にもつながる。

(4)金利の低下

インフレが抑制され、加盟国通貨間の為替リスクが完全に消滅するわけだから、金利は低下する。これは、企業活動にとっても、政府の財政資金調達にとっても、大きいメリットをもたらす。

(5)個別のＥＭＵ参加国の国際収支問題の解消

単一通貨の導入に伴って、ＥＭＵ加盟国相互間の国際収支問題はなくなり、他方、対域外地域の国際収支についてはＥＭＵ参加国全体として管理されることになり、個々の国の国際収支の管理業務を大幅に省くことができる。

(6)マクロ経済政策の健全化

ＥＭＵがもたらす大きなメリットは、財政・経済政策の健全化である。ＥＭＵに参加するためには、財政赤字の縮減、インフレや長期金利上昇の抑制など、参加国の財政・経済について厳しい条件が付けられているが、参加国がこれらの条件を守ることによって財政・経済政策の健全化がはかられ、それによる健全な経済成長が期待される。

(7)安定単一通貨圏の形成と国際的プレゼンスの増大

ユーロに基づく安定通貨圏が形成されることになるが、ユーロは、米ドルと並ぶ重要な国際的基軸通貨になることが期待されている。今日、国際貿易決済の八〇％がドルによっているが、その何割かがユーロへシフトすることは疑いなかろう。ユーロの基軸通貨化によって、ＥＭＵ、そしてＥＵの国際金融協議などの場におけるプレゼンスと影響力は増大しよう。

4　マーストリヒト条約が定めるＥＭＵ

ＥＭＵの設立は三段階で

マーストリヒト条約は、第Ｉ編共通規定の第Ｂ条の冒頭で、「域内国境のない地域の創設、経済的および社会的な結束の強化ならびに経済通貨同盟（最終的には、この条約の規定に従った単一通貨を含む）の設立を通じて均衡がとれ、かつ、持続可能な経済的および社会的進歩を促進することが連合の目的である旨を述べ、単一通貨をもつ経済通貨同盟の設立に言及している。これを受けて第Ⅱ編欧州共同体を設立する条約の第三Ａ条は、共同体の活動は、単一通貨（ＥＣＵ）の導入に向う為替相場の固定ならびに単一通貨政策および単一為替政策の策定と実施を含むと定めている。

さらに、ＥＭＵ関連の規定は、欧州共同体を設立する条約の第Ⅵ編経済通貨政策のなかで、三七か条（第一〇二ａ条―第一〇九ｍ条）にわたって詳しく述べられている。

マーストリヒト条約の経済通貨同盟も、一九七〇年のウェルナー報告書の経済通貨同盟構想などと同じく、三段階の設立スケジュールを基本とするものであった。各段階における主要なスケジュールは、次のように要約できよう。

第一段階

第一段階は、一九八九年のマドリッド首脳会議の決定に基づき九〇年七月一日スタートした。これは、マーストリヒト条約締結前のことなので、条約中に第一段階に関連する規定は原則としてないといってよい。第二段階開始の前に、域内における資本移動の制限を撤廃すること（ＥＣ設立条約第七三ｂ条）等の規定があるに過ぎない。

第二段階

ＥＭＵの第二段階は、一九九四年一月一日に始まる（ＥＣ設立条約第一〇九ｅ条）。マーストリヒト条約の発効は、九三年一一月一日であるから、ＥＭＵは、マーストリヒト条約発効後僅か二か月で第二段階へ進んだことになる。

第二段階は、第三段階（最終段階）へ移行するための極めて重要な準備期間であり、ＥＭＵ設立の成否は、第二段階の成否にかかっているといってもよい。第二段階のスケジュールとしては、経済収斂の達成、欧州通貨機構の設立、欧州中央銀行の設立（後述）などが挙げられる。

表10　ＥＭＵの経済収斂基準

収斂項目	基　　準
インフレ率	ＥＵ構成国のなかで、インフレ率が最も低い三か国の平均インフレ率を1.5％以上上回らない。
財政赤字	政府の債務がＧＤＰの３％以下。
	政府の債務残高（累積赤字）がＧＤＰの60％以下
通貨の安定度	ＥＲＭの通常変動幅の遵守。最低２年間、通貨の切り下げを行っていない。
長期金利	ＥＵ構成国のなかで、長期金利が最も低い三か国の平均金利を２％以上上回らない。

収斂の基準については、マーストリヒト条約の第二編ＥＣ設立条約の第一〇九ｊ条、「過剰債務手続に関する議定書」および「収斂基準に関する議定書」のなかで詳しく定められているが、収斂基準のポイントをまとめてみれば、表10のようになる。

この基準を達成すべく、多くのＥＵ加盟国が、第二段階において経済収斂のために大きい努力を払った。

第三段階

第三段階への移行日については、マーストリヒト条約において、(1)一九九六年一二月三一日までに、欧州理事会が、ＥＵ加盟国の過半数が必要な経済収斂基準を満たしているかどうか判断し、第三段への移行日を決定する、または、(2)九七年一二月末までに移行日が設定されなかった場合には、ＥＭＵの第三段階は、九九年一月一日に開始されると定められた。

結論からいえば、九七年一二月末までに移行日は設定されず、九九年一月一日がＥＭＵ第三段階が開始される日となった。

マドリード欧州理事会が採択した移行計画

一九九五年一二月のマドリード欧州理事会は、単一通貨ユーロが導入されて、ＥＭＵの第三段階が完成するまでの詳細なスケジュールを採択した。このスケジュールにおいては、ユーロがＥＭＵ加盟国の単一法定通貨となる二〇〇二年七月一日までの間を三つの期間に分け、それぞれの期間において実施されるべき事項を次のように定めている。

〔第一期〕

一九九九年一月一日までの期間。

●一九九九年の実績に基づき、九八年のなるべく早い時期にEMU加盟国を決定。

●欧州中央銀行（European Central Bank: ECB）を設立。

●EMU運営のための法的整備。

●ユーロ紙幣、硬貨の製造開始。

〔第二期〕

一九九九年一月一日から、遅くとも二〇〇二年一月一日までの期間。

●一九九九年一月一日に、ユーロとEMU加盟国通貨との換算レートが不可逆的に固定される。

●ECBの単一金融政策の実施とユーロによる外国為替操作の実施。

●ユーロ建公共債の発行。

●金融市場における金融市場取引は、すべてユーロ建になる。

〔第三期〕

二〇〇二年一月一日から、遅くとも二〇〇二年七月一日までの期間。

●ユーロ紙幣、硬貨の流通開始。

●各国の紙幣、硬貨の回収開始。

●遅くとも二〇〇二年七月一日までに、各国の通貨（ドイツ・マルク、フランス・フランなど）は、法定通貨としての地位を失い、ユーロがＥＭＵ加盟国の単一法定通貨となってＥＭＵが完成する。

ＥＭＵの設立は、上述のマーストリヒト条約およびマドリッド欧州理事会で合意されたスケジュールに従い、ＥＵにとって、最も緊急、かつ、重要案件として進められた。

九八年五月には、欧州理事会が、九九年一月一日から第三段階に入る国を決定、六月には予定を早めて欧州中央銀行が設立され、遂に一九九九年には、ベルギー、ドイツ、スペイン、フランス、アイルランド、イタリア、ルクセンブルク、オランダ、オーストリア、ポルトガルおよびフィンランドの一一か国によってＥＭＵの第三段階が開始された。この日、ユーロと一一か国の通貨の交換レートは不可逆的に固定された。これは、とりもなおさず、歴史的なＥＵ通貨統合の最終段階のスタートであった。

以下、通貨統合の出発にあたって特に難関と考えられてきた経済収斂基準の達成、および超国家的でＥＵの金融政策を担当する、画期的なＥＣＢ（欧州中央銀行）の設立について述べよう。

収斂基準達成への懸命な努力

表10に掲げたように、ＥＭＵの第三段階（最終段階）に移行するためには、マーストリヒト条約が定める収斂基準の達成は必須要件であった。

インフレ率、通貨の安定度、長期金利、財政赤字（単年および累積）という五つの項目のうち、インフレ率と長期金利については、殆どすべてのＥＵ加盟国がそれらの基準を問題なくクリアしていた。また、通貨の安定度については、ＥＲＭの参加が条件となるから、ＥＲＭに参加していないイギリス、スウェーデンおよびギリシアの三国は不適格であったが、その他の国は、いずれも「過去二年間ＥＲＭの通常の変動幅内で取引きされ、かつ、切り下げを行っていない」という安定通貨の基準をみたしていた。

問題は、対ＧＤＰ比による財政赤字の二つの基準（単年および累積）であった。このうち、単年度の赤字については、イタリアなどが、対ＧＤＰ比三％以内という財政赤字の基準達成を危ぶまれていたが、各国の財政当局の努力（および恐らく知恵）によって、これまた殆どすべての国が、基準年である一九九七年の財政収支の赤字を対ＧＤＰ比三％以内におさめることに成功した。フランスの三％、ドイツとイタリアの二・七％、スペインの二・六％などが、財政赤字の多い国であった。

問題は、累積赤字（政府債務残高）の対ＧＤＰ比六〇％以内という基準であった。イタリアやベルギーなどの累積財政赤字は一〇〇％を超えていたから、これらの国がＥＭＵの経済収斂基準をクリアするのは無理だろうという観測があった。しかし、この累積財政赤字については、「十分な速度で減少していれば合格」という大変あまい解釈が認められ、イタリアも、ベルギーもこの累積財政赤字のハードルを越えることができた。

もっとも、この「十分な速度で減少していれば合格」という解釈についてすら、かなり弾力的に適用しない限り、イタリアやベルギーに合格点を与えるのは難しかった（表11参照）。

とにかく、こうして、蔵相理事会は、ＥＲＭに参加していないイギリス、スウェーデン、ギリシアの三国と現時点ではＥＭＵの第三段階移行の意思がないデンマークの計四か国を除く一一か国が、経済収斂を達成していることを認め、これを受けて九八年五月二日の欧州理事会は、一一か国が九九年一月一日にＥＭＵの第三段階に入ることを決定したのである。

なお、この経済収斂基準の達成、とりわけ財政赤字削減のためには、ＥＵ各国政府が大きい努力を払ったことを付記しておきたい。財政赤字削減は、いうまでもなく緊縮財政につながり、公務員の人員削減とか、福祉予算のカットなどが不可避になる。ＥＭＵ第三段階への移行の代償として、いくつかのＥＵ加盟国政府は、人気低落

表11　ＥＵ加盟国の1997年の経済状況

	国　名	インフレ率	財政赤字対ＧＤＰ比	累積財政赤字対ＧＤＰ比	長期金利
ＥＭＵ第三段階参加国	ベルギー	1.4	2.1	122.2	5.7
	ドイツ	1.4	2.7	61.3	5.6
	スペイン	1.8	2.6	68.8	6.3
	フランス	1.2	3.0	58.0	5.5
	アイルランド	1.2	（黒字）	66.3	6.2
	イタリア	1.8	2.7	121.6	6.7
	ルクセンブルク	1.4	（黒字）	6.7	5.6
	オランダ	1.8	1.4	72.1	5.5
	オーストリア	1.1	2.5	66.1	5.6
	ポルトガル	1.8	2.5	62.0	6.2
	フィンランド	1.3	0.9	55.8	5.9
不参加国	イギリス	1.8	1.9	53.4	7.0
	スウェーデン	1.9	0.8	76.4	6.5
	デンマーク	1.9	（黒字）	65.1	6.2
	ギリシア＊	5.2	4.0	108.7	9.8

（出所）　欧州委員会　＊2001. 1. 1 EMU参加

という犠牲を払わなければならなかった。

欧州中央銀行（ＥＣＢ）と欧州中央銀行制度（ＥＳＣＢ）

マーストリヒト条約は、ＥＭＵの第二段階で、欧州通貨機構（ＥＭＩ: European Monetary Institute）を設立することを定めているが、これは、ＥＭＵの第二段階という準備段階における機構であり、欧州中央銀行（ＥＣＢ）の母体となる機構であった。ＥＭＩの主な任務は、中央銀行間の協力の強化、各国の通貨政策の調整の強化、第三段階の準備等で、マーストリヒト条約第Ⅱ編ＥＣ設立条約第一〇九ｆ条に詳しい規定があるが、いずれにしても、ＥＭＵ第三段階への移行つまり単一通貨ユーロの導入をスムースに行うためのものであった。ＥＭＩは、一九九四年にフランクフルトに設立されたが、ＥＣＢの設立によって、その役割を終えている。

欧州中央銀行（ＥＣＢ: European Central Bank）および欧州中央銀行制度（ＥＳＣＢ: European System of Central Bank）について述べる。

欧州中央銀行制度（ＥＳＣＢ）は、マーストリヒト条約第二編ＥＣ設立条約の第一〇六条で、ＥＳＣＢは、ＥＣＢおよ

図7　欧州中央銀行制度（ESCB）

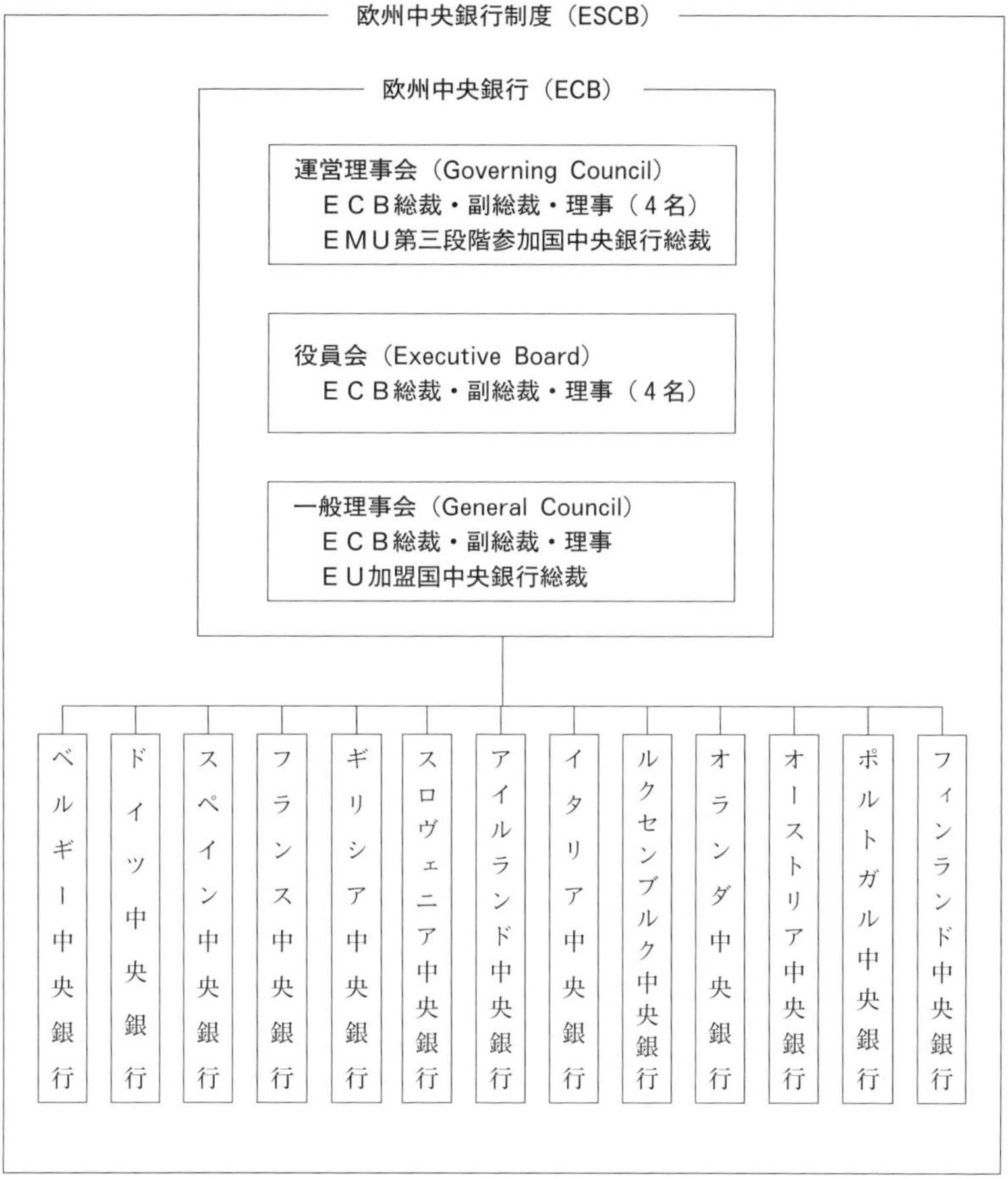

（出所）EC 設立条約第３章の規定に基づき作成

び国の中央銀行で構成すると規定されている。同条は、さらに、**欧州中央銀行（ECB）**は法人格をもつと定めているが、法人格をもつECB（上部機構）とEMU加盟国の中央銀行（下部機構）によってESCBが構成され、EMU第三段階の業務を担当することになる。

ECBの意思決定機関は、運営理事会（General Council）と役員会（Executive Board）であるが（条約第一〇六条）、運営理事会は、役員会および加盟国の中央銀行総裁によって構成される（条約第一〇九a条）。さらに、ESCBおよびECBの地位に関する附属議定書第四五条によって、一般理事会（General Council）が、ECBの第三の意思決定機関として設けられている（図7参照）。

運営理事会は、ECBの最高意思決定機関であり、そのメンバーには、前述の役員会および加盟国中央銀行総裁に加え、投票権はもたないものの、EUの理事会議長および欧州委員会の委員一名が参加する。運営理事会は、EUの共通通貨政策とその実施に必要な指針を決め、また、単一通貨ユーロの発行に関する絶対的権限をもっている。また、加盟国と共同体の通貨事情、金融事情、加盟国の一般的収支を監視し、理事会と欧州委員会に定期的に報告すること、理事会や欧州委員会に意見を提出することなどの重要な任務をもっている。役員会は、ECB総裁、副総裁およびその他の役員四名の計六名で構成される。これらの役員会のメンバーは、通貨、金融の専門家であり、加盟国政府の全会一致により選出される。一般理事会は、ECB総裁、副総裁およびEU加盟国の中央銀行総裁によって構成され、規則、経理、統計、広報などの総務的事項を担当するECBの第三の意思決定機関である。

一方、加盟国の中央銀行は、ECBの下部機構として、ESCBの一部を構成するが、それらは、原則として、ECBの指針や指示に従って業務を行う機関であり、政策決定に直接関与するものではない。

いずれにしても、ECBは、一九九八年六月一日に正式に発足したが、ECBには、政治からの強い独立性が保証されている。マーストリヒト条約は、「ＥＣＢは、その任務を行う上で、ＥＵの組織および各国政府から指示を受けず、また、求めない」と定めて、独立性を明快に打ち出している。この意味で、ＥＣＢは、いかなる国の中央銀行よりも独立性の強い画期的な中央銀行といえよう。

各国の中央銀行が、ＥＣＢという一つの傘の下に集められ、一つの金融通貨政策が決定される欧州中央銀行制度の成立は、ＥＵの経済統合が完成の段階に近いことを示唆するものであろう。ユーロという単一通貨が誕生し、ユーロ紙幣の発行がＥＣＢという一つの機関で行われ、その一つの機関がＥＵの金融通貨政策について責任と権限をもつわけだから、ヨーロッパの統合が、世界中の他の地域のいかなる地域統合よりも、桁違いに深化したものであることは明らかであろう。

ＥＣＢは、マーストリヒト条約によって、独立性が保証されると同時に、明確な政策目標を与えられている。ＥＣＢの政策目標は、「物価安定」以外のなにものでもない。ＥＣＢは、景気や雇用は政府と民間企業の責任というドイツ連銀ゆずりの姿勢を継承し、物価の安定に努力を集中することになった。

なお、初代のＥＣＢ総裁には、ＥＣＢの前身である欧州通貨機構（ＥＭＩ）の総裁だったオランダのウィム・ドイセンベルクが就任した。余談になるが、ＥＵの金融通貨政策を一手に握るＥＣＢの総裁人事ともなれば、各国の思惑が交錯する。ＥＣＢ総裁人事をめぐって、オランダのドイセンベルクを推すドイツとフランス中央銀行総裁のジャンクロード・トリシェを推すフランスが鋭く対立した。結局、オランダのドイセンベルクが初代総裁におさまったが、ドイセンベルクは、八年の任期の途中で、フランスのトリシェにバトン・タッチするという妥協がはかられたようだ。

ＥＣＢの独立性は、当然のことながら、役員人事の独立性につながる。しかし、ＥＣＢの初代総裁の人事をめぐって、早くも苦肉の政治的妥協がはかられたことは、ＥＣＢが完全に政治から独立する難しさをのぞかせたものではなかろうか。

5　単一通貨ユーロの流通

大ユーロ圏の成立

一九九八年五月に、ブリュッセルで開催された欧州理事会は、EU加盟国中デンマーク、ギリシア、スウェーデンおよびイギリスを除く一一か国が、一九九九年一月一日にEMUの第三段階に移行することを決定した。これによって、これら一一か国の為替相場は、不可逆的に固定され、九九年一月一日から、ユーロは、銀行間取引、国債発行に導入されることとなった。いわゆるユーロの通貨化である。また、ユーロによる共通金融政策が開始された。これによって、ユーロを使用する人口は二億九〇〇〇万人となり、それらの国のGDPは六・三兆ドルに達する。これは、日本のGDPの一・五倍、アメリカのGDPの八兆ドルに迫る。大ユーロ圏の誕生である。

九六年一月には、EMU生みの親の一人といってよいドロール前欧州委員長でさえ、「フランスとドイツ経済の現状を見ると、通貨統合を当初の予定どおり実施するのは難しい」と悲観論を吐いていた。少なくとも九七年前半頃までは、財政の引き締めに対して、ストが頻発するフランスの情勢などを見て、九九年一月のEMU第三段階移行に懐疑的な空気がヨーロッパを広く覆っていたことは確かであろう。

しかし、九九年一月一日を逃がしたら、通貨統合のチャンスは、当分の間、二度とヨーロッパに戻って来ないのではないかという危機感が、多くのEU加盟国政府に目一杯の努力を強い、一一か国という予想以上に多数の国が九九年一月一日にEMUの第三段階に移行した。さらに二〇〇一年にはギリシアがEMUに参加し、ユーロ圏は一二か国を数えることになった。そして二〇一一年現在では一七か国へと拡大しているのである。

図8　ヨーロッパ統合の状況（2020年8月15日）

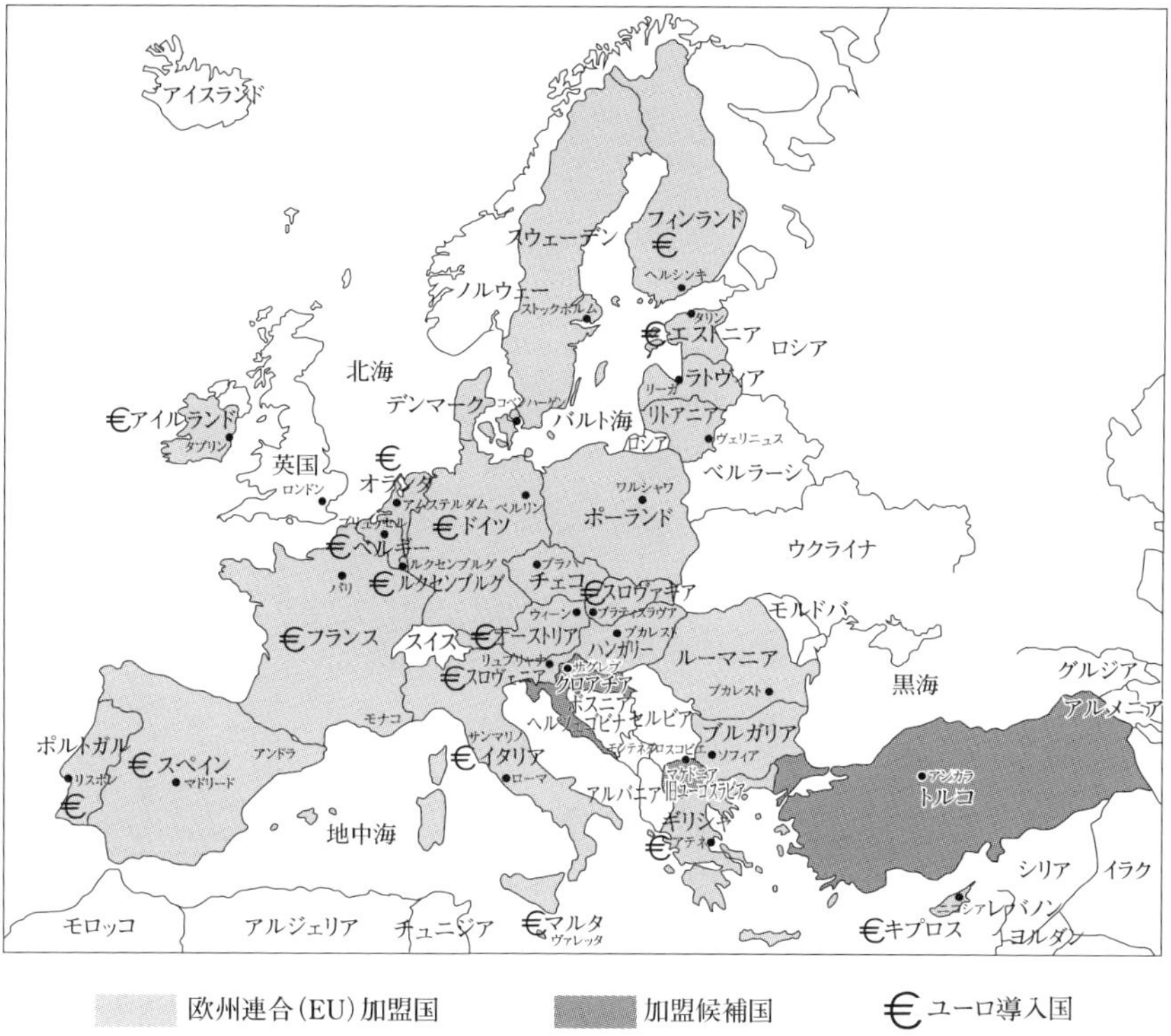

（出所）『ヨーロッパ』（Europe）第249号、2007年（駐日欧州委員会代表部広報部編。ただし一部加筆修正）

ＥＭＵがもたらすメリットについては既に述べたが、大ユーロ圏の成立は、ヨーロッパの広い範囲で、為替手数料や為替リスクをヘッジするための莫大な費用が節約できること、商品もサービスも、一段と激しい競争にさらされ価格が統一されてくること、などの経済的メリットばかりではない。ヨーロッパが受けるであろう最大のメリットは、一九五〇年代以来、欧州統合の悲願であったヨーロッパにおける平和の維持、戦争のないヨーロッパの構築をいよいよ確かなものにしたことである。同一の法定通貨によって資金が自由に流れ、同じ価格で商品やサービスが自由流通する地域においては、かつて、二十世紀前半のヨーロッパが体験した種類の戦争――為替切り下げ競争で誘発されるような戦争――は、二度と起こり得なくなったのではなかろうか。

ユーロの紙幣と硬貨

ドイツ・マルク、フランス・フラン、イタリア・リラなどの各国通貨の回収は二〇〇二年一月一日に始まったが、同時に、それまで銀行間取引などのみに限られていたユーロが全面的に流通するようになった。各国通貨のユーロへの切り替えは順調に進み二〇〇二年八月二八日には、それらの通貨は法定通貨でなくなった。替ってユーロが、ＥＭＵ加盟国の地域、いわゆるユーロランド（ユーロ圏）における、唯一の法定通貨として流通することになった。

さて、「ユーロ」という通貨の呼称について触れておこう。まず、マーストリヒト条約における計算上の通貨単位はＥＣＵである。ＥＣＵに関する規定は、条約中随所に見られるが、たとえば、ＥＭＵの第三段階移行を定める第一〇九l条では、「……ＥＣＵは、この固定されたレートでそれらの構成国の通貨に置き換えられ、それ自体有効な通貨となる……」と定められている。しかし、そのＥＣＵを単一通貨の呼称にすることは、ドイツに嫌われた。ＥＭＳ設立時にバスケット通貨として登場したＥＣＵが、ドイツ・マルクに比べて弱い通貨であるとの印象を拭い切れないということが主な理由だったようだが、ＥＣＵの呼称を好むフランスとそれを嫌うドイツ

図 9　ユーロ紙幣のデザイン

表のデザイン

裏のデザイン

（出所）　EMI 1997年資料

との意見が対立した。結局、一九九五年一二月のマドリード欧州委員会において、単一通貨の名称は、〝euro〟とすることが決定した。

日本では専ら「ユーロ」と呼ばれているが、これはいうまでもなく英語読みによる。ドイツ語では「オイロ」、フランス語なら「ウーロ」に近い音になるわけだが、日本語では「ユーロ」で十分だろう。

図9に示したように、ユーロの紙幣は、五ユーロ、一〇ユーロ、二〇ユーロ、五〇ユーロ、一〇〇ユーロ、二〇〇ユーロ、五〇〇ユーロの七種類になる。為替相場によって、もちろん変動はあるが、一ユーロは一九九九年一月の円レートで一三三円前後であったから、このレートに基づけば、小は七〇〇円弱から、大は七〇、〇〇〇円弱までのユーロ紙幣が、二〇〇二年一月から流通したわけである。

一方、ユーロの硬貨については、一セント、二セント、五セント、一〇セント、二〇セント、五〇セント、一ユーロ、二ユーロの八種類となる。いうまでもなく、セントは百分の一ユーロだから、日本円に換算すれば、一・三円から二七〇円ほどまでの硬貨が発行されることになる。

ユーロ紙幣のデザインは、九六年一二月のダブリン欧州委員会の際発表されたが、硬貨のデザインについては、半年遅れのアムステルダム欧州理事会で決定された。面白いのは、紙幣のデザインが、裏表とも全く画一的であるのに対し、硬貨のデザインは、硬貨の裏面に関する限り、EUのシンボル・マークである十二個の星を入れることを条件に、各国が自由にデザインを選択できる。つまり、硬貨の裏面のデザインに関する限り、ユーロという単一通貨の流通後でも、ドイツとか、フランスとかいった、個々の国のアイデンティティが存在することになった。

なお、$（ドル）、¥（円）などに相当するユーロのマークについては、€を使うことに決定した。また、短縮コードは、EURとなる。

ＥＭＵが抱える問題

一九九九年一月一日に一一か国によって離陸したＥＭＵは、二年後の二〇〇一年一月一日にはギリシアの加入を見た。一二か国という多数の国が参加したことによって、最も恐れていた、ＥＭＵによるＥＵの分断という印象は避けられたが、ＥＭＵは多くの頭の痛い問題を抱えている。その代表的なものに、⑴イギリスのＥＭＵ参加をどう実現するか、⑵経済的にも、社会的にも極めて深刻な失業問題にどう対処できるか、⑶地中海の弱い通貨国を抱えるユーロが強い通貨としての地位を維持できるかという問題がある。

イギリスのＥＭＵ参加問題は長い歴史的な背景をもつ。基本的には、島国イギリスと大陸諸国との間の欧州統合に対する体質的な温度差があるが、具体的な動きとしては、まず、一九九二年八月、メージャー保守党政権時代のイギリス・ポンドの為替相場メカニズム（ＥＲＭ）からの離脱があった。ＥＭＵの第三段階移行のために必要な経済収斂の条件の一つは、ＥＲＭへの参加を不可欠としていたから、イギリスはＥＲＭ離脱によって、通貨統合への道を自ら閉ざした。

九七年五月の総選挙で保守党が惨敗し、ブレア労働党政権時代になって、ＥＵに対するイギリスの姿勢は、保守党政権時代に比べて大分前向きになった。しかし、ＥＭＵに関しては、依然としてゴー・サインを出してはおらず、最終的には国民投票によって去就を決めることになろう。

ヨーロッパ大陸部で、ユーロが広く単一通貨として流通するなかで、イギリスだけが自国通貨のポンドに固執することは、イギリスが欧州統合の枠内に残留しようとする限り、長期的にはできない相談のように思われる。経済面では、域内貿易における対英貿易のシェアの減少などの悪影響が考えられるが、より重要なのは、長期的に見たロンドンの金融市場の地盤沈下である。ロンドンの金融街シティーは、世界中の金融機関が集まっている

表12　ＥＵ諸国の失業率

国　名	失業率（％）		
	1995年	1996年	1997年
オーストリア	3.9	4.4	4.4
ベルギー	9.9	9.8	9.7
デンマーク	7.2	6.9	6.0
ドイツ	8.2	8.9	10.0
フィンランド	16.3	15.4	13.8
フランス	11.7	12.4	12.5
ギリシア	9.2	9.6	9.5
アイルランド	12.3	11.8	10.8
イタリア	11.9	12.0	12.1
ルクセンブルク	2.9	3.3	3.6
オランダ	6.9	6.3	5.5
ポルトガル	7.3	7.3	6.8
スペイン	22.9	22.1	21.0
スウェーデン	9.2	10.0	10.4
イギリス	8.7	8.2	6.4

（出所）欧州委員会資料

大国際金融センターだが、イギリスが長期にユーロ圏の外に居続けるならば、デリバティブ（金融派生商品）や欧州株などのユーロ絡みの金融商品は、ロンドンから大陸部のフランクフルトやパリなどに移って行くことが考えられる。また、イギリスがユーロ圏の外に居続ける限り、イギリスは、ＥＣＢの金融政策決定についても蚊帳《かや》の外という状態に置かれざるを得ない。ＥＵ内におけるイギリスの発言力の低下は目に見えている。

いずれにしても、イギリスのＥＭＵ参加問題は、そう遠くない将来に決断の時機がやってくることになろう。イギリスと同様にＥＭＵ第三段階に移行していないスウェーデンおよびデンマークについては、イギリスのような経済規模をもたないので影響は少ないが、ＥＭＵ加盟問題は、早晩、解決に向かうだろう。

次に、**深刻な失業問題**にＥＭＵがどう対処するかという問題である。一九九〇年代はヨーロッパの多くの国において、政局は左派に有利に展開してきた。フランスも、イギリスも、そしてコールが一六年の政権の座を明け渡すことになったドイツも、皆同じだ。この潮流の根底にあるものは、深刻な失業問題にほかならない（表12参照）。

通貨統合によって失業問題も解決に向うというような甘い期待もあったが、現実は、各国政府が、ＥＭＵ第三段階移行に際し、財政赤字削減のため緊縮財政を実行したので、失業問題はますます深刻化した。その後いくぶん沈静化してはいるが、二〇〇六年にもＥＵ全体の失業率は八％近くに達したのである。

いずれにせよ通貨統合によって、政府が、景気対策として金利を操作したり、財政出動したりすることはできなくなった。失業対策は、ＥＵにとっても、ＥＭＵにとっても、まさにアキレス腱のままである。

ＥＭＵが抱える第三の問題は、ユーロが**強い通貨であるための対策**である。ユーロが一二か国という多数の国によって流通を開始したのは成功であったが、他方、そのために、これまでも問題の多かった地中海の弱い通貨を抱えることになった。イタリア・リラ、スペイン・ペセタ、ポルトガル・エスクード、ギリシアのドラクマというところである。

これらの弱い通貨国の参加によるユーロの弱体化を避けるためには、今後とも加盟国のマクロ経済指標を厳しく監視し続けることが必要であろう。

国際基軸通貨としてのユーロの展望

ユーロが、国際基軸通貨として米ドルに比肩する強い通貨になれるかどうかについては、楽観的であり、慎重論ありだが、何といっても、ヨーロッパ経済自体が国際的な信頼を得られるかどうかが、ユーロが国際通貨として成功するための鍵である。米国が、今日、一兆七千億ドルを超える国際収支の赤字を抱えながらも、債務危機に見舞われることなく、世界中で広く米ドルが流通しているのは、米国経済に対する強い信頼があるからにほかならない。ＥＵ全加盟国が主軸を構成するヨーロッパ経済は、米国経済と同じレベルの国際的信頼を得ることができるだろうか。

国際通貨ないし国際基軸通貨（International Currency）とは、国際取引において、⑴国際取引の単位としての機能、⑵国際取引の支払手段としての機能および⑶国際的な資産を保有する手段としての機能を果たすことができる通貨である。

ユーロは、二〇〇二年に一二か国によって流通を開始したが、将来、ＥＵ全加盟国がユーロを使用するようになることが予想される。現在一七か国から成るユーロ圏は、人口、貿易額、外貨準備のいずれをとっても米国の規模を上回る。このユーロ圏の経済規模自体が、ユーロが、米ドルに肩を並べる国際基軸通貨になる資格があることを示すものであろう。このような大ユーロ圏経済の基盤の上に立つユーロが、国際基軸通貨としての諸機能を果たしうるものであることは疑いない。

今日、世界の外貨準備の通貨別構成比は、米ドルが五六・四％、ＥＵ各国通貨およびＥＣＵが二五・八％、日本円七・一％、スイス・フラン〇・四％、その他の通貨九・七％となっている（ＩＭＦ、一九九五年）。現時点では、米ドルとＥＵ通貨の間にかなりの格差が見られるが、ユーロが本格的に流通する二〇〇二年以降は、外貨準備に使われる米ドルとユーロとの格差が縮小しつつある。

米ドルへのユーロの挑戦は、アメリカでも歓迎されている。米ドルへの国際通貨の一極集中が、ユーロによって緩和されれば、それは不要な為替投機の抑制に役立ち、国際金融市場の安定につながるであろう。

補　遺

第二次大戦後のヨーロッパ経済は、ヨーロッパ統合を軸に展開した。統合が進行する過程で、人類がかつて体験したことのない様々な現象がヨーロッパに出現した。それは関税同盟の完成であり、市場統合であり、国境の消滅（ないしは国境における障害の撤去）であった。さらに、二〇〇二年には共通通貨ユーロが一一か国で流通を開始した。

前に述べたように、欧州連合（ＥＵ）は、一二か国が欧州連合に関する条約（通称マーストリヒト条約）を批准することによって一九九三年一一月一日にスタートした。一九六〇年代に六か国で発足した欧州統合は、二〇〇四年五月一日には新たに東欧一〇か国を加え、ＥＵの加盟国は二五か国に達した。

この段階でヨーロッパ統合は、経済統合に関する限り、完成または少くとも完成に近い段階に到達したといえるだろう。しかし、組織の肥大化は政治的には様々な問題をもたらした。その結果、ＥＵは二十世紀から二十一世紀の初めにかけて、既存条約の改正といくつかの新条約の制定を試みた。

まず、一九九九年に発効したアムステルダム条約がある。この条約は多数の議定書や宣言文のほか、ＥＵ基本条約を修正する条文から成っており、共同体の安全保障や司法政策についても触れている。さらに、二〇〇三年にはもう一つの条約、ニース条約が発効している。ニース条約も、ローマ条約とマーストリヒト条約を改正するものだが、とりわけ将来の加盟国の増加に備えて、決定方式の変更とそれに伴う機構改革を中心とするものであった。ニース条約の調印は、ＥＵ一五か国によって行われたが、それは将来のＥＵのさらなる拡大を見据えてのことだった。

こうしてヨーロッパ統合は、ＥＵの拡大、特に東方への拡大によって生じる情勢に対処できるよう漸く態勢を整えて行った。

◇欧州憲法条約の挫折

アムステルダム条約、ニース条約と続いた欧州連合の体制固めは、二〇〇四年に欧州憲法条約（European Constitutional Treaty）が調印されるに至って画期的な局面を迎えた。アムステルダム条約とニース条約によって手直しされたＥＵの条約体制は、組織のさらなる拡大による効率の低下を防ぐために、抜本的な改革が必要と思われた。

このような背景のなかで、二〇〇一年にベルギーのブリュッセルのラーケン宮殿で行われた欧州理事会は、「ラーケン宣言」を採択した。ラーケン宣言は、欧州憲法の骨子として次のような方針を定めている。⑴ＥＵと加盟国との権限関係の明確化（ＥＵの権限、加盟国の権限、両者が共有する権限）、⑵ＥＵの諸制度の簡易化、⑶ＥＵの民主化、透明化、効率化等、⑷ＥＵ市民のための憲法の制定。

ラーケン宣言を受けてジスカール＝デスタン元フランス大統領を議長とする欧州諮問会議が設置され、一六か月に及ぶ作業と集中討議を経て、いわゆる欧州憲法条約、正式名称「欧州のための憲法を制定する条約（Treaty establishing a Constitution for Europe）が採択され、二〇〇四年十月二十九日、ローマにおいてＥＵ二五か国による調印の運びとなった。

この条約は、前文、四部、四四八条によって構成されるものだが、その発効には全加盟国の批准を必要とした。ところが、二〇〇五年にこの条約を批准するために行われたフランスの国民投票は、この憲法条約を否認した（投票率六九・三％、反対五四・七％、賛成四五・三％）。さらに、続いてオランダで行われた同様の国民投票でも、結果はフランス以上に欧州憲法条約に否定的だった（投票率六二・八％、反対六一・六％、賛成一八・四％）。フランスとオランダというヨーロッパ統合の中心的役割を担ってきた国の国民が、欧州憲法条約を明確に否認したことは、ヨーロッパ全体に大きい衝撃を与えた。

英国は、二〇〇六年に予定していた国民投票をとり止め、欧州憲法条約の批准手続を停止した。次いで、ポルトガル、スウェーデン、デンマーク、フィンランド、ポーランド、アイルランド等が批准手続の延期を発表し、かくして欧州憲法条約は葬り去られた。ヨーロッパ統合にとっては、初めて経験するといってもよい挫折であった。

◇リスボン条約で再出発

欧州憲法条約の敗北の基本的な原因は、ＥＵ市民が超国家的権力によるヨーロッパ統合を拒否したことにほかならない。

二〇〇五年のフランスとオランダの国民投票による欧州憲法条約の否認を受けて、同年六月、ブリュッセルで開催された欧州理事会は「熟慮期間」を置くことを決定した。要するに冷却期間を置いて対策を考えようということだろう。

その結果、憲法条約からＥＵ市民の拒否反応の対象の中心だった欧州合衆国的な要素を除去した新条約、リスボン条約が作成され、二〇〇七年に調印された。

リスボン条約の正式名称は、「欧州連合条約および欧州共同体設立条約を改正するリスボン条約（Treaty of Lisbon amending the Treaty on European Union and the Treaty establishing the European Community）」という。この条約の正式名称が示すようにリスボン条約は、既存の欧州連合条約と欧州共同体設立条約を改正して「欧州連合条約」と「欧州連合運営条約」に再編成している。多年広く使われてきた「欧州共同体」という呼称は廃止された。

リスボン条約は、条約本体、議定書、宣言を含め二七〇頁に及ぶ大きい条約といわれるが、ここではＥＵと各国政府の権限について述べておこう。リスボン条約で定める欧州連合の排他的権限、加盟国との共有権限等が及ぶ政策等を整理すると次のようになる。

ＥＵの排他的権限が及ぶ政策

関税同盟

域内市場の競争ルール

ユーロ導入国の金融政策
共通漁業政策下の海洋生物資源保護
共通通商政策
ＥＵと加盟国が共同で行う政策（例示）
域内市場
消費者保護
運輸
エネルギー
治安、司法
ＥＵが支持権限を持つ政策（例示）
人間の健康の保護、改善
工業
文化
観光
教育、スポーツ

これらのうち、ＥＵが排他的権限を持つ関税同盟などの分野は、従来からＥＵが絶対的権限を行使してきた分野で、原則としてＥＵvs加盟国という構図の問題は少いと思われる。ＥＵと加盟国との間に問題が生じるとすれば、たとえば、英国が二〇〇七年に免責された内務・警察分野の協力のような、ＥＵと加盟国との権限が重複する分野であろう。

ＥＵは、今日加盟二七か国、人口五億人を擁し、国民総生産（二〇〇八年）は一二兆八、七五〇億ユーロで、これはアメリカの九兆三、九〇〇億ユーロの一・三七倍、日本の三兆一、六五〇億ユーロの四・〇七倍に及ぶ。これだけ拡大した欧州連合は、今後も欧州憲法条約で経験したようなきしみを見せることもあろうが、半世紀を超えるヨーロッパ統合の叡知が涸れることはあるまい。

〈参考文献〉

桜井錠治郎『ＥＵ通貨統合』社会評論社、一九九四年

日本証券経済研究所編『ＥＵの金融・証券市場統合』一九九四年

島野卓爾『欧州通貨統合の経済分析』有斐閣、一九九六年

田中素香『ＥＭＳ―欧州通貨制度』有斐閣、一九九六年

佐久間潮・荒井耕一郎・糠谷英輝『欧州単一通貨ユーロのすべて』東洋経済新報社、一九九七年

亀井弘和『図解「ユーロ」を読む』、中経出版、一九九八年

中川辰洋『一九九九年ユーロ圏誕生』東洋経新報社、一九九八年

福田耕治編『欧州憲法条約とＥＵ統合の行方』早稲田大学出版部、二〇〇六年

小林勝『リスボン条約』御茶の水書房、二〇〇九年

鷲江義勝編『リスボン条約による欧州統合の新展開――ＥＵの新基本条約』ミネルヴァ書房、二〇〇九年

田中素香『ユーロ――危機の中の統一通貨』岩波新書、二〇一〇年

Ruth Pitehford and Adam Cox (ed.), *EMU Explained*, Reuters, 1997

Emmanuel Apel, *European Monetary Integration 1958-2002*, Routledge, 1998

Pause-café

◇傑作か駄作か——ユーロ紙幣のデザイン◇

五ユーロの紙幣の裏面のデザインを見て、「これは、フランスのプロヴァンス地方のニームに近い水道橋、ポン・デュ・ガールだ」と思った人は少なくないだろう。ユーロの紙幣のデザインは図7（二七五ページ）に掲げたが、五ユーロ紙幣の裏面のデザインは、二千年昔にローマが建設したポン・デュ・ガールにそっくり。アンドレ・ジイドが幼少期のヴァカンスをしばしば過ごしたといわれる地方にのこる水道橋だ。だが、五ユーロ紙幣に描かれた水道橋は、よく似てはいるが、ポン・デュ・ガールではない。いや、ポン・デュ・ガールであれ、どこの水道橋であれ、この世に存在する建造物を象《かたど》ったものであってはならないのだ。

五ユーロから五〇〇ユーロまでの七種類のユーロ紙幣のデザインは、表が、解放を象徴する玄関と窓、裏面は、コミュニケーションを意味する橋をモチーフにしている。しかし、ユーロが特定国の通貨でないことを強調するためか、××国の××橋といったようなものではなく、すべて架空の建造物が使われている。だから、ポン・デュ・ガールも、アヴィニヨンの橋もあってはならないのだ。通貨統合の産物、ユーロ紙幣のデザインのための「原則」としては、この中立性は納得がいくものだ。

だが、このところ、ユーロ紙幣のデザインをめぐって批判めいた声も聞こえてくる。まず、そのような架空の建造物のデザインは、実体不在の象徴に過ぎず、虚像のヨーロッパをとらえた虚像のスナ

ップショットに過ぎないというのだ。ヨーロッパには、ヨーロッパ人が誇れる共通の文化遺産があるはずだ。無味乾燥の架空の建造物だけを並べたてて、ヨーロッパ人が誇れる人物や物語にちなんだデザインを全くもたないユーロ紙幣は、ユーロという名の「欧州マシン」の不完全さを示すものだときめつける。

十一世紀、北宋時代の中国で初めて政府の紙幣「交子」が発行されて以来、紙幣の歴史は千年に手がとどこうとしている。しかし、これまでの紙幣は、いずれも一国の政府（中央銀行）が発行したものであり、欧州中央銀行という超国家機関が発行するユーロ紙幣は、もちろん前代未聞だ。さて、そのデザインは、傑作か、駄作か。その判定は読者にお委せしよう。

あとがき

本書の狙いは中世以来の過去から光をあててヨーロッパ経済を見ることにあった。いわば歴史的な厚みをもったヨーロッパ経済の全体像を描こうとしたのである。その意味ではかなりの野心的な試みといえようが、果たして狙いどおりのものができたかどうかについては必ずしも自信があるわけではない。叙述は当初の計画どおり、中世と現代のヨーロッパ経済を強調した形になった。だがそこに挟まれた「ヨーロッパ近代」の基礎構造部分をなす国民経済の時代に関しては、旧説を踏まえつつ、あるいは乗り越えつつ、新たな知見をもってもっと整合的に論じられる余地がなお残されている。ただ、ヨーロッパ近代国家の歴史学的再検討の論議そのものが依然として盛んなままの状況であり、決着までほど遠い。われわれが読者諸氏に呈示しえたのは、ヨーロッパ経済の誕生、転成ないし危機、そして再生のドラマである。これを裏返しにいえば、ヨーロッパ人はこの約一千年の間、その集団的な意志の有無に拘わらず、結果的に、国民経済の形成、成立、発展、解体というプロセスを生きたわけである。

他方、十九世紀以降、とりわけ第二次世界大戦以降の諸章については、叙述の重心が大きくヨーロッパ統合問題に偏っている印象を残すかもしれない。しかし本書が対象とするのは個々のヨーロッパ諸国の経済ではなく、あくまでも全体的なヨーロッパの経済である。その観点から眺めれば、戦後のヨーロッパ経済は紛れもなくＥＣ、

EUの経済統合を中心に展開してきたといえよう。ヨーロッパ経済の再生とはこの統合過程にほかならないのである。

＊＊＊

その再生の過程を最後にいま一度簡単に振り返っておこう。一九五〇年代にECSC、EEC、EURATOMという三共同体の歴史的な誕生があった。それら三共同体の機関は六〇年代には合体し、ECという一つの傘の下に集められていく。七〇年代以来の経済停滞からの脱却をリードしたのはEC市場統合という大プロジェクトであったが、九二年末には予定どおりヨーロッパに単一市場ができあがった。ざっと五〇〇〇キロメートルに及ぶ域内国境で様ざまな障害によって分断されていたヨーロッパの市場は、それらの障害の撤廃によって、規模の経済のメリットを十分享受できるまでに拡大したのである。

しかし市場統合はもちろんヨーロッパ統合の完結を意味しない。創造力豊かなヨーロッパ人は、統合を一段と深化させるための手を次々に打っていく。九三年一一月一日には、地域統合の深度という点で類例を見ない欧州連合を設立させるマーストリヒト条約が発効した。統合の深化という意味での好例は欧州連合市民権の創設だ。これによって、ヨーロッパ諸国の市民が共通の一つの家に住むための法的基盤が用意されたわけである。

一方、ヨーロッパ統合は質の深化とともに横の広がりを見せた。五〇年代のEC原締約六か国に始まってEC6、七〇年代にはEC9に、八〇年代にはEC12に、マーストリヒト条約の発効後間もない九四年の年頭にはEU15となった。さらに二〇〇四年五月にはEU25に、二〇〇七年一月にはEU27に、そして二〇一三年にはEU28となった。EUはEU外のほとんどすべてのヨーロッパ諸国と自由貿易協定を締結している。ヨーロッパという大経済圏が形成されつつあり、経済の均質化はEUから周辺のヨーロッパ地域に静かな拡散を見せている。加盟をためらっているのは、おそらく二度の国民投票でＮＯの答を出したノルウェー、大西洋のど真ん中の島国アイスランド、そして中立を歴史的遺産として厳格に守ろうとするスイスぐらいなものであろう。先に交渉が始まっていたトルコ共和国のＥＵ加盟は難航しているが、旧ユーゴスラヴィアに残る非加盟諸国などはできるだけ早くこれに加盟し、それによって正式にヨーロッパの一員として認知されたいと思っているのが実情だ。

いずれにしても戦後のヨーロッパ経済は経済統合を主軸に展開し、ＥＵの拡大と深化がこの経済のキー・ワードとなってきた。九九年一月一日に発足した経済通貨同盟が二〇〇二年一月に単一通貨ユーロの本格的な流通を実現して以来、国際基軸通貨としてのユーロの役割は大きく注目されてきている。

他方近年では、二〇〇八年のいわゆるリーマン・ショック以降ギリシアをはじめとするいくつかのユーロ加盟国において財政危機が顕在化してきた（ギリシアにポルトガル、イタリア、スペインを加えてＰＩＧＳ、さらにアイルランドを加えてＰＩＩＧＳという蔑称さえ使われることがある）。ＩＭＦをも巻き込んでこの問題はたしかにユーロの大きな不安定要因ともなっている。またＥＵはここ数年さらに別の大きな不安定要因をかかえるようになった。テロリズムの横行、難民のＥＵ域内への大量流入、域内移民の増加、そして高失業率に伴い、加盟国のなかには、シェンゲン協定をはじめとしてＥＵの諸規則による束縛感がいっそう強まってきているところがある。反ＥＵ、国民主義のヴェクトルは、米国に顕著にみられるようなポピュリズムや反エリート主義のそれと呼応しつつ、多かれ少なかれ加盟各国内において一定の勢力を保っているのである。そうしたなか、二〇一六年六月二三日にイギリスでブレグジット（ＥＵからのイギリスの離脱）を問う国民投票がおこなわれ、離脱票が残留票を上回るという結果となった。国民投票を決めた残留派のキャメロン首相自身も驚いたであろうが、世界の市場と政財界に激震が走った。ＥＵは、新規加盟の手続きにはある程度慣れてきたが、離脱という逆向きの動きに関するはじめての対応に苦慮することになった。イギリスは元来ＥＵ主導国のなかでは後ろ向きのスタンスをとることが多かったわけだが、加盟は後れ、今度は一番早く退場することになった。離脱は二〇二〇年一月末日をもって正式に完了し、同年末までが移行期間である。貿易などをめぐって合意なき離脱となった場合、世界経済、そして各国の国内政治・経済政策が甚大な影響を受けることは必至であるが、残留票の多かったスコットランド（二〇一四年に連合王国からの独立を問う住民投票でそれが否決されたばかりだ）や北アイルランドではこれを契機に連合王国からの離脱、EUへの残留を求める動きが強まることが予想される。理性と合議による統合という世界史上稀な実験に、もう一つの新たな世界史上のエピソードが付け加えられたかっこうである。

いずれにせよ今日われわれ日本人も現実に統合過程やユーロそのものの動きによって経済生活上の影響を受けながら、歴史的転換の大きな節目に立ち会っているわけである。本書ではそのヨーロッパ経済史上での位相を明らかにした。過去から照らし出すという所為を通じて、統合しつつあるヨーロッパ経済の現況と将来のなかには、単に過去のあまたの経済行動の集積が含まれているだけでなく、ブレグジットの問題はさておき、分裂的ヨーロッパの反省も織り込まれていることが読みとられたはずである。

＊＊＊

本書は二人の共著である。回顧としてのヨーロッパ、希望としてのヨーロッパをつなぐこの共同作業にとって、著者が執筆中同じ大学の同じ学部の教員であったことはまことに好都合であった。大学の研究室で度々会合をもち、内容の全体的な調整などに関して意思の疎通をはかることが容易にできたからである。最後になったが、勁草書房編集部の富岡勝氏には、企画の段階から一貫して大変お世話になり、種々有意義なアドバイスをいただいた。厚く御礼を申し上げたい。

著者

人 名 索 引

人名索引

事　項　索　引

ラーケン宣言　282
羅針盤　76
理事会→閣僚理事会
利子付貸付　88-89
リスボン条約　283
リットン調査団　173
領主制　52-53, 55-59, 63, 156
離陸　20, 22, 146, 159
冷戦　158, 188
歴史学派　19
連合市民権　235, 240, 242
煉獄　88
ローマ条約　196-197, 209, 281

ワット・タイラーの乱　33, 58
ワルシャワ条約機構　190

略　語　索　引

（アルファベット順）

CAP（共通農業政策）　200, 205-208
COMECON（経済相互援助会議）　190
EC（欧州共同体）　4-5, 29, 209-212, 214-228, 234, 239-242, 283
ECB（欧州中央銀行）　268-271
ECSC（欧州石炭鉄鋼共同体）　185, 191, 194-196, 233, 240, 242
ECU（欧州通貨単位）　255-258, 274
EEC（欧州経済共同体）　185, 197-211, 233, 239, 248, 250
EFTA（欧州自由貿易連合）　211
EMCF（欧州通貨協力基金）　257
EMI（欧州通貨機構）　263, 268
EMS（欧州通貨制度）　223, 252, 254-259
EMU（経済通貨同盟）　247, 250-251, 259-267, 272, 274, 277-279
ERM（為替相場メカニズム）　255-258, 266-267
EPU（欧州決済同盟）　190
ESCB（欧州中央銀行制度）　268-271
EU（欧州連合）　*i*, 3, 5, 16, 29, 230, 233 235, 237-243, 281-285
EURATOM（欧州原子力共同体）　185, 197-198, 233, 240, 242
NATO（北大西洋条約機構）　190
OECD（経済協力開発機構）　189
OEEC（欧州経済協力機構）　189
SDR（特別引出権）　257

朝倉弘教（あさくら　ひろのり）
1928年　茨城県に生まれる
1951年　東京大学農学部卒
大蔵省勤務、また通算20年間在欧国際機関勤務
元東京国際大学経済学部教授、元政策研究大学院大学客員教授、青山学院大学WTO研究センター顧問
著　書　*World History of the Customs and Tariffs,* World Customs Organization, Brussels（2003）
『ヨーロッパの街角から』日本関税協会（1988）、ほか

内田日出海（うちだ　ひでみ）
1953年　熊本県に生まれる
1987年　早稲田大学大学院経済学研究科博士課程単位取得退学
1990年　ストラスブール大学大学院、博士号（歴史学）取得修了
現　在　成蹊大学経済学部特任教授、早稲田大学非常勤講師
著　書『概説西洋社会史』（共著、野崎直治編）有斐閣選書（1994）
Le tabac en Alsace aux XVIIe et XVIIIe siècles. Essai sur l'histoire d'une économie régionale frontalière, Presses Universitaires de Strasbourg（1997）、『物語ストラスブールの歴史－国家の辺境、ヨーロッパの中核』中公新書（2009）、ほか

ヨーロッパ経済［改訂版］
過去からの照射

1999年4月10日　第1版第1刷発行
2003年3月10日　改訂版第1刷発行
2020年9月20日　改訂版第8刷発行

著　者　朝倉弘教
　　　　内田日出海
発行者　井村寿人

発行所　株式会社　勁《けい》草《そう》書房
112-0005　東京都文京区水道2-1-1　振替　00150-2-175253
（編集）電話　03-3815-5277／FAX　03-3814-6968
（営業）電話　03-3814-6861／FAX　03-3814-6854
日本フィニッシュ・中永製本所

ISBN978-4-326-50233-2　Printed in Japan